中国数谷

(第二版)

大数据战略重点实验室 / 著

连玉明 / 主编

贵州守住"两条底线"就是要实现从"美而穷"到"美而富"的飞跃，而这个飞跃中那"惊险的一跃"就是数据创新。

关于大数据与贵州，五年前，更多的人是在"寻因"：贵州和贵阳为什么能发展大数据？而时至今日，"寻因"的人少了，"问果"的人多了：大数据究竟给贵州和贵阳带来了什么？《中国数谷》（第二版）对此作了全面、深入的解读，揭示了中国数谷绿色崛起的奥秘，分享了中国数谷建设的故事与机遇，擘画了大数据发展升级版的宏伟蓝图，提供了数字中国建设的"贵阳方案"。

图书在版编目（CIP）数据

中国数谷 / 大数据战略重点实验室著 . —2 版 . —北京：机械工业出版社，2020.5

ISBN 978-7-111-65230-4

Ⅰ . ①中… Ⅱ . ①大… Ⅲ . ①信息产业 – 产业发展 – 研究 – 中国 Ⅳ . ① F492.3

中国版本图书馆 CIP 数据核字（2020）第 054227 号

机械工业出版社（北京市百万庄大街 22 号　邮政编码 100037）
策划编辑：胡嘉兴　　责任编辑：胡嘉兴　戴思杨
责任校对：李　伟　　责任印制：孙　炜
北京联兴盛业印刷股份有限公司印刷
2020 年 7 月第 2 版第 1 次印刷
145mm×210mm·12.25 印张·3 插页·276 千字
标准书号：ISBN 978-7-111-65230-4
定价：59.00 元

电话服务　　　　　　　　　网络服务
客服电话：010-88361066　　机 工 官 网：www.cmpbook.com
　　　　　010-88379833　　机 工 官 博：weibo.com/cmp1952
　　　　　010-68326294　　金　书　网：www.golden-book.com
封底无防伪标均为盗版　　　机工教育服务网：www.cmpedu.com

编撰委员会

编委会主任	赵德明
编委会常务副主任	陈晏
编委会副主任	徐昊　刘本立　连玉明
编　　委	许俊松　朱霖毅　田胜松　王　斌　饶祖跃
	仲维钢　李藏龙　张雪蓉　肖振能　刘　朱
	汪　杰　李　波　张朝虎　安中发　刘丽先
	袁　华　张丞铭　戴建伟　韩丽芸　吴义宁
	付　涛　吴宏春　赵　燕　李　祥
主　　编	连玉明
副 主 编	宋希贤　宋青
核心研究人员	连玉明　朱颖慧　宋　青　武建忠　张　涛
	宋希贤　龙荣远　黄　倩　陈雅娴　程　茹
	贺弋晏　熊灵犀　钟新敏　杨桢皓　彭小林
	李玉玺　梅　杰　季雨涵　姜似海
学术秘书	李瑞香　龙婉玲

序
朝着中国数谷的目标不断迈进

在人类社会进步的时间轴上,科技创新总会在时代变革的关键节点贡献着革命性的力量。就像蒸汽时代的到来,让社会生产力实现了近代以来的第一次飞跃,电气时代带来了第二次飞跃,而信息时代带来的是几何倍数的飞跃。在过去20多年,互联网促进了商业模式和产业业态的不断创新,彻底改变了人们的消费习惯,成为新经济发展的引擎。随着大数据、云计算、5G网络、物联网、人工智能等技术的普及,万物互联、数化万物将真正成为可能,这将会重塑整个产业格局和经济形态,让资源配置效率和社会生产效率大大提升,让人类创造财富的速度和进程大大加快,让技术迭代周期和企业创业周期大大缩短。可以预见,大数据与实体经济的融合应用将迎来更广阔的前景。

习近平总书记致2019数博会的贺信中指出,"当前,以互联网、大数据、人工智能为代表的新一代信息技术蓬勃发展,对各国经济发展、社会进步、人民生活带来重大而深远的影响。各国需要加强合作,深化交流,共同把握好数字化、网络化、智能化发展机遇,处理好大数据发展在法律、安全、政府治理等方面挑战。"这为大数据产业发展指明了前进方向,也对我们加快国家大数据(贵州)综合试验区建设提出了更高的要求。

近年来,贵阳贵安顺应新一轮科技革命和产业变革的大势,以敢想敢干的魄力和知行合一的智慧率先抢滩大数据蓝海,大数据政用、商用、民用取得显著成效,先后获批建设国家级大数据产业发展集聚区、大数据产业技术创新试验区、大数据及网络安全示范试点城市,成立全国首家大数据交易所,首个大数据国家工程实验室,成为国内首批5G试点城市。英特尔、思爱普、富士康和中电科、阿里巴巴、华为、京东、奇虎360、科大讯飞等一批国内外大数据领军企业落户,涌现出满帮集团、易鲸捷、朗玛信息等一大批本地优强企业,为高质量发展注入了强大动力,探索出了一条创新驱动发展、数据驱动创新的绿色崛起之路。

大数据对贵阳贵安的眷恋，让这座城市生机盎然，"中国数谷"的美誉蜚声海内外，这是对我们极大的鼓励和鞭策。贵阳贵安将继续高举大数据这面旗帜，坚定不移把大数据战略行动向纵深推进，不断强化对现有大数据企业的支持力度，强化对大数据企业的招商力度，强化与大数据融合的高科技企业的招商力度，强化对大数据等高科技领域的人才引进力度，加快大数据与实体经济、乡村振兴、服务民生、社会治理的融合，做大做强数字经济，继续深入推进国家大数据综合试验区核心区建设，努力朝着"中国数谷"的目标不断迈进，谱写贵阳贵安经济社会发展新篇章。

赵德明

中共贵州省委常委

中共贵阳市委书记、贵安新区党工委书记

2020年5月

主编序

大数据发展给一个城市的启示

我自2014年3月起到贵阳挂职市长助理,那个时期正是贵州和贵阳拉开大数据发展序幕之时。五年多来,我参与、服务和见证了贵州和贵阳大数据发展的整个历程和重大项目。我感受最深的一点是,大数据在贵州和贵阳是一种战略部署。任何行动一旦上升为战略,它必将起到引领全局、覆盖全面、贯穿始终的强大作用。很多媒体问我:"全国都在搞大数据,为什么贵州和贵阳能够成功?"我说:"全国都在搞大数据,但是把发展大数据作为一种战略的,只有贵州和贵阳。"

如果我们对贵州和贵阳发展大数据进行一个周期性判断的话,可以概括为四个阶段,即"无中生有、风生水起、落地生根、开花结果"。过去的五年,是贵州和贵阳发展大数据从无中生有到风生水起的五年,今后的五年,贵州和贵阳的大数据发展正迈入落地生根、开花结果的新阶段。回顾贵州和贵阳大数据的发展历程,我们不禁会问:大数据究竟给贵州和贵阳带来了什么?我个人认为至少有以下三点:

第一,贵州和贵阳发展大数据是一项具有划时代意义的重大战略选择。习近平总书记对贵州最重要的指示,就是守住"两条底线",既保护生态,又发展经济。这两条底线的核心,是实现贵州从"美而穷"到"美而富"的飞跃。那么,这个飞跃中那"惊险的一跃"靠什么?答案只有一个,选择只有一条,就是创新。只有靠创新驱动发展,才能从根本上实现"生态美、百姓富"的目标。而大数据正是创新的引爆器,或者说是新一轮科技革命和产业变革交叉融合的引爆点。这个引爆点让东部与西部、沿海与内地、发达地区与欠发达地区站在了同一条起跑线上。更为重要的是,大数据是一场由科技引发的社会变革,这个变革打破了国家、区域、城市的边界,突破了发达地区与欠发达地区的隔阂,并将解构和重构资源配置方式,让一切不可能成为可能,使"无"生了"有"。大数据对贵州和贵阳的划时代意义就在于,发展大数据给贵州和贵阳带来了希望和未来。

第二，贵州和贵阳发展大数据走出了一条不同于东部、有别于西部的发展新路。这条新路的本质，就是创新驱动发展、数据驱动创新。从某种意义上讲，贵州和贵阳发展大数据，有很多先天不足，比如基础差、市场弱、人才缺、可持续发展难度大等。在别人认为根本不可能发展大数据的贵州和贵阳，究竟是靠什么发展大数据并走向成功的呢？最关键的一条，就是靠大数据的场景应用。用贵州和贵阳自己总结的话讲，就是"聚通用"，大数据的汇聚、融通、应用就形成了场景。

场景应用是创新的第一驱动力。举例来说，在贵阳发展大数据的主要路径选择，概括起来叫"抓两头、促中间"。所谓"抓两头"，一头是抓数据中心建设，一头是抓呼叫中心建设，这是大数据发展初期的两大切入点。所谓"促中间"，就是促进大数据发展的政用、商用、民用，也就是我们所说的场景应用。特别是在政用方面，围绕政府治理，贵阳打造出了"数据铁笼""党建红云""社会和云""数治法云""同心合云"等品牌，在大数据政府治理方面走在了全国前列。

场景应用是创新中的再创新。这种再创新颠覆与重构了创新方式，它让科技创新与社会创新全面对接，并且让科技从实验室走出来，使科技创新直接服务于社会需求。场景应用倒逼创新资源、创新政策、创新体制、创新环境发生全面变革，实现了创新需求与创新成果低成本、高效率的无缝对接，从而大大提升了政府效能，推动了经济转型升级。以场景应用为导向的创新驱动发展、数据驱动创新的新路，在实施国家创新驱动发展战略中具有可复制、可推广的全国意义。

第三，贵州和贵阳发展大数据已经成为欠发达地区后发赶超的文化品牌。大数据是什么并不重要，重要的是大数据改变了我们对世界的看法。大数据不仅改变了贵州和贵阳对世界的认识，更重要的是，也改变了世界对贵州和贵阳的认识。贵州和贵阳不仅成为中国大数据发展的战略策源地，而且成为引领全球大数据发展的重要风向标。这个风向标的重要标志，就是抢占了四个制高点：一是以块数据为核心的理论创新制高点；二是以地方立法为引领的制度创新制高点；三是以标准制定为主导的规则创新制高点；四是以场景应用为驱动的实践创新制高点。这四个制高点的意义，已经超越其现实利益和经济价值，而彰显出其独特的文化软实力和品牌竞争力，并逐步内化成为一种文化信仰和品牌力量。在中国的任何地方，现在只要提到贵州，大家就会自然而然将其和大数据联系在一起。贵州不再是贫穷、落后、欠发达的代名词，而是年轻人创业、创新和追梦、筑梦的地方。这就是大数据品牌的力量。

贵州和贵阳发展大数据是一个城市的觉醒。发展是有阶段性和周期性的。俗话讲，三十年河东，三十年河西。如果前三十年是沿海地区率先发展的话，那么，后三十年西部地区，特别是贵州和贵阳的后发赶超也是必然。关键在于，在后三十年发展的起跑线上，贵州人和贵阳人把握了先机，勇于并敢于站在新科技革命和新产业变革交叉融合的引爆点上。这种"勇"和"敢"是一种觉醒，一种文化的觉醒，本质上是文化自信。五百多年前，明朝大思想家王阳明曾在贵阳龙场悟道，提出"知行合一"的心学思想，而今天，贵州人和贵阳人把"知行合一"践行于大数据发展的生动实践中。这种践行是贵州的觉醒、贵阳的觉醒。

今天，大数据已成为引领中国数谷绿色崛起，促进经济社会高质量发展的新引擎。以建设国家大数据（贵州）综合试验区和打造"中国数谷"为抓手，贵州和贵阳把大数据作为提升政府治理能力的新手段、服务社会民生的新途径、引领产业转型升级的新动力、推动大众创业万众创新的新机遇，坚持"四个强化、四个融合"的发展新方向，全面推进国家部署的大数据七项系统性试验，培育转型升级新动能，拓展经济发展新空间，为经济社会高质量发展提供了强有力支撑。正是对"大数据"这一命题与众不同的回答,数据流、信息流、技术流在这里奔腾激荡,古老与现代、历史与未来在这里交汇融合,政府、企业、民众对发展大数据充满了信心和期待,这里必将会如硅谷一样,成为策源地、集聚区和筑梦场,成为奇迹诞生的地方。

我还想特别指出的是,对"中国数谷"的持续跟踪研究是一坐灯塔和一面镜子,它一边指引着贵阳大数据发展前行的方向,一边反映着贵阳大数据发展的探索历程。2015年5月,大数据战略重点实验室研究出版了《创新驱动力:中国数谷的崛起》理论专著,系统阐述了贵阳打造中国数谷的战略定位,全面深入地解读并揭示了贵阳以大数据为创新驱动力实现创新、转型、成长的奥秘。2018年5月,大数据战略重点实验室研究出版了《中国数谷》,这是一部全面梳理总结贵阳成长为"中国数谷"的秘籍,讲述了贵州和贵阳如何在生态保护与经济发展"两难的抉择"中探索出一条"双赢的新路",系统回答了最前沿的大数据为什么生长在欠发达的贵州和贵阳等问题。如今,我们研究出版《中国数谷》(第二版),不仅为贵阳擘画了一幅大数据发展升级版的宏伟蓝图,更为"数字中国"建设提供了可供借鉴的"贵阳方案"。我们希望通过这本书能够与正在探索创新之路的城市、地区乃至国家一起分享关于"中国数谷"建设的故事和机遇。《中国数谷》系列专著的研究出版，不是一般性的记事和纪实，而是贵州和贵阳这片大数据的热土迈向新时代的重大行动宣示和誓师。贵州和贵阳发展大数据已经成为欠发达地区后发赶超的文化品牌，我们不得不更多地关注她、研究她、把握她，因为我们每个人都身在其中，这也是我们必须对中国数谷肃然起敬，并且持续探寻的根本动因。

连玉明

大数据战略重点实验室主任

2020年3月28日

目 录

序	朝着中国数谷的目标不断迈进	I
主编序	大数据发展给一个城市的启示	V
绪 论	乘风而行，逐鹿云端	001
第一章	云上贵州·数谷贵阳绿色崛起的奥秘	013

  第一节　最先进的大数据为何生长在欠发达的贵州　015

    （一）守底线、走新路、奔小康　015

    （二）大扶贫、大数据、大生态　021

    （三）贵州发展大数据确实有道理　031

  第二节　"中国数谷"的成长逻辑和发展历程　035

    （一）数字中国的贵州方案　035

（二）数据驱动的战略路径　　046
　　（三）风起云涌的数谷事记　　054

第三节　大数据究竟给贵州、贵阳带来了什么　　070
　　（一）大数据成为世界认识贵州的一张新名片　　071
　　（二）党和国家事业大踏步前进的一个缩影　　074
　　（三）中国未来最富裕、最有意义的地方　　082

第二章　国家试验·国家大数据战略的数谷实践　　087
　第一节　以块数据为核心的理论创新　　089
　　（一）块数据：大数据时代真正到来的标志　　090
　　（二）数权法：破解大数据法律挑战的法理重器　　094
　　（三）主权区块链：互联网全球治理的解决方案　　097

　第二节　以地方立法为引领的制度创新　　101
　　（一）大数据地方立法的探索实践　　102
　　（二）大数据创新发展的政策保障　　106
　　（三）大数据统筹推进的机制创新　　111

　第三节　以标准制定为主导的规则创新　　114
　　（一）国家技术标准创新基地（贵州大数据）　　114
　　（二）大数据标准制定的贵州样本　　119
　　（三）贵州规则上升为国家标准　　123

　第四节　以应用场景为驱动的实践创新　　126
　　（一）数字政府全治理链　　126

（二）数字经济全产业链　130

（三）数字民生全服务链　134

第五节　以数据为生产要素的资源创新　139

（一）云网平台：一云一网一平台　139

（二）数据流通：数据资源资产化　144

（三）数聚贵州：数字基础设施建设　149

第六节　以五新领域为突破的技术创新　156

（一）以人工智能构筑数字经济新引擎　156

（二）以量子信息打造数字经济新生态　159

（三）以移动通信拓展数字经济新通道　161

（四）以物联网建立数字经济新连接　164

（五）以区块链构建数字经济新机制　166

第三章　数博五年·战略策源地，发展风向标　171

第一节　数博会：国际性盛会，世界级平台　173

（一）数博回眸：与时代同频共振的全球盛宴　173

（二）数博品牌：一会、一展、一赛、一发布　183

（三）数博效应：共图全球大数据发展新未来　192

第二节　"数博大道"：未来数字之城试验田　196

（一）永不落幕的数博会　197

（二）"中国数谷"的核心区　199

（三）百亿大道、千亿大城　203

第三节　数智贵阳：块数据城市的构想与实践　207
　　（一）数据开放成为城市生活品质新标志　208
　　（二）数据力成为块数据城市核心竞争力　210
　　（三）数字经济成为城市发展新的增长极　213
　　（四）治理科技成为城市管理服务新模式　214
　　（五）利他主义数据文化成为新城市文明　216

第四章　驭数之道·数化万物，智在融合　219

第一节　"数据铁笼"：大数据吹响权力监督哨　221
　　（一）把权力关进数据的笼子里　221
　　（二）"数据铁笼"的贵阳方案　227
　　（三）"数据铁笼"的治理启示　236

第二节　党建红云：全面从严治党云端利器　242
　　（一）让党旗在"云端"高高飘扬　243
　　（二）"党建红云"平台系统功能　245
　　（三）全面提升党的"网络领导力"　248

第三节　数治法云：贵阳政法大数据工程　252
　　（一）贵阳政法智能化建设基础优势　253
　　（二）贵阳政法大数据工程总体架构　256
　　（三）司法科技推动司法治理现代化　264

第四节　智慧警务：贵阳公安"块数据大脑"　266
　　（一）贵阳智慧警务"1461"总体布局　267

（二）块数据打造智慧公安"最强大脑" 269

　　（三）块数据大脑倒逼警务机制改革 276

第五节　禁毒新路：打响一场大数据禁毒人民战争 279

　　（一）新形态毒品犯罪发展趋势 280

　　（二）"大数据＋禁毒"的贵阳模式 282

　　（三）禁毒示范城市的创建路径 288

第六节　网络扶贫："大数据＋大扶贫"的贵州样板 294

　　（一）脱贫攻坚看贵州 295

　　（二）云上绣花拔穷根 301

　　（三）山中算数真脱贫 305

第五章　云上筑梦·数字贵州的愿景与展望 311

第一节　数权法引领未来法治 313

　　（一）从数据时代迈向数权时代 313

　　（二）数权、数权制度和数权法 317

　　（三）数权法重构数字文明新秩序 324

第二节　数据治理与数据安全 327

　　（一）数据共享开放与数据安全立法 328

　　（二）全国首个国家大数据安全靶场 333

　　（三）贵阳大数据安全产业示范区 339

　　（四）大数据及网络安全示范城市 343

第三节　治理科技与中国之治　347
　　（一）从技术之治到制度之治　347
　　（二）数字孪生城市的治理范式　353
　　（三）中国之治与世界未来　357

后　记　365

绪 论 乘风而行，逐鹿云端

贵州，在人们的印象中似乎总是与妙趣横生的喀斯特地貌、层叠错落的开屯梯田、戴红缨珠帽的少数民族少女、激荡味觉灵魂的酸汤鱼、驰名中外的茅台酒和"老干妈"联系在一起……人们对贵州的认知，仿佛除了"夜郎自大"和"黔驴技穷"这两个"千古奇冤"的成语外，就只剩下"天无三日晴，地无三尺平，人无三文银"的调侃了。作为内陆，她没有沿海发达；作为高原，她没有西藏神秘；作为民族地区，她又没有云南风情万种。千百年来，贵州都是上述谜面的谜底，总之，贵州是一块说不清、道不明而又近在咫尺的神秘土地。

风来兮，云起时，不知从何时起，从饭稻羹鱼到风驰电掣，一个西部省份崛起的雄心被世人窥见……习近平总书记在参加党的十九大贵州省代表团讨论时，赞誉贵州是十八大以来党和国家事业大踏步前进的一个缩影。《西日本新闻》评价贵州，"兼顾以最高端技术促发展和环境保护的'知行合一'模式,或许也是关系中国未来的试金石"。美国媒体CNN刊文指出,贵州是中国的大数据"硅谷"(GUIZHOU：CHINA'S FINEST THE BIG DATA VALLEY OF CHINA)。贵州这些年综合实力的显著提升、脱贫攻坚的显著成效、生态环境的持续改善、人民群众获得感的不断增强,相对于单个省级层面的成绩,更有着十八大以来中国华章的"缩影"意义。正如我们未曾错过三十年前(1990年)的广东和浙江,今天,启示自贵州始。

大开放：因路而生的贵州将再因路而兴

回顾历史,我们会发现贵州是一个因路而建的省份。明代学者郭子章在《黔记》中如此描述贵州的重要地位："贵州四面皆夷,中路一线,实滇南出入口户也。黔之役,专为滇设,无黔则无滇。"为保住这条建于元代,东起湖广,从东向西横贯西南的驿道,明廷在贵州驻扎重兵,确保进军云南的军事道路畅通,并于1413年利用思州思南土司叛乱,顺势建立了贵州省。明御史宋兴祖说过,贵州虽名一省,实不如江南一大县,山林之路不得方轨,沟渠之流不能容船,民居其一苗居其九,一线之外四顾皆夷,即平居无事,商贾稀阔。明朝在贵州建省根本不是因为经济问题,而是为了巩固边防,正如《黔记》中所述,"(贵州)从古不入版图,我朝因云南而从此借一线之路,以通往来"。而为路建省这个重大的国家举措,不仅改变了整个西南的格局,也几乎重构了中国的文化版图。

"自汉江买舟入黔，高山万仞，浚水千滩，汹涌之声不绝于耳，扁舟逆流，两次断缆，无限艰辛，备极惊骇，颇动思归之念……"这是160多年前的清代，长白人常恩受命安顺府知府，首次入黔后给京中友人的一封信。贵州虽因路而生，但由于地理环境特殊，在很长一段时期，交通曾成为阻碍贵州发展的最大瓶颈。过去，这里曾是中国的交通洼地，一条盘山路二十四道拐，诉说着当地人出行的艰难，一条悬崖绝壁上的天渠，讲述着当地人生活的酸楚。"年年五谷丰，就是路不通；有货卖不出，致富一场空"便是百姓口中的顺口溜。1991年，贵阳到黄果树公路建成通车，这是贵州第一条高等级公路。直到2012年，贵州高速公路总里程才有2000公里，大大落后于周边省份。2015年的最后一天，贵州省88个县、市、区的城区车辆都可以在20分钟内驶入高速公路，成为我国西部地区第1个、全国第9个实现县县通高速公路的省份。如今，贵州高速公路总里程达到7004公里，总里程居全国第4位，高速公路综合密度居全国第1。2017年年底，贵州全省实现村村通沥青（水泥）路、村村通客运，成为全国第14个、西部第1个实现全省建制村道路通畅的省份。贵州陆路交通也实现了从"五尺道"上的马蹄绝响，到"县县通高速"的华丽转身。

2014年，贵广高铁开通，贵州正式进入高铁时代。贵阳到广州的铁路旅行时间大幅压缩到4个小时，连通了珠三角。随后，上海到昆明的沪昆高铁、重庆到贵阳的渝贵高铁、成都到贵阳的成贵高铁相继通车，贵阳与长三角地区、成渝地区建立了高速网络。贵阳到南宁的贵南高铁三年内也将建成，届时，贵阳将成为名副其实的西南高铁交通枢纽中心。在民航方面，贵州目前投入使用机场11个，实现全省9个市州机场全覆盖，成为我国西南地区机场分布密度最高的省份，超出全国平均水平约1.6倍。按照贵州省人民政府批准的机场布局规划，到2030年，全省要形成88个县，县县通通用机场的布局，贵州民航将呈现运输航空和通用航空比翼齐飞的格局。

"涉历长亭复短亭，兼旬方抵贵州城"，是宋代诗人赵希迈笔下的贵州行路之难。而如今，世界高桥前100名中，46座在贵州，有着"桥梁博物馆"之称的贵州，其交通的巨变让人叹为观止。航道畅通、枢纽互通、江海联通、关检直通，正在助力贵州西部内陆开放新高地建设。从"蜀道难于上青天，黔路更比蜀道难"，到县县通高速，通航机场市州全覆盖；从贵广高铁到沪昆高铁，从渝贵铁路到成贵高铁、贵南高铁，贵州形成了贯通长三角、珠三角、京津冀和川渝滇的快速通道……黔山秀水间，一座座架设于云端的桥，一条条穿行于群山的路，气势如虹。一个快速、便捷的立体交通网络彻底打通了层峦叠嶂的山地，交通强省的贵州使得"西南地区通江达海"的通道地位得到了凸显，汇聚成了"贵州速度"。

大扶贫：波澜壮阔的史诗级大迁徙

一边是峡谷，一边是绝壁。进出村寨，唯有一条崎岖的绝壁"天路"。乌蒙山深处的毕节市黔西县金兰镇瓦房村哈冲苗寨，是一个"挂"在悬崖上的寨子。土地破碎，山石横生，而且是地质灾害频发点、峭壁落石不断。守着这一方水土的12户54名苗族同胞，以种植玉米为生，世代贫苦。贵州贫，很大程度上贫在"一方水土养不起一方人"。贵州的一些贫困山区，喀斯特地貌突出、耕地资源匮乏、生态环境脆弱，有专家断言很多区域"不适宜人类居住"。2012年，贵州共有贫困县66个，贫困乡740个，贫困村13973个，贫困人口923万人，接近全国总贫困人口的1/10，贫困发生率26.8%。到2015年，按贫困线标准（人均纯收入2300元/年），仍有623万人生活在贫困线以下，贫困人口数量排全国第1位。

贵州曾长期是全国贫困人口最多的省份，脱贫攻坚是贵州的头等大事和第一民生工程。为斩断贫困，倔强的贵州人迎难而上，以破釜沉舟的意志尽锐出战，以滴水穿石的恒心拔除穷根，打响了一场声势浩大的扶贫决战，谱写了一篇波澜壮阔的搬迁史诗。2019年12月23日，贵州省宣布全面完成"十三五"时期易地扶贫搬迁任务，共搬迁188万人。2016年，全国新时期易地扶贫搬迁起步实施之时，摆在贵州面前的是这样一串极具挑战的数字：搬迁人数居全国第1位，几乎相当于拉脱维亚一个国家的人口总数；搬迁地域广，涉及89个县市区、开发区，超过10000个自然村寨；搬迁难度大，188万搬迁人口中建档立卡贫困人口占150万人，占比接近80%。而彼时的贵州，还只是一个经济总量刚刚突破万亿元，财政总收入2400多亿元的省份。

"每个人的自由发展是一切人的自由发展的条件。"这是一百多年前，马克思在《共产党宣言》里留下的深沉思考。促进社会公平正义，让全社会的人都享有自我尊严，有实现个人理想的机会，是社会主义制度的内在要求。一户人的搬迁，是生活的改变；188万人的搬迁，正是让发展更加平衡，让发展机会更加均等、发展成果人人共享的生动注脚。易地扶贫搬迁是精准扶贫工程的重要组成部分，是打赢脱贫攻坚战的关键举措。用四年时间让188万人顺利搬迁告别贫困，这在贵州历史上、在中国扶贫史上前所未有，也是中国1000万贫困人口易地扶贫搬迁攻坚战中的绚丽乐章。在历史的长河中，四年只是"弹指一挥间"，然而对于188万实施搬迁的贵州人来说，这却是一段我们共同见证和参与的岁月，是无数个体及家庭命运的巨变，是4000多万贵州人向着未来充满激情的迸发，也如涓滴入海，汇聚成同步小康的磅礴力量。

2018年，时任世界银行行长金墉到贵州考察后评价："贵州是我见过的最令人鼓舞的脱贫范例之一；贵州在努力消除贫困的同时，为发展中国家提供了宝贵经验。"人类历史上数百万级人口规模的大迁徙，几乎无一例外与疾病、饥荒和战争有关，而今天发生在中国大地上的这一次伟大迁徙，却是在强有力的组织下向着小康与幸福奔去。四年时间，188万贫困人口陆续告别"一方水土养不起一方人"的荒凉大山，迁向城镇、园区，以及充满生机活力的地方，开启了各自崭新的人生。四年时间，在贵州大地延续了千百年的绝对贫困，也因188万人生存发展条件翻天覆地的变化而褪去了"魅影"。今天的贵州不再垫底，不再是贫困的代名词，正在撕下贫困的标签，贴上靓丽的名片！

大数据：创新驱动发展，数据驱动创新

"贵州做了一个世界级的战略定位，为中国未来的大数据发展提供了无限的想象。"阿里巴巴创始人马云的这句话，为数字贵州的美好愿景作了精彩注脚。从2014年正式拉开大数据发展的序幕，贵州以敢为天下先的创新魄力迈上"云端"，从经济欠发达省份上升为国家首个大数据综合试验区，这里诞生了中国第一家大数据交易所，这里举办了全球首个以大数据为主题的博览会，这里还颁布了中国第一部大数据地方性法规，这里的大数据企业达到9500多家……从一张白纸到一张蓝图，贵州依靠大数据驶入发展的快车道，数字经济增速连续四年排名居全国第1位，贵州GDP增速连续多年排在全国的前3位，大数据对贵州经济增长的贡献率超过了20%。从一片荒山到一片热土，贵州依靠大数据登上了世界大舞台，在全球产业的最潮头发出了贵州声音。

曾经"一瓶酒、一棵树、一间房"是贵州的资深名片，分别是茅台酒、黄果树瀑布、遵义会议会址。而如今，谈大数据必

谈贵州，谈贵州必谈大数据，大数据成为世界认识贵州的新名片。关于大数据与贵州，2015年，更多的人是在"寻因"：贵州为什么能发展大数据？时至今日，"寻因"的人少了，"问果"的人多了：大数据给贵州带来了什么？坐落在贵州被誉为"天眼"的 FAST 射电望远镜或许是最好的例证，FAST 仅初期计算性能需求就在每秒200万亿次以上，存储容量需求达到10PB 以上，随着时间推移和科学任务深入，其对数据处理的需求量还将呈爆炸式增长。而面对如此巨大的数据量，位于贵州贵安国家级新区的 FAST 数据中心轻松应对，精准完成一项项超级计算的任务。大数据让中国"天眼"更加深邃和智慧，也为贵州实现弯道取直、后发赶超插上腾飞翅膀。

八山一水一分田，这是贵州；中国的大数据"硅谷"，这也是贵州。回望历史，过去的贵州在发展上曾受困于山；聚焦当下，如今的贵州正在因山而兴。在贵安新区的一座小山十分出名，这是腾讯在贵州为大数据建设的"家"，里面有5个大山洞，总面积有4个足球场那么大，房间的层高超过了60多米，未来这里将存放30万台服务器。不止腾讯这一个数据中心落户贵安新区，富士康、苹果 iCloud、中国移动、中国联通和中国电信等现代化大型企业的数据中心，以及未来更多的数据都存储在这里。建设在山洞里的数据中心，超过七成的时间都用不上空调，凉爽的气候与充足的电力兼备，让贵州成为天造地设的"中国机房"。

"遥看一色海天处，正是轻舟破浪时"。发展大数据是一个换道超车的机遇,是过去几十年以来,历史给贵州的最大机遇。贵州省委副书记、省长谌贻琴说:"我们贵州已经尝到了发展大数据的甜头,我们深切感受到,大数据这座挖不完的'钻石矿',璀璨夺目,潜力无限,'富矿'还在后头。套用一句网络流行语,确认过眼神,大数据就是贵州要找的'人'。我们一定要把大数据发展进行到底,为贵州经济高质量发展插上腾飞的翅膀。"在大数据发展的起跑线上,贵州把握了先机,勇于并敢于站在新科技革命和新产业革命交叉融合的引爆点上,始终初心不改,一路披荆斩棘,硬生生探索出一条道来,创造了令人称赞的"贵州奇迹",使贵州成为中国大数据产业发展的战略策源地和风向标。

大生态:绿色是多彩贵州最厚重的底色

走遍大地神州,醉美多彩贵州。这里有独特的喀斯特地貌,孕育着鬼斧神工的山峦和溶洞;这里有蛛网密布的河流,造就了雄奇壮美的瀑布景观;这里有层层叠叠的农家梯田,彩绘出一幅幅迷人的田园画卷;这里有勤劳善良的少数民族,呈现出多姿多彩的民族风情。作为旅行爱好者心中的圣经,《孤独星球》正式推出了"Best in Travel 2020"世界最佳旅行目的地榜单。贵州,作为中国唯一入选的地区,并且在全球范围内,力压西班牙、阿根廷、克罗地亚、巴西等旅游胜地,荣耀上榜。贵州被《纽约时报》评为"全球最值得到访的旅行地",被 CNN 评为"中国最有前途的旅游目的地",被联合国世文会评为"全球十大首选旅行地"……

"江南千条水,云贵万重山,五百年后看,云贵胜江南"。在中国偌大的国土上,贵州是真正宝藏般的存在。因为山高谷深,交通不便,这里少了游人的喧闹,也最大程度保存了自己的风俗和文化,可贵州的美却一直被严重低估。生态优势从来都是贵州最为独特的优势,是一块闪闪发亮的招牌,是贵州永续发展的巨大财富。有人说,"贵州绿"是天生的,不足为傲。这话只说对了一半。诚然,贵州颇得天地的垂青,喀斯特的百变地貌,造就了无数引人入胜的天然溶洞;流水潺潺,造就了雄奇的黄果树大瀑布;赤水的丹霞地貌,也令人叹为观止;植被丰富,气候温润,山地公园省,多彩贵州风,确实是"天生丽质"。然而,"贵州绿"是美丽的,也是脆弱的。

生态优美,但又异常脆弱,护绿是贵州永恒的主题。贵州将大生态上升为全省战略行动,承诺坚决不走"先污染后治理"的老路、坚决不走"守着绿水青山苦熬"的穷路、坚决不走"以牺牲生态环境为代价换取一时一地经济增长"的歪路,而走一条"用生态之美、谋赶超之策、造百姓之福"的新路。贵州坚持擦亮"贵州绿"这块金字招牌,坚持生态优先、绿色发展,在"山更秀、水更清、天更蓝、空气更清新"上下功夫,打通绿水青山与金山银山的双向转换通道,以更高标准打造美丽中国的"贵州样板"。如今,站在"四渡赤水"的茅台渡口,赤水河流清湍急。赤水河全长512公里,是我国生物多样性的重要保护区，生态价值弥足珍贵，作为全球优质白酒产区，为中国白酒产业贡献产值数千亿元，这是贵州守护一条河用绿水青山换来金山银山的写照。

生态文明是一种行动指南，坐而论道不如起而行之。贵州将大扶贫、大数据寓于大生态之中，在广度和深度上谋求更大的绿色发展。从"盼温饱"到"盼环保"，从"求生存"到"求生态"，在绿色发展这条路上，贵州"跑"得越来越快，路越来越宽。作为生态文明先行示范区建设省份，贵州坚持以生态文明理念引领经济社会发展，践行绿水青山就是金山银山理念，大力推进大生态战略行动，探索走出了一条人与自然和谐共生，绿色发展和可持续发展新路，为世界生态文明建设提供了丰富的"贵州经验"，发出了响亮的"中国生态之声"，向中国乃至全球提交了一份独特而厚实的生态文明建设"贵州经验"。

早在成书于上古时期的《尚书》中就有"钦若昊天""敬授民时"的经典语句，这是中华民族追求天人合一，追求人与自然和谐最早的文字记载，可见中华民族五千年文明史的源头蕴含着天人合一的优秀传统文化因子。在中国大西南的贵州这片土地上，人们始终怀揣着生态梦，坚守着绿色的理念。正是有了这份独特的绿色情节、绿色情怀、绿色信仰，贵州滋长出了绿色基因。凭借着对山水的挚爱、对一草一木的真情以及对发展的渴求，探索出了一条经济和生态双赢的绿色崛起新路。贵州把"天人合一"的绿色信仰和"知行合一"的阳明文化融入创新驱动发展的行动中,以文化自信坚定发展自信,造就了"中国数谷"的绿色崛起。

  风雨多经志弥坚,关山初度路犹长。贵州正以坚如磐石的信心、只争朝夕的劲头、坚韧不拔的毅力,建设国家生态文明试验区、国家大数据(贵州)综合试验区、内陆开放型经济试验区,一步一个脚印把前无古人的伟大事业推向前进。新中国成立70年来,特别是改革开放40年来,贵州撕掉"贫穷落后"的"标签",取得了前所未有的发展成就,走出了一条符合省情的欠发达地区科学发展之路。"一滴水可以反映出太阳的光辉,一个地方可以体现一个国家的风貌。"贵州的发展是中国大踏步前进的一个缩影,更是中国共产党能够带领中华民族实现伟大复兴的有力证明!

第一章

云上贵州

数谷贵阳绿色崛起的奥秘

千载夜郎，初露峥嵘，悠悠黔城，方兴未艾。五百年前，贵山之南，扶风山麓，王守仁结庐传道，以阳明思想开启了"知行合一"的儒学经典。五百年后，"中国数谷"，数据之都，大数据常变常新，以融合创新激发了城市内生动力。时间可以记录一个国家披荆斩棘的斐然成就，也足以见证一座城市栉风沐雨的蜕蛹化蝶。六年来，从绘就爽爽生态到逐鹿大数据，贵阳发生了翻天覆地的变化。大数据，让这座昔日山高路远、默默无闻的城市走出了一条有别于东部、不同于西部其他省份城市的发展新路，开启了一场顺应时代潮流，在创新发展的波澜中后发赶超、奋勇崛起的博弈。如果说现阶段的贵阳更多是承载着一种发展自信和未来期许的话，那么凭借打造大数据时代的策源地、集聚区和筑梦场，贵阳终将逐步内化崛起成为名副其实的"中国数谷"。

第一节　最先进的大数据为何生长在欠发达的贵州

回首向来萧瑟处,兴衰成败尽可寻。贵州守住"两条底线"就是要实现从"美而穷"到"美而富"的飞跃,而这个飞跃中那"惊险的一跃"就是数据创新。如今,谈大数据必谈贵州,谈贵州必谈大数据。习近平总书记曾赞誉说,"贵州发展大数据确实有道理"。李克强总理肯定贵州把大数据从"无"生了"有"。回顾贵州大数据产业发展历程会发现,贵州大数据崛起的背后蕴藏着深刻的时代和社会根源,是偶然性与必然性的统一,也是四千多万贵州人共同期待和推动的结果。

(一)守底线、走新路、奔小康

守住发展和生态两条底线,培植后发优势,奋力后发赶超,走出一条有别于东部、不同于西部其他省份的发展新路是习近平总书记对贵州发展的殷殷嘱托。欠发达、欠开发是贵州的基本省情,贫困落后是贵州的主要矛盾,加快发展是贵州的根本任务。挨着穷守着青山秀水,还是致了富面对灰天浊流,这既是黑格尔所言的"两种合理性"的冲撞,也是"生存还是毁灭"哈姆雷特式的问题,脱离生态环境保护搞经济发展是竭泽而渔,离开经济发展抓生态环境保护是缘木求鱼,发展和生态是须臾不能松劲的两件大事,考验着贵州四千多万同胞的发展智慧。

1. 破解"富饶的贫困"悖论

贵州有大美。在大美的中国,贵州如同一片美丽的秋海棠叶,镶嵌在祖国西南的云贵高原之上。这里流淌着来自高原湖泊、峡谷溶洞的飞泉,这里处处可以看到石林、树林、风林的形影相牵,以及村寨山野芳草清流的绵延。借着月光,窥见吊脚楼美人靠上幸福的缠绵,还有篱墙外,少数民族姑娘小伙的舞姿翩翩。清晨,升腾起的是美丽乡村的袅袅炊烟,暮色中穿过的是城里人好奇的望眼,塔楼上传出的钟鼓声,响彻了山顶河沿。风雨桥上的长桌宴,吸引了家家户户的新夜……

贵州很富有。贵州水能资源理论储量全国排行第六,煤炭远景储量全国排行第五,有着"江南煤海"之誉的贵州,煤炭储量是中国南方12个省煤炭储量的总额,而且"没有哪个省像贵州一样水煤互济"。贵州生物资源储量丰富,所谓"黔地无闲草,夜郎多良药",正是贵州生物资源丰富的生动写照。此外,闻名海内外的"苗族飞歌""侗族大歌"及布依族"八音坐唱",也是贵州深厚民族文化的代表。

贵州也很穷。这里是我国西部多民族聚居之地,也是贫困问题最突出的欠发达省份。2019年贵州GDP为16769.34亿元,相当于广东的15%;人均GDP为4.68万元,相当于广东的48%,相当于全国平均水平的66%。按贫困人口标准为人均纯收入2300元及以下,2015年,贵州有贫困人口623万,占全国贫困人口的8.9%,数量居全国第1位;贫困发生率18%,比全国高10.8个百分点;全省88个县(市、区、特区)中,贫困发生率在10%以上的有61个。2018年,贵州仍有贫困人口155万人,贫困发生率为4.3%。

2012年1月,国务院印发《国务院关于进一步促进贵州经济社会又好又快发展的若干意见》(国发〔2012〕2号)指出,"贵州是我国西部多民族聚居的省份,也是贫困问题最突出的欠发达省份。贫困和落后是贵州的主要矛盾,加快发展是贵州的主要任务。贵州尽快实现富裕,是西部和欠发达地区与全国缩小差距的一个重要象征,是国家兴旺发达的一个重要标志"。2012年4月,贵州省十一次党代会报告指出:"目前,我省小康进程大体上落后全国8年,落后西部平均水平4年,是全国贫困问题最突出的欠发达省份。"2012年,贵州人均GDP在全国31个省区市中排名挂末,其他主要经济指标均处于全国落后位置。如果不发展,就会在同步小康中"掉队",给中国全面小康"拖后腿"。

2. 生态与发展的两难抉择

落后、贫穷，全国人均经济总量长期挂末却蕴藏着丰富的矿产资源。

山区、闭塞，全国唯一没有平原支撑的省份却养成了独特丰厚的生态优势。

发展，会不会导致贵州最有价值的生态名片最终名不副实。

保护，会不会让贵州在国家完成同步小康目标的路上掉队。

提到贵州，能联想到的所有关键词之间在字面上都充斥着矛盾。贵州有没有其他选择？决策者如何让在起跑线就落后的贵州以清新健康的姿态一同跨入全面小康？找准主要矛盾，是破题的关键。

2015年6月18日，习近平总书记在贵州省视察工作时指出："希望贵州的同志再接再厉，全面贯彻党的十八大和十八届三中、四中全会精神，以邓小平理论、'三个代表'重要思想、科学发展观为指导，协调推进'四个全面'战略布局，积极适应经济发展新常态，守住发展和生态两条底线，培植后发优势，奋力后发赶超，走出一条有别于东部、不同于西部其他省份的发展新路。"作为后发地区的贵州，要实现经济社会的快速发展，面临着既要"赶"又要"转"的双重任务，就要在路径选择、生态环境、资源禀赋、区位条件等方面培植后发优势，切实守好增长速度、人民收入、贫困人口脱贫、社会安全四条发展底线和山青、天蓝、水清、地洁四条生态底线，在新的起点上推动经济社会发展实现历史性新跨越。

对贵州来讲,贫困落后是主要矛盾,加快发展是根本任务。必须坚持发展是解决贵州所有问题的关键这个战略判断,在一个较长时间内保持一个合理的发展速度。但加速发展绝不是盲目发展,而是要尊重经济规律,有质量、有效益、可持续发展。在工作中,就是要守住"两条底线":一条是发展底线,保持较快的发展速度;一条是生态底线,不能增加落后产能、破坏生态环境。守住发展和生态"两条"底线,成为贵州要加速发展、后发赶超,也要加快转型、优化效益的战略准则。守住了底线,才能在处理好"赶"与"转"的基础上,实现经济发展的"好"与"快"。在贵州,发展在为生态保护提供实力保障;生态在为科学发展铸造强劲内核。

习近平总书记曾指示:"贵州过去发展慢、欠账多,还是要保持一个较快的发展速度,要守住发展和生态两条底线;正确处理好生态环境保护和发展的关系,是实现可持续发展的内在要求,也是推进现代化建设的重大原则。"贵州既是一个"经济洼地",又是一个生态脆弱区,要守住发展的底线,必须保持一个较快的发展速度;要守住生态的底线,必须转变发展方式,保住绿水青山。绿水青山和金山银山绝不是对立的,关键在人,关键在思路。只要思路对、路径对、方法对,因地制宜选择好发展产业,在加快发展中积极主动地保护生态环境,贵州完全能够实现发展与生态、富裕与美丽的双赢。这也正是习近平总书记的特别嘱咐,"这是贵州要写好的一篇大文章"。

3. 百姓富、生态美的新路

守底线、走新路。中央赋予贵州的新使命，立足于适应新常态、把握新常态、引领新常态这一我国经济发展的大逻辑，深刻把握贵州省情实际和后发赶超的时代特征，指明了贵州未来的前进航向，勾勒了贵州发展的美好新蓝图。

贵州既要守住发展底线，又要守住生态底线，唯有走出一条能够真正找准贵州定位、发挥贵州优势、体现贵州特色的新路。这就要求贵州必须奋力后发赶超、加快缩小与全国发展差距，正确处理发展和生态环境保护的关系，以开放倒逼改革，全面推进深化改革，全面推进法治建设、社会治理能力现代化。

贵州的新路有别于东部，要突出环境保护，防止先污染后治理、边污染边治理；要突出绿色循环，形成低消耗、低排放、可循环、可持续的绿色生产方式；要突出协调共享，推动城乡一体、协同发展，让城乡居民享受到发展成果；要突出集聚集约，坚持园区化发展，实现项目组合、企业集聚生产、产业集群发展；要突出民族文化，深度融合和充分发展地域和民族文化特色。

贵州的发展新路也不同于西部其他省份。新路提倡注重以构筑精神高地引领干事创业；以主基调、主战略引领赶超跨越；以高端定位引领创新转型；以绿化贵州引领生态建设；以扶贫开发引领民生改善。这条发展新路，是一条奋力后发赶超、加快缩小与全国发展差距的新路；是一条坚守"两条底线"，正确处理发展和生态环境保护关系的新路；是一条以开放倒逼改革，全面推进深化改革的新路;是一条全面推进法制建设,推动社会治理体系和治理能力现代化的新路。

(二)大扶贫、大数据、大生态

2017年4月,贵州省第十二次常代会,正式将大生态列为继大扶贫、大数据之后的第三大战略行动。至此,贵州形成了大扶贫、大数据、大生态三大战略行动联动发展的格局。以大扶贫补短板,以大数据抢先机,以大生态迎未来,三大战略行动目标一致、指向明晰、有机融合,为"守底线、走新路、奔小康"勾勒出清晰的路径。

1. 大扶贫:撕掉千百年来绝对贫困的标签

"连峰际天兮,飞鸟不通",500多年前,明代思想家王阳明被贬至贵州龙场驿时发出感叹;"无数泽之饶、桑麻之利,岁赋所入不敌内地一大县",200多年后,清代乾隆年间贵州巡抚爱必达这样评价;"黔处天末,崇山複岭,鸟道羊肠,舟车不通,地狭民贫",清代贵州学者陈法这样勾勒家乡的悲情轮廓。"八山一水一分田"的贵州,横亘绵延的高山深谷,曾经束缚了多少高原儿女对美好生活的向往。很长一段时间,贵州一直是全国农村贫困面最大、贫困程度最深、贫困人口最多的省份,所面临的诸多贫困难题,实际上是世界性难题,攻克这些难题,撕掉千百年来的贫困标签,事关中国全面建成小康社会"第一个百年"奋斗目标的实现,也将对人类减贫事业做出重大贡献。

习近平总书记对贵州贫困群众特别牵挂，对贵州脱贫攻坚工作特别关心。2014年3月7日，习近平总书记参加十二届全国人大二次会议贵州省代表团审议时强调，要扎实推进扶贫开发工作，真正使贫困地区群众不断得到实惠。2015年6月，习近平总书记深入贵州调研脱贫攻坚工作并召开部分省区市党委主要负责同志座谈会，强调要在精准扶贫、精准脱贫上下更大功夫，始终做到"四个切实""六个精准""五个一批"。2017年10月，党的十九大召开期间，习近平总书记参加贵州省代表团讨论时，要求守好发展和生态"两条底线"，开创百姓富、生态美的多彩贵州新未来，强调"实现'第一个百年'奋斗目标，重中之重是打赢脱贫攻坚战。已经进入倒计时，决不能犹豫懈怠，发起总攻在此一举"。2018年7月，习近平总书记对毕节试验区工作作出重要指示，要求贵州尽锐出战、务求精准，确保按时打赢脱贫攻坚战。

2015年年底，贵州省明确在"十三五"时期，将围绕"守底线、走新路、奔小康"总要求，突出实施大扶贫、大数据两大战略行动。为全力确保按时高质量打赢脱贫攻坚战，近年来，贵州坚持把脱贫攻坚作为头等大事和第一民生工程，以脱贫攻坚统揽经济社会发展全局，深入推进大扶贫战略行动，聚焦重点工作，保持决战态势，持续向贵州千百年来的绝对贫困发起总攻，推动脱贫攻坚连战连捷。在战略层面，贵州守好发展和生态"两条底线"，深入实施大扶贫战略行动，以脱贫攻坚统揽经济社会发展全局，奋力开创百姓富、生态美的多彩贵州新未来；在战术层面，全力打好"四场硬仗",坚决抓好"五个专项治理",实施"四个聚焦"主攻深度贫困地区,深入推进农村产业革命,推进大数据与脱贫攻坚深度融合,取得了精准扶贫的突出成效,为精准扶贫形成了许多"贵州经验"。

坚持基础设施建设先行,贵州加强农村的通组通村公路建设。这几年贵州建成了近8万公里的农村通组硬化路,把公路修到了自然村寨、村民小组,彻底解决农村交通不便的问题。同时,实施农村饮水安全攻坚决战行动,让所有的农民群众都能够喝上安全水、放心水;实施新一轮农村电网改造,加快农村宽带网络建设;强力推进易地扶贫搬迁,彻底改变"一方水土养不起一方人"的贫困地区人民的生存条件,做到"六个坚持",即坚持建设资金由省级统贷统还,坚持以自然村寨整体搬迁为主,坚持城镇化集中安置,坚持以县为单位集中建设,坚持不让贫困户因搬迁而负债,坚持以产定搬、以岗定搬;推进农村产业扶贫,为持续稳定脱贫构建牢固的产业支撑,围绕确保按时打赢的目标,发展高效经济作物,大幅度减少低效玉米种植面积;实施教育医疗住房"三保障",加快补齐农村基本公共服务的短板;每年压缩党政机关行政经费6%用于义务教育脱贫攻坚;提升农村医疗卫生服务能力,全面实施农村基本医疗服务、基本医疗保险和大病保险、医疗救助,解决因病致贫、因病返贫的问题;大力改造农村危房,现已改造51万户;实施"四个聚焦",主攻深度贫困地区,坚决攻克最后堡垒;提出把扶贫资金、东西部扶贫协作、基础设施建设、帮扶力量向深度贫困地区聚焦；连续开展"五个专项治理"行动，在贫困人口的漏评错评、贫困人口错退、农村危房改造不到位、资金使用不规范、扶贫领域腐败和不正之风等方面成效明显。

贵州"弯下腰来拔掉穷根"，实施精准扶贫"六个到村到户"，探索出了"摘帽不摘政策""资源变股权、资金变股金、农民变股民"等扶贫措施，初步形成了一套可信可行、可学可用、可复制可推广的"贵州经验"，创造了全国扶贫开发的"省级样板"。党的十八大以来，贵州农村建档立卡贫困人口从2013年的746万人减少到2018年的155万人，累计减贫591万人，贫困发生率从20.6%下降到4.3%，减贫人数全国第一，33个贫困县成功脱贫摘帽。与此同时，全省经济增速连续8年居全国前三位。贵州经济社会发展取得的成绩，被习近平总书记赞誉为"党的十八大以来党和国家事业大踏步前进的一个缩影"。

2. 大数据：弯道取直后发赶超的关键一招

偏居西南一隅，地处平均海拔近1200米的云贵高原之上的贵州，却是中国经济圈中的一片"洼地"，经济基础薄弱，GDP总量排名全国靠后。历史上的贵州还受交通、信息闭塞的困扰，旅游、气候等优势资源长期得不到有效的开发，导致贵州成为最容易被人们遗忘的省份。所谓"养在深闺人未识"便是贵州面临的困境。那时候的贵州，或多或少有点怀才不遇的境遇。如果贵州不能转换发展思路，走出一条不同以往，甚至不同于任何地区发展模式的创新发展新路子，贵州只能一直垫底，它将永远无法撕掉贫穷、落后的标签。

任何时代只要有变革就有机遇，关键是看能不能发现前瞻性产业和技术变革的趋势。在贵州力求突破，却难寻发展机遇的档口，一个充满变革的大数据时代缓缓走来，这对于一直渴求机遇的贵州而言，是难得的一个机遇。大数据才刚刚进入大众的视线，便立刻引起贵州的注意，被视作"换道超车"的引擎。在中国大数据革命爆发前夕，贵州表现出前所未有的前瞻性，成为第一个走上探索道路的勇者。2013年年底，中国移动、中国联通、中国电信三大运营商数据中心相继落户贵州贵安新区，成为2013年中国大数据领域最轰动的新闻，此举标志着贵州大数据异军突起，正式迈出大数据发展的步伐，踏上了大数据的征程。

发展大数据是贵州"换道超车"的机遇，是创业之旅，但同样也是挑战，也是重重困难的考验。相对于贵州发展大数据具有的优势而言，贵州大数据发展的不足更容易受到关注。基础差、市场弱、人才缺、可持续发展难度大等，这些问题的存在，使贵州发展大数据看起来像是一个伪命题，因此，让许多人对贵州大数据发展产生"不确定"的态度。贵州大数据发展之初，贵州大数据发展最终会有什么样的成就，一部分人对此持观望的态度，甚至还充斥着质疑之声。

北海虽赊，扶摇亦可接。贵州在踏上大数据征程之后，迅速将大数据作为全省发展"三大战略"之一，举全省之力主攻大数据。早在2014年2月，贵州省人民政府就印发了《关于加快大数据产业发展应用若干政策的意见》《贵州省大数据产业发展应用规划纲要（2014—2020年）》。同年3月，贵州省委、省政府在北京举行了大数据产业发展推介会。2015年11月，中共贵州省第十一届委员会第六次全会审议通过《中共贵州省委关于制定贵州省国民经济和社会发展第十三个五年规划的建议》，决定实施大数据战略行动，把大数据作为"十三五"时期贵州发展全局的战略引擎，更好地用大数据引领经济社会发展，服务广大民生，提升政府治理能力。贵州也是全国最早从省委、省政府的层面立体推动大数据发展战略的省份。

贵州发展大数据是一种战略部署。从贵州省层面看，"十三五"期间，贵州的三大战略行动就是大扶贫、大数据、大生态。从贵阳市层面看，"十三五"期间，贵阳的战略部署就是以大数据为引领加快打造创新型中心城市。如此明确之战略定位和如此强大之战略定力，是前所未有的。更重要的是，在贵州和贵阳发展大数据这个重大决策上，全省上下、全市上下在思想上高度认同、政治上高度契合、步调上高度一致。经过两年多的探索，2016年2月国家发改委、工信部、中央网信办联合发函批复，同意贵州建设全国首个国家大数据综合试验区。

实施大数据战略行动是守住发展底线的必然抉择。对贵州来讲，贫困落后仍然是主要矛盾，加快发展仍然是根本任务。守住发展底线，以创新引领发展，不仅是把大数据作为产业创新、寻找蓝海的发展选择，更是把大数据作为引领贵州发展的战略引擎，加快培育新的经济增长点，实现经济社会持续、健康、较快发展。同时，实施大数据战略行动是守住生态底线的现实选择。贵州生态环境基础良好，但又十分脆弱，遭到损坏后难以修复和恢复。要守住生态底线，必须树立正确的发展思路，正确处理经济发展和生态环境保护的关系，既要金山银山也要绿水青山。贵州要实施大数据战略行动，通过发展大数据引领经济转型、促进绿色发展，能够推动发展和生态环境保护协同共进，实现经济效益、社会效益、生态效益同步提升，走出一条有别于东部、不同于西部其他省份的发展新路。

作为全国第一个提出大数据发展战略行动并付诸实践的省份，贵州以大数据为引领重构后发地区整体发展模式，打破资源瓶颈，以背水一战的勇气、敢为人先的朝气、苦干实干的锐气，探索出一条西部追赶东部的发展新路，跃上了风光无限的数据之峰。中国工程院院士孙九林评价："贵州的大扶贫、大数据、大生态三大战略，以全新的方式谋划跨越发展新路径：以大扶贫补短板，以大数据抢先机，以大生态迎未来。在社会发展、经济转型的新常态下，数据资源是经济增长的新要素，数据资源开发应用是经济增长的新动力。大数据之所以重要，正因为它是不可替代的资源，是新的生产要素。贵州把大数据作为提升政府治理能力的新手段、服务社会民生的新途径、引领产业转型升级的新动力、推动大众创业万众创新的新引擎，把发展数字经济作为大数据战略行动的重要方向,全面推进国家部署的大数据七项系统性试验,加快建设首个国家大数据综合试验区,培育了转型升级新动能,拓展了经济发展新的空间,为全省经济社会更好更快发展发挥了引擎作用。正如习近平总书记所肯定的,'贵州发展大数据确实有道理'。"

3. 大生态:擘划"绿色贵州"的美丽画卷

草木蔓发,春山可望。作为长江和珠江上游重要生态屏障的贵州,境内山峦众多、风光秀美,被誉为"中国的绿色走廊"。贵州又是一个典型的"富饶的贫困省",截至2019年2月,仍有100多万贫困人口生活在山区,山底下埋藏着丰富的煤炭、磷矿、锰矿等矿产资源,发展与保护的矛盾十分突出。如何破解这种矛盾?如何把后发优势转化为经济优势?贵州的思路很清晰,那就是"念好山字经,做好水文章,打好生态牌",不走先污染后治理的老路,不走以牺牲环境为代价换取一时经济增长的邪路,也不走捧着青山绿水"金饭碗"过穷日子的穷路,要走生态优先、绿色发展,百姓富、生态美的新路。

党的十八大把生态文明建设纳入五位一体的总布局,贵州提出要打造全国生态文明先行区,就是把生态文明理念植根在全省发展的骨子里,就是把环境指标放在更为重要的位置。实际上稍加留意就能发现,自加压力、自念紧箍咒早已成为贵州推进生态文明建设和探索绿色发展的常态。这个经济实力尚不算很强的西部省份,近年来却在完善绿色保障体系方面获得了多个全国第一：2007年，在全国率先建立两级环保法庭；2009年，第一届生态文明贵阳会议召开；2013年在全国率先从省级层面实行河长制，生态文明贵阳会议升格为生态文明贵阳国际论坛，是国内唯一以生态文明为主题的国家级论坛；2014年，颁布实施全国首部省级生态文明建设地方性法规；2015年，贵州省委全面深化改革领导小组第十六次全体会议研究生态文明体制重点改革专题，审议《生态文明体制改革实施方案》《贵州省推行环境污染第三方治理实施意见》和《执行最严格的环境影响评价制度全面深化环评审批制度改革工作方案》；2016年，在全国率先启动生态环境损害赔偿制度改革试点；2017年，中共中央办公厅、国务院办公厅印发《国家生态文明试验区（贵州）实施方案》，大生态成为贵州省的三大发展战略之一；2018年，第42届世界遗产大会将梵净山列入《世界遗产名录》，至此贵州已是中国世界自然遗产数量最多的省份。

贵州像对待生命一样对待生态环境，像保护眼睛一样保护生态环境，建设生态文明已成为贵州上下的高度共识和自觉行动。"贵州之贵，贵在丰富的能矿资源，贵在良好的生态环境，贵在独特的民族文化"。良好生态环境既是贵州的发展优势和竞争优势，又是人民美好生活的重要组成部分和我们要实现的重要目标。贵州省委省政府坚守民生情怀，为生态留白，给自然种绿，为文化添彩，依托优势建设绿色生态家园，让居民在山水绿影间望得见山、看得见水、寄得了乡愁。发展和生态辩证法,正在贵州不断呈现出更加绚丽的色彩,展示更加丰富的内涵,沉淀更加深厚的底蕴。

党的十八大以来,贵州省委省政府坚决贯彻落实习近平总书记对贵州生态文明建设工作和环境保护工作的重要指示精神,牢牢守住发展和生态"两条底线",坚持生态优先、绿色发展,不断丰富生态文明建设的机制和路径,促进发展和生态"两条底线"驱动、交融、互促,让贵州国家生态文明试验区的金字招牌越擦越亮,让生态环境永远成为贵州老百姓为之骄傲的"幸福不动产",让绿水青山永远成为贵州老百姓用之不竭的"绿色提款机"。全省生态红利不断释放,森林覆盖率由1979年的18.4%提高到2019年的58.5%,增长了40.1个百分点。当前,贵州世界自然遗产数量居全国第1位,绿色经济占比超过40%,社会公众对贵州生态环境满意度居全国第2位。2020年,贵州森林覆盖率将突破60%,绿色经济占地区生产总值比重提高到44%。

知者行之始,行者知之成。2018年,生态文明建设写入宪法,"绿水青山就是金山银山"已成为全民共识。生态文明建设是一项功在当代、利在千秋的伟大事业,也是一项必须一代接着一代干的宏伟工程。凝聚全省力量以踏石留印、抓铁有痕的韧劲共同念好山字经、做好水文章、打好生态牌,离不开绿色文化的培育。贵州设立了"生态日",将生态文明教育作为学生思想道德教育的重要内容和实施素质教育的重要载体纳入国民教育体系,在城市社区和乡村开展丰富多彩的生态文明宣传教育活动；传承和保护贵州民族生态文化，强化"人与自然是生命共同体，人类必须尊重自然、顺应自然、保护自然"生态文明建设的道德支撑和文化自觉，使"天人合一、知行合一"的生态文明理念成为贵州共识，推动全社会形成绿色、环保的良好风尚。

贵州念好"山字经"，种好"摇钱树"，做好"水文章"，探索出一条生态文明建设新路。抓住"后发优势"，努力实现"弯道超车"，贵州生态文明的"金字招牌"越来越靓。

举目千山皆是绿。生态环境显然是贵州后发赶超、快速发展中从未丢掉过的底线。

这就是贵州的砥砺行动，建设国家生态文明试验区，为美丽中国贡献"贵州经验"。

这就是贵州的不变初心，推动长江经济带发展，全力构筑长江上游绿色生态屏障。

这就是贵州的多彩蓝图，以"多彩贵州公园省"为总体目标，发展和生态共谱华美篇章。

（三）贵州发展大数据确实有道理

对昔日贵州而言，如果遵循"追赶式"等普通、寻常的发展模式，贵州将难以实现超越发展，也无法成为不被人们习惯性遗忘之地。唯有走一条不同寻常的发展道路，贵州才有可能实现赶超。而如今，大数据和贵州命运的交织，成为贵州逆转局面的关键,为贵州的发展前途带来无限转机。在过去的六年里,贵州打造以及不断完善的大数据舞台,创造出令人称赞的"贵州奇迹",为贵州带来耳目一新的变革,使大数据产业发展要素齐聚贵州,集聚效应的体现,奠定了贵州在中国大数据版图上不可或缺的地位,将贵州从边缘位置推向聚光灯下,使其成为众人关注的焦点,世界终于不能再忽略贵州。回顾贵州发展大数据的历程,我们不禁会问:贵州发展大数据的最大优势是什么?

贵州发展大数据具有先天优势,即"天赐+良机"。所谓"天赐",是指贵州发展大数据具有天然的气候优势和独有的资源优势。清爽的空气、凉爽的天气、充沛的降水和充足的电力,再加之稳定的地质结构,无地震、无风灾、无旱涝为贵州发展大数据,特别是建设数据中心确立了难得的比较优势。所谓"良机",是指贵州牢记习近平总书记"守好发展和生态'两条底线'"的嘱托,审时度势、抢先布局,顺应新一轮科技革命和产业变革的世界潮流,从零开始,开启了大数据创新发展之旅。

贵州发展大数据具有先发优势,即"笨鸟+先飞"。所谓"笨鸟",是指欠发达、欠开发的基本省情,虽然导致贵州大数据发展起点较低,但正因如此,贵州人更加珍惜难得的发展机会,坚信勤能补拙、干能成事。所谓"先飞",是指贵州敢于站在大数据发展的风口上走前人没有走过的路。大数据是先机、是蓝海,发展大数据是在走前人没有走过的路。面对大数据,有些地区在新事物、新机遇面前成为犹豫者、观望者,不想干、不敢干。贵州并没有畏难退缩和停滞不前，而是迎难而上和知难而进，在学中干，干中学，边学边干，边干边学，变后发为先发，打响了过去只能在先进省份和发达地区发展大数据的新时期的"突围战"。

贵州发展大数据具有先行优势，即"领跑+群跑"。所谓"政府领跑"，是指贵州省委、省政府把大数据与大扶贫、大生态作为全省三大战略行动之一，以大数据政用带动商用、民用，在大数据多个领域先行先试、领先领跑，成为国家第一个大数据综合试验区。所谓"社会群跑"，是指一批有竞争力、影响力的领军型大数据企业不断在贵州诞生，产业发展、社会治理、民生服务等领域一个又一个大数据创新成果被广泛应用，一个又一个新技术、新模式、新业态在贵州持续出现。先行先试的探索和实践已经把贵州特别是省会贵阳变成大数据战略策源地、技术标准输出地、新兴产业发源地和模式创新涌现地，成为创新思想碰撞地、高端要素汇聚地和创新试验容错地。

更重要的是，贵州发展大数据具有先干优势。无论是先天、先发还是先行，核心是先干。先干才是贵州发展大数据真正的优势。从某种意义上讲，有的地方资源比贵州多，条件比贵州好，能力比贵州强，发展比贵州快，但发展大数据却比贵州慢，甚至还比贵州差。差在哪里？差在"干"字上。有的领导不想干、不敢干、不会干。面对大数据，不愿想问题，不敢担风险，不会抓机遇，甚至在新事物、新机遇面前成为犹豫者、观望者、懈怠者和软弱者。而贵州和贵阳则敢于站在大数据发展的风口上，抢占大数据发展的理论创新制高点、实践创新制高点和规则创新制高点。大数据是先机，是蓝海，发展大数据是在走前人没有走过的路。只有学中干，干中学，边学边干，边干边学，才能赢得先机，才能抢占蓝海。

行百里者半九十。贵州近年来的大数据产业发展虽然取得可圈可点的成绩，但就大数据产业发展生命周期而言，贵州大数据产业发展期仍有很长的路要走。虽然贵州在大数据发展方面占据了先发、资源聚集等各类有利条件，创造了难能可贵的大数据发展"贵州模式"。但随着后来者的发力和追赶，贵州的先发优势或许会被一定程度的削弱，对于贵州而言，大数据产业发展能否在现有基础之上，继续涌现出源源不断的动力，推动大数据融合发展更加深入，才是决定贵州大数据能否一直保持领先的关键。

在大数据产业革命中，贵州是先行者，也是最早尝到甜头的受益者。然而，群雄并起已然成为这场革命的一个必然趋势，作为中国大数据产业策源地的贵州，唯有保持发展势头，不断选择"再出发"，才能把多年来积累的产业优势发挥到极致，才能在大数据时代潮流中独占鳌头。

第二节 "中国数谷"的成长逻辑和发展历程

六年来,发展大数据成为贵州贵阳坚守发展和生态"两条底线",探索"双赢之路"的战略选择,大数据成为贵州贵阳谋求竞争优势的核心战略,把"无"生了"有",走出了一条有别于东部、不同于西部其他省份的发展新路,这是认识、适应和引领新常态的思维变革。从2014年开始,通过发展大数据,贵州贵阳在新科技领域快速发展,成为中国首个国家大数据综合试验区,拥有了中国大数据领域的多个创新和第一,大数据成为世界认识贵州贵阳的一张新名片。

(一)数字中国的贵州方案

贵州是全国唯一将大数据战略作为全省经济社会发展主战略之一的省份。贵州省委、省政府高度重视大数据发展,在推进大数据发展之初,形成了"344533"的总体发展思路,逐步明确和描绘了大数据发展蓝图。2017年贵州省十二次党代会,提出了未来五年实施大扶贫、大数据、大生态三大战略行动,进一步坚定大数据路径选择。2018年4月,贵州省委强调要将大数据战略行动向纵深推进,并作出"一个坚定不移、四个强化、四个融合"战略部署。大数据战略行动是贵州的发展方向创新,对于中国特别是内陆落后地区在目前普遍面临的生态环保和经济发展双重压力下,通过把握时代机遇实现突破,具有重要的探索价值和借鉴意义。

1."344533"发展思路

在贵州大数据发展之初,逐步形成并提出了"344533"的发展总体思路。"344533"即围绕回答"数据从哪里来、数据放在哪里、数据如何使用"这三个大数据发展的核心问题,坚持"数据是资源、应用是核心、产业是目的、安全是保障"四个发展理念,建设"国家级大数据内容中心、服务中心、金融中心、创新中心"四个中心,打造"基础设施层、系统平台层、云应用平台层、增值服务层、配套端产品层"五个层级产业链,发展"大数据核心业态、关联业态、衍生业态"三类业态,实现以"大数据提升政府治理能力、推动转型升级、服务改善民生"三个目的,统筹指导推动全省大数据发展。"344533"是贵州大数据发展实践的重要思考和方法创新,是指导贵州大数据发展的顶层设计,为贵州大数据的未来发展指明了目标和方向,并为中国地方发展提供了典型的方法论经验指导。

围绕三个核心问题。贵州从"数据从哪里来、数据放在哪里、数据如何使用"三大根本性问题出发,构建大数据发展体系。发展大数据产业,推动大数据应用,海量的数据资源是基础,贵州依托建设数据中心的天然优势,吸引了三大运营商和众多企业将数据中心放到贵州,为贵州发展大数据产业奠定了坚实的基础。此外,发展呼叫产业,打通政府数据壁垒,都为贵州发展大数据产业提供了核心数据支持。解决了数据从哪里来的问题,还需要考虑数据放在哪里的问题,通过建设"云上贵州"平台,开通云计算服务器、数据库服务器,解决了贵州数据存储的关键问题。最后,数据的应用,贵州将海量数据拿给政府、企业、民众用,形成政府、企业、社会多元互动、协作共治的良好格局。

坚持四个发展理念。贵州发展大数据始终坚持"数据是资源、应用是核心、产业是目的、安全是保障"四个理念。把大数据作为"未来的新石油",推动经济高效、可持续发展的关键资源,是政府进行宏观调控、市场监管、社会治理的基础,也是企业占领市场、赢得机遇的利器。同时,以大数据技术应用为核心,充分运用大数据的先进理念、技术和资源,通过高效采集、有效整合、深化应用政府数据和社会数据,提高政府决策能力和管理能力,提升贵州竞争力。并且,将产业发展作为大数据战略的重要目的,致力于发展大数据核心业态、关联业态、衍生业态,通过产业发展释放大数据红利。最后,以数据安全作为大数据应用的基础和前提，按照"开放、互通、安全"的大数据发展要求，高度重视数据信息安全，提升网络信息安全保障能力，并开展数据安全立法和管理制度的建设。

建设四个中心。贵州致力于建设"国家级大数据内容中心、服务中心、金融中心、创新中心"四个中心。基于独特的环境和三大运营商数据中心集聚贵州的资源优势，吸引一批国家级、行业级、龙头企业数据中心或灾备中心落户贵州，建设长江经济带数据基地和中国南方数据中心，力争把贵州打造成国家级大数据内容中心。在拥有数据资源的基础上，培育集聚一批开展数据分析、提供数据服务的增值服务企业，形成"立足西南、面向全国、辐射东盟"提供大数据服务的优势产业集群和数据服务中心，把贵州打造成国家级大数据服务中心。在前两个中心的基础上，在贵阳开展试点与推广，形成数据商品化的市场机制，开展数据交易和结算，把贵阳建成大数据时代的金融中心，力争把贵州打造成国家级大数据金融中心。最终，将贵州打造为国家级创新中心。

打造五个层级产业链。贵州大数据产业发展方针的制定主要从以下五方面着手，即基础设施层、系统平台层、云应用平台层、增值服务层和配套端产品层。在基础设施层，贵州重点打造了三大运营商贵安新区数据中心，建成并投入运行贵阳·贵安国家级互联网骨干直联点，大力推进信息基础设施建设，提高互联网出省带宽能力；在系统平台层，贵州与阿里巴巴合作，建设全省统一"云上贵州"系统平台，对政府掌控的数据存储资源、计算资源和宽带资源实施统一管理；在云应用平台层，贵州省重点围绕"7+N"云应用，培育云服务龙头企业，云应用平台层是由掌握数据资源、面向特定应用领域提供应用服务的企业组成，这些企业都有较强的龙头带动作用，在增值服务层，贵州重点引导数据挖掘应用，催生增值服务企业集群，引进和培育了一批提供互联网、移动互联网、物联网、服务外包、数字文化创意、电子商务、移动 APP 等增值应用和衍生服务的骨干企业；在配套端产品层，贵州重点培育生产配套企业，全力拓宽产业链。落地贵州的骨干企业包括富士康、海信、贵阳华强北电子信息产业园、航天科技、得安科技等，核心产品包括智能手机、智能电视及机顶盒、平板电脑、北斗导航设备、信息安全终端机等。

发展三类业态。贵州积极打造和发展大数据"核心业态、关联业态、衍生业态"三大类业态。核心业态主要是围绕数据生命周期、大数据关键技术和大数据核心业务所形成的一类业态，主要包括数据存储、采集、加工、交易、安全等大数据关键技术和核心业务的产业生态。关联业态主要是在产业链上、下游与大数据核心业态联系紧密的电子信息产业形态，主要包括智能终端、电子商务、呼叫中心与服务外包等与核心业态紧密联系的产业生态。衍生业态主要是大数据在各行业、各领域的融合应用所衍生的业态，是大数据与相关领域主动融合发展的产物，主要包括智能制造、智慧健康、智慧旅游、智慧物流、智慧农业等大数据与传统产业紧密融合、协同发展的大数据衍生业态。

实现三个目的。贵州将大数据战略上升为全省大战略，最终是为了实现提升政府治理水平、改善社会民生和促进产业转型三大目的。贵州致力于用大数据提升政府治理能力，让政府决策可以"用数据说话"，能够准确把握改革发展稳定中的新情况新问题，问政于民、问需于民，提高社会公众对政府决策的参与度。贵州致力于用大数据改善社会民生，以数据促进便民、利民，在社保、教育、交通、医疗、民政、基建、工商、气象等领域满足民众的服务需求，促进民生服务的均等化、精细化和普惠化，以数据促进公正、高效，简化办事流程，"让数据多跑路、百姓少跑腿"，提升群众大数据应用获得感。贵州致力于用大数据促进产业转型，推动电子信息产业的快速发展，推动其他产业领域的转型升级，通过大数据与现代农业、现代制造业、服务业等融合发展，改造提升传统产业，发展壮大新兴产业，促进经济发展提质增效。

贵州大数据发展"344533"的总体思路得到了国家层面、企业界、学术界的充分认可。通过坚持和完善"344533"顶层设计，将大数据作为提升政府治理能力的新手段、服务社会民生的新途径、引领产业转型升级的新动力、推动"大众创业、万众创新"的新引擎，持续释放大数据红利，开展大数据综合性、示范性、引领性发展的先行先试，促进贵州大数据基础设施的整合和数据资源的汇聚应用，为国家建设数据强国开展先行探索、积累先试经验、提供有力支撑。

2."144"战略部署

站在新的发展阶段，贵州立足全局、面向全球、聚焦关键、实事求是，坚定不移地沿着习近平总书记指引的战略方向前进，进一步提出"144"总体思路。"一个坚定不移""四个强化""四个融合"的发展方向，即坚定不移把大数据战略行动向纵深推进，强化对现有大数据企业的支持力度，强化对大数据企业的招商力度，强化对大数据融合的高科技企业的招商力度，强化对大数据等高科技领域的人才引进力度以及加快大数据与实体经济的融合，加快大数据与乡村振兴的融合，加快大数据与服务民生的融合，加快大数据与社会治理的融合。贵州大力实施大数据战略行动，既符合国家战略又体现时代特征，既符合战略目标又体现战略部署和战术执行。

坚定不移实施大数据战略行动。党的十九大以来，贵州大数据取得了新的发展成效，进入了新的发展阶段。贵州将大数据战略行动作为高速增长阶段向高质量发展阶段转变的重要抓手，在新时代实现新的更大作为。一是坚持创新驱动发展。贵州的大数据发展模式和创新实践印证了创新发展战略在地方的落地，贵州将始终把大数据作为创新发展的动力，坚定不移实施大数据战略行动，主动服务国家创新驱动发展战略和国家大数据战略。二是坚持数据驱动创新。贵州大力实施大数据战略行动，全力推进国家大数据综合试验区建设，在全国抢先实现了一系列首创之举，大数据开拓了贵州创新发展的"眼界"和"胸怀"，贵州坚持数据驱动创新，努力打造成为中国大数据发展的策源地、大数据要素的集聚区和大数据探索的筑梦场。三是坚持高质量发展。中国经济进入高质量发展阶段，既是对产业转型升级的总体要求，又是把握时代脉搏的战略判断，未来贵州将以大数据为引领，促进三次产业在城乡之间的广泛渗透融合，形成以实体经济为主导、以高新技术产业为先导、三次产业深度融合、绿色低碳协同发展的现代产业体系。

"四个强化"助推企业营商环境优化。企业与人才是大数据推动经济高质量发展的中坚力量，在追求高质量发展之路上，贵州以"四个强化"为抓手，打造招商引资政策"洼地"和公平营商环境"高地"。一是强化对现有大数据企业的支持力度。贵州将加快完善对大数据产业发展的各项优惠政策，深入开展服务大数据企业、服务大数据项目专项行动，进一步强化对现有大数据企业的支持力度。二是强化对大数据企业的招商力度。贵州将加大招商力度，加强营商环境的培育，让优秀的、有实力的大数据企业在贵州聚集，瞄准国内外有实力的大数据企业，把工作做到位，把服务做到家，让好项目、好企业云集贵州、共襄发展。三是强化与大数据融合的高科技企业的招商力度。充分发挥现有的大数据发展优势，对全国乃至全球与大数据融合的高科技企业进行精准了解，制定精准的招商方案，做到有的放矢、精准招商。四是强化对大数据等高科技领域的人才引进力度。坚持人才是第一资源，把"智力收割机"开进企业、开进高校、开进专业机构，深入实施"百千万人才"引进计划、黔归人才计划,进一步强化对大数据等高科技领域的人才引进力度。

"四个融合"推动经济社会高质量发展。贵州把融合作为大数据的价值所在,坚持以问题为导向,推动经济转型升级,在大数据融合方面创造新经验、闯出新天地。一是大数据与实体经济融合。加强工业互联网体系建设,实施军民融合大数据、装备制造大数据、原材料工业大数据、医药与食品制造大数据等应用示范工程,积极推广大数据应用场景TOP100,加快推进以贵阳海信、航天电器为代表的智能制造转型升级。二是大数据与乡村振兴融合。聚焦数字化农业生产管理、农产品质量追溯、农村电商发展等重点,积极推广以农业大数据物联网平台为代表的农业现代化精细管理示范,助推乡村振兴战略实施。三是大数据与服务民生融合。建好用好大数据精准产业扶贫平台,深入实施"大数据+教育""大数据+医疗""大数据+交通""大数据+健康"等行动,着力切中民生领域痛点,让大数据更好造福百姓,提高人民群众的获得感和幸福感。四是大数据与社会治理融合。把大数据手段充分运用到社会治理的各个领域和环节,不断加快智慧公共服务、智慧安居服务、智慧健康保障、智慧安全防控等大数据平台建设,实现政府决策科学化、社会治理精准化、公共服务高效化。

3. "7"项系统性试验

2016年2月25日,国家发改委、工信部、中央网信办联合发函批复，同意贵州建设国家大数据（贵州）综合试验区。国家大数据（贵州）综合试验区要围绕数据资源管理与共享开放、数据中心整合、数据资源应用、数据要素流通、大数据产业集聚、大数据国际合作、大数据制度创新等七大主要任务开展系统性试验，通过不断总结可借鉴、可复制、可推广的实践经验，最终形成试验区的辐射带动和示范引领效应。

开展数据资源共享开放试验。制定贵州政务数据资源共享管理办法，建立政务数据资产登记制度和政务数据资源目录体系，探索建立政务数据资源审计和安全监督制度，建立健全大数据安全保障体系；加快整合人口、法人、自然资源和空间地理、宏观经济等基础数据库，集聚"云上贵州"平台，2017年年底前实现省、市两级政府部门信息系统100%接入"云上贵州"平台；建立完善公共数据开放共享清单，实施数据开放计划，依法开放公共数据，鼓励企业、社会组织和个人进行商业模式创新，孵化大数据增值服务企业。

开展数据中心整合利用试验。统筹政务数据资源和社会数据资源，推动建设南方数据中心，对分散数据中心进行整合，集聚一批云计算数据中心，形成绿色环保、低成本、高效率的大型区域性数据中心，探索纳入国家数据中心体系，面向本区域、其他区域和中央部门、行业企业等用户提供应用承载、数据存储、容灾备份等数据中心服务。

开展大数据创新应用试验。在宏观调控、市场监管、社会治理、信用建设、商事管理、生态环境等领域开展政府治理大数据创新应用,实施"数据铁笼"、大数据治税等重点工程,提升政府治理能力;实施"精准扶贫云"示范工程,建立西部贫困地区大数据精准扶贫的示范应用;推进健康医疗、交通旅游、文化教育等重点民生领域大数据应用,实施大数据惠民工程,提升公共服务水平。

开展大数据产业聚集试验。推动传统产业与大数据融合发展,推动大数据在工业、农业和现代服务业的示范应用,发展智能制造、农业大数据、电子商务等新兴产业和新兴业态,促进传统产业转型升级;积极培育大数据产业生态体系,发展大数据核心业态、关联业态和衍生业态;打造大数据金融服务平台,推进"互联网+普惠金融"发展;打造一批满足大数据重大应用需求的产品、系统和解决方案,培育一批大数据骨干企业,建设一批大数据众创空间和孵化器,培养一批大数据产业人才,建成有特色、可示范的大数据产业发展集聚区。

开展大数据资源流通试验。以贵阳大数据交易所等为载体,构建大数据资源流通平台,建立健全数据资源流通机制,完善大数据资源流通的法规制度和标准规范,形成大数据流通、开发、使用的完整产业链和生态链,促进大数据跨行业、跨区域流通。

开展大数据国际合作试验。积极参与大数据相关国际合作框架体系内的国际研发和项目交流,打造"数博会"等国际会展交流平台,探索推进数字"一带一路";引导国内外企业加强大数据关键技术、产品的研发合作，推动我国大数据产品、技术和标准"走出去"。

开展大数据制度创新试验。将服务模式创新、政策制度突破、体制机制探索作为大数据试验区建设的重点，建立大数据地方法规规章，推动数据资源权益、个人隐私保护等相关立法先试先行，探索建立大数据关键共性标准，创造有利于推动大数据创新发展的政策体系。

按照批复要求，国家大数据（贵州）综合试验区要在控制好试点风险以及保障国家安全、网络安全、数据安全和个人隐私保护的基础上，进行大胆探索、创新发展。通过加强组织领导、完善机制、落实责任、合理配置资源，有力有序有效推进创建工作落实。同时，强化对试验区建设实施进度的跟踪分析和监督检查，加强对应用成效的量化评估，定期和及时总结经验、协调解决问题、推广应用成果。

（二）数据驱动的战略路径

作为中国首个大数据综合试验区，贵州时刻紧跟数据驱动创新的战略路径，通过构建"五大体系"，打造"七大平台"，实施"十大工程"，多维度、深层次探索大数据发展之路，促进区域性大数据基础设施的整合和数据资源的汇聚应用，扎实推进国家大数据（贵州）综合试验区建设，努力将综合试验区建设成为全国数据汇聚应用新高地、综合治理示范区、产业发展集聚区、创业创新首选地、政策创新先行区,最终实现"数据强省"的目标。

1. 构建五大体系

构建创业创新体系。贵州全力打造一批大数据技术创新平台,突破一批大数据、云计算关键技术,建设一批大数据众创空间和孵化器;通过数字创业,孵化一批大数据企业,精准扶持一批与大数据关联的中小微企业;按照"创新要素聚集、创新效率优化、带动性强"的标准建设国家大数据产业技术创新试验区。

构建资金投入体系。通过优化省级经信、发改、科技等部门的现有专项资金支出结构,加大对大数据和"互联网+"的投入力度,连续三年每年资金投入增长不低于15%;通过鼓励金融机构加大对大数据企业的信贷支持力度,支持符合条件的大数据企业依法进入多层次资本市场进行融资,构建多层次投资体系。

构建人才支撑体系。采取挂职、任职、市场化招聘和柔性引才等多种方式加大人才培养引进力度,引进一批懂管理、懂应用的大数据人才,构建"人才+项目+团队""人才+基地"等人才培养新模式;通过建立大数据人才认证体系,推动各类大数据急需人才的培训和认证。

构建安全保障体系。针对重要信息系统平台安全的技术防护,开展大数据技术、产品和平台的可靠性及安全性测评,开展"贵阳国家大数据安全靶场"建设;建立健全数据安全管理制度,落实信息安全等级保护,深化网络安全防护体系和态势感知能力建设,开展安全监测和综合防范。

构建税费优惠体系。认真贯彻落实国家各项税收优惠政策，保证大数据企业应享尽享；对符合条件的大数据企业在开发新技术、新产品、新工艺产生的研究开发费用按规定予以加计扣除，从事技术转让、技术开发业务及咨询、技术服务获得的收入免征增值税。大中型数据中心用电执行大工业企业电价政策。各市州制定支持大数据产业发展、产品应用、购买服务等方面的政策措施。

2. 打造七大平台

"七大平台"即打造大数据示范平台、大数据集聚平台、大数据应用平台、大数据交易平台、大数据金融服务平台、大数据交流合作平台和大数据创业创新平台。通过搭建平台，引领经济社会发展、服务广大民生、提升政府治理能力，支撑全省经济社会全面发展。

打造大数据示范平台。以建设国家大数据（贵州）综合试验区为总平台，以贵阳市、贵安新区为大数据核心示范引领，积极争取国家政策和资源支持，建设一批支撑全省经济社会发展的大数据示范平台；推动大数据产业集聚发展，形成应用与产业相互促进、良性发展的有效机制；建设大数据技术创新平台，积极探索西部欠发达城市经济发展与生态改善双赢的创新驱动发展模式；建设黔中大数据应用服务基地，丰富发展大数据应用服务，培育新兴业态，建设"数据强省"，打造西部地区新的经济增长极；建设贵州惠水百鸟河数字小镇，着力打造全国大数据与互联网精准营销示范小城镇,成为产业、科技、人文与自然协调发展的全国城镇化建设新典范。

打造大数据集聚平台。以数据的"汇聚、融通、应用"为目标,整合贵州大数据基础设施、数据资源汇聚和大数据产业集聚,为全省经济社会发展提供持续不断的创新驱动力;以三大通信运营商贵安新区数据中心基地为核心,整合全省大数据基础设施,建设中国南方数据中心。通过经济社会各领域数据资源的汇聚,围绕大数据中心的建设目标,吸引一批国际级、国家级、行业级数据中心集聚贵州,打造中国的数据富饶地区,有力支撑产业汇聚和应用发展。推动大数据产业的集聚,以贵阳市、贵安新区作为大数据产业发展重点集聚区,其他市(自治州)结合市场需求和自身资源禀赋,因地制宜选择合适业态,聚集一批具有较强市场竞争力的龙头企业,汇聚一批具有较强发展潜力的创新型企业,形成大数据产业发展的集群效应。

打造大数据应用平台。全力建设"云上贵州"平台,全面推进政府治理、民生服务和产业发展各项新应用,充分利用大数据的关联分析、融合分析、深度分析和预测分析等优势,推动政府、民生和产业数据的挖掘应用,形成国内第一个全省统筹的云计算和大数据应用平台,全面推进全省经济社会各领域的体制创新、模式创新、服务创新和管理创新。推进建设政府治理大数据应用,大幅提升政府治理能力,推进民生服务大数据应用,打造线上线下合一、前台后台贯通、纵向横向联动、最后一公里打通的政务服务模式，鼓励支持产业发展大数据应用，推动产业转型升级，加快经济社会发展，实现各领域数据资源的块上集聚。

打造大数据交易平台。以贵阳大数据交易所为载体，打造全国大数据交易中心，在贵州形成促进社会供给和需求精准匹配的新兴市场；通过大数据交易的规则和制度建设，探索形成大数据交易的运作模式，完善大数据资源定价机制和交易机制，强化安全体系和技术标准，形成较为完善的制度体系；通过大数据交易的产品和市场建设，开发适用于大中小企业和公众交易的数据产品，推进大数据清洗加工、大数据资产评估、大数据征信等相关配套服务，建立健全大数据交易市场；通过大数据交易的技术系统建设，加快大数据交易系统完善与应用，不断扩大交易规模和交易品种，为数据开发者提供统一的数据检索、开发平台，为数据使用者提供丰富的数据来源和数据应用，建设全国一流的大数据交易平台。

打造大数据金融服务平台。以建设大数据金融中心为目标，发挥大数据资源与资金等生产要素资源相融汇的倍增效应，构建支撑全省大数据产业发展和社会各领域服务的大数据金融服务平台。通过大数据金融业务创新，以大数据资产化为基础的产权交易、期权投资、股权投资等金融工具的研发创新，为大数据产业发展和大数据时代经济转型提供更多的金融工具、服务和衍生产品；通过推进"互联网＋普惠金融"的发展，依托贵阳作为全国移动电子商务金融科技服务创新试点城市，发展包括第三方支付机构、电商金融、商业保理、互联网金融门户在内的各类互联网金融业态。推进金融机构的大数据应用，支持金融机构与互联网企业开展多元化合作，开展融资、储蓄、投资、保险、汇兑、支付和清算等金融服务的互联网和大数据应用，推动金融IC卡在交通、旅游、教育、医疗、社区等公共服务领域的创新应用，服务贵州省产业升级和经济转型。

打造大数据交流合作平台。以大数据为引领落实互利共赢的开放战略，形成贵州对外开放的新格局。按照"国际化、专业化、可持续化"的原则，继续办好中国国际大数据产业博览会，打造全球大数据领域交流合作的国际化平台，推进大数据研发者、创意者、生产商、应用商、投资商、交易商云集贵州。建立和完善区域交流合作平台，依托贵安新区电子信息产业园、中关村贵阳科技园，开展与国际、北京市、长三角、珠三角等区域的合作，吸引中关村等地从事大数据应用研发和运营的创业团队、研究机构、产业组织到贵州发展；建立和完善国际交流合作平台，加强与美国、印度、韩国、瑞士、爱尔兰、英国、德国等国家开展数据处理技术、智能制造、软件服务外包、电子政务、智慧平台、自贸园区等领域国际交流合作。

打造大数据创业创新平台。以大数据作为全省创新发展的火车头，形成促进创新的体制架构，发挥贵州大数据创新创业的先发优势，引领全省经济社会创新发展。通过推进大数据创业创新孵化器建设，建设一批大数据创客产业园和众创空间，以开放政府数据资源、开放市场等多种手段，培育一批大数据创业创新企业或团队，募集一批大数据产业商业模式，激发大数据产业优秀创意，推动大数据成果应用。构建大数据创业创新投融资体系，汇聚一批天使投资和风险投资机构，政府引导产业投资基金和创业投资机构投资"种子期"和"起步期"的大数据企业。举办一批大数据创业创新赛事，通过办好"云上贵州"大数据商业模式大赛等形式，建立创业创新团队的选拔机制和展现平台。

3. 实施"十大工程"

实施"十大工程"是贵州实施大数据战略的重要抓手，通过"十大工程"，把大数据作为基础性战略资源，全面实施促进大数据发展行动，加快推动数据资源共享开放和开发应用，助力产业转型升级和治理创新。

实施数据资源汇聚工程。通过推动贵阳建设互联网数据灾备基地，面向国内外开展招商，集聚一批国际国内数据资源，争取一批"一带一路"国家数据资源项目在贵州存储流通，推动数据存储和云计算系统发展。

实施政府数据资源共享工程。建设完善"云上贵州"数据共享交换平台，开展政府数据安全定级管理，制定政府数据资源共享计划，发布共享清单，实现省市县三级政府部门信息系统在平台上互联互通。

实施政府数据开放工程。梳理政府数据开放目录，推动政府数据安全有序开放，实现"云上贵州"数据开放平台覆盖省市县三级政府部门。引导企业、行业协会、科研机构、社会组织等依法采集并开放数据。

实施政府治理大数据应用示范工程。推进公共服务、"数据铁笼"权力监督、综合治税、工业经济运行监测分析、市场监测监管、信用建设、社会治理、生态环境、综合决策等大数据应用示范,用大数据推动业务协同、流程再造,促进简政放权。

实施民生服务大数据应用示范工程。实施医疗健康、教育、旅游、交通、社会保障服务及新闻出版广电等大数据应用示范,推进文化、养老、市政管理、社区服务、劳动就业、消费维权等领域大数据应用。

实施精准扶贫大数据应用示范工程。完善"精准扶贫云",丰富扶贫数据库,推动扶贫相关部门数据资源广泛交换共享,实现对象识别、措施到户、项目安排、资金管理、退出机制、干部选派、考核评价、督促检查等方面的精准管理,打造运用大数据支撑精准扶贫的样板。

实施产业融合大数据应用示范工程。深入实施推进"互联网+"协同制造专项行动计划,加快大数据与传统产业在观念、技术、创意等方面的融合。通过建立三农大数据分析平台,推进各行业、各领域涉农数据资源共享开放,建成国家智能制造示范基地和现代服务业大数据应用示范基地。

实施金融服务大数据应用示范工程。建立基于块数据的中小微企业信用体系和大数据债务风险管理体系、大数据市场准入事前风险排查系统、非法集资大数据预警平台、大数据金融风险预警系统等，完善大数据金融发展和生态体系。

实施产业集聚示范工程。 通过加大招商引资力度，实施"百企引进"计划，做大做强大数据实体经济，推动形成以贵阳·贵安国家大数据产业集聚区为核心，遵义等其他市州错位发展、协同发展的布局。

实施数据资源流通交易工程。 引进和培育一批数据资源流通服务机构，允许社会力量创建数据资源服务公司，收集加工大数据资源，开发数据产品，提供数据服务，推动产业链各环节市场主体进行数据交换交易，着力建设全国重要的数据资源流通交易中心。

创新是引领发展的第一动力，数据驱动创新是贵州的战略选择。通过紧抓创新发展与生态发展的完美融合，依托数据驱动创新的战略路径，坚定不移实施大数据战略行动，贵州大数据必将云程发轫、万里可期，形成大数据全产业链、全治理链、全服务链，走出一条西部地区利用大数据实现弯道取直、后发赶超、同步小康的发展新路，在全国形成大数据发展示范引领和辐射带动效应，建成国家大数据（贵州）综合试验区。

（三）风起云涌的数谷事记

有人说，大数据是一个稍纵即逝的时间窗口，抓住了，就有机会成为赶超者，甚至成为领跑者。问题是，这世界就是一个竞争者的跑道,生死时速之下,片刻停留,便意味着淘汰出局。从2013年起,贵州努力与时代接轨,探索、践行创新驱动战略,抢抓大数据产业发展的历史机遇,把大数据从"无"生了"有"。

2013年

9月8日,"中关村贵阳科技园"揭牌成立。

10月21日,中国电信云计算贵州信息园项目和富士康贵州第四代绿色产业园在贵安新区开工建设。

12月16日,中国联通(贵安)云计算基地和中国移动(贵州)数据中心项目在贵安新区开工建设。

2014年

2月25日,贵州省人民政府印发《关于加快大数据产业发展应用若干政策的意见》《大数据产业发展应用规划纲要(2014—2020年)》。

3月1日,贵州·北京大数据产业发展推介会在京举行。

5月1日,《贵州省信息基础设施条例》颁布实施。

5月28日,贵州省大数据产业发展领导小组成立。

7月11日,时任中央政治局委员、国家副主席李源潮视察贵阳大数据应用展示中心。

10月15日,云上贵州系统平台开通上线,该平台是全国第一个省级政府数据统筹存储、管理、交换、共享的云服务平台。

2015年

1月6日,贵阳市委、市政府于下发《关于加快大数据产业人才队伍建设的实施意见》，对高校培养储备大数据人才、大数据企业培养引进人才、大数据人才创新创业和提升大数据人才待遇四方面给予政策支持。

1月8日，贵阳出台《关于加快推进大数据产业发展的若干意见》，建设宽带贵阳和全域公共免费Wi-Fi城市。

1月15日，时任中央政治局委员、中央书记处书记、中央宣传部部长，现任全国政协副主席刘奇葆视察贵阳大数据应用展示中心。

1月20日，贵阳市人民政府与戴尔开展大数据及云计算合作。

2月1日，贵阳正式实施"数据铁笼"行动计划，运用大数据编制制约权力的笼子。

2月12日，工信部批准创建贵阳·贵安大数据产业发展集聚区。

2月14日，中央政治局常委、国务院总理李克强视察贵阳大数据应用展示中心，强调要把执法权力关进"数据铁笼"，让失信市场行为无处遁形，权力运行处处留痕，为政府决策提供第一手科学依据，实现"人在干、云在算"。

2月25日，工信部批复《贵阳·贵安大数据产业发展集聚区创建工作实施方案》，明确贵阳大数据产业发展集聚区的核心区在高新区。

3月30日，《贵安新区推进大数据产业发展三年计划（2015—2017）》发布，建设国内重要的大数据产业示范区。

4月14日，贵阳大数据交易所正式挂牌运营，是我国乃至全球第一家大数据交易所。

5月1日，贵阳全域免费Wi-Fi项目一期投入运行。

5月24日，京筑创新驱动区域合作年会在贵阳举行，中国首家"大数据战略重点实验室"揭牌。

5月25日至26日，时任中共中央政治局委员、国务院副总理马凯在贵州考察信息产业发展情况，并出席2015贵阳国际大数据产业博览会暨全球大数据时代贵阳峰会。

5月26日至29日，2015贵阳国际大数据产业博览会暨全球大数据时代贵阳峰会举行，李克强总理发来贺电。

5月26日贵州省人民政府与腾讯公司在贵阳签署战略合作协议。双方将以"大数据"为核心重点，共同推进实施腾讯·贵州"互联网+"行动计划，打造"智慧城市"。

5月26日，贵阳市人民政府与北京市中关村科技园区管委会签署《共同促进贵阳中关村大数据应用创新中心建设的合作框架协议》。

5月31日，时任中共中央政治局委员、中央统战部部长，现任中央政治局委员、国务院副总理孙春兰视察贵阳大数据应用展示中心。

6月17日，中共中央总书记、国家主席习近平视察贵阳大数据应用展示中心，听取贵州大数据产业发展、规划和实际应用情况介绍，肯定"贵州发展大数据确实有道理"。

6月27日，时任中共中央书记处书记、全国政协副主席杜青林视察贵阳大数据应用展示中心。

7月9日，国家旅游数据（灾备）中心落户贵州。

7月14日，贵阳市人民政府办公厅印发《贵阳市人民政府数据交换共享平台推进工作方案》。

7月15日，科技部正式复函同意贵州省开展"贵阳大数据产业技术创新试验区"建设试点。

8月7日，中国电信"一南（贵州）·一北（内蒙古）"两大核心数据中心正式联网运营，标志着亚洲最大的大数据中心网络正式形成。

8月20日，贵州省人民政府与阿里巴巴集团签署《农村电子商务建设战略合作协议》。

8月31日，国务院印发《促进大数据发展行动纲要》，明确支持贵州建设大数据综合试验区。

9月18日，贵州大数据综合试验区建设正式启动。

11月11日至13日，中共贵州省委十一届六次全会在贵阳召开，会议提出抓好大数据、大扶贫两大战略行动，强调要把大数据作为产业创新、寻找"蓝海"的战略选择，作为"十三五"时期全省发展的战略引擎。

11月17日，贵阳市公安交通管理局与百度地图签署战略合作框架协议，依托交通大数据资源开展深入合作。

11月19日，由戴尔、微软、英特尔、贵州产业技术发展研究院、贵州高新翼云公司等共同发起的大数据产业技术联盟在贵阳高新区成立。

11月30日，上海贝格计算机数据服务有限公司与贵安新区签订共建贵安大数据小镇合作协议。

12月1日，贵州省人民政府与IBM签署云计算大数据产业合作备忘录，双方围绕大数据及云计算技术展开全面合作。

12月18日，我国新闻出版广电领域的首个国家级大数据产业项目落地贵州双龙航空港经济区。

12月25日，贵州"扶贫云"平台上线运营，探索"互联网+"扶贫新模式。

12月29日，贵阳市人民政府与科大讯飞签署战略合作协议。就建设科大讯飞语音云西部数据与研发中心基地、贵阳智能云呼叫中心产业园等开展务实合作。

2016年

1月，贵州省被国务院办公厅确定为全国"互联网+政务服务"试点示范省。

1月8日，全国首家大数据评估实验室在贵阳正式揭牌；全国首家大数据金融产业联盟正式落户贵阳。

1月15日，贵州省第十二届人民代表大会常务委员会第二十次会议表决通过了《贵州省大数据发展应用促进条例》，该条例是全国首部大数据地方法规。

1月17日，贵州与美国高通公司在北京签署战略合作协议，双方合资的贵州华芯通半导体技术有限公司落户贵安新区，美国高通公司中国总部落户贵安新区。

2月25日，国家发展改革委、工业和信息化部、中央网信办批复同意贵州省建设国家大数据（贵州）综合试验区。

3月1日，全国首部大数据地方法规《贵州省大数据发展应用促进条例》开始施行。

3月2日，2016云上贵州·大数据招商引智（北京）推介会在北京举行，"国家大数据（贵州）综合试验区"在会上揭牌。

3月10日，贵州省气象局与浪潮集团在山东济南浪潮集团总部签署战略合作协议，共同建设"气象大数据应用开放实验室"。

5月24日，工信部授予贵州省"贵州·中国南方数据中心示范基地"称号，该基地是国内首个获批的数据中心示范基地。

5月25日，中央政治局常委、国务院总理李克强出席2016中国大数据产业峰会暨电子商务创新发展峰会并发表演讲，指出："贵州是中国过去最落后的省份之一，却在大数据产业上和发达地区不仅平等竞争，而且走在了前面。在中国西部欠发达的地方，在不断挖掘生成着'钻石矿''智慧树'。"

5月26日，云上贵州大数据产业基金正式成立；贵阳大数据创新产业（技术）发展中心挂牌；大数据交易联合实验室成立。

5月27日，贵阳国家高新区发布实施《贵阳国家高新区促进大数据技术创新十条政策措施》。

6月3日，贵州大数据战略行动推进大会印发《中共贵州省委贵州省人民政府关于实施大数据战略行动建设国家大数据综合试验区的意见》等"1+8"系列文件。

6月20日,《贵阳市大数据产业人才专业技术职务评审办法(试行)》出台。

6月26日,贵安新区与中科院上海生科院签约共建国家生物医学大数据基础设施中心。

7月11日,贵阳市委九届六次全会举行,提出"以大数据为引领加快打造创新型中心城市"。

8月9日,贵州人民政府办公厅复函同意成立贵州省大数据标准化技术委员会。

8月11日,《中共贵州省委贵州省人民政府关于以大数据为引领实施区域科技创新战略的决定》印发实施。

8月14日,贵州贵安新区出台"1+13"系列文件。推动大数据高端化、绿色化、集约化发展,加快实施大数据战略行动。

8月18日,《贵州省大数据产业发展引导目录(试行)》发布。

9月20日,时任中共中央政治局委员、中央政法委书记孟建柱视察贵州大数据综合试验区展示中心。

9月25日,时任中央政治局委员、国务院副总理刘延东视察贵州大数据综合试验区展示中心。

9月28日,《政府数据数据分类分级指南》《政府数据资源目录第1部分:元数据描述规范》《政府数据资源目录第2部分:编制工作指南》《政府数据数据脱敏工作指南》四项地方标准正式发布。

9月30日，贵州省人民政府数据开放平台正式上线运行，是全国首个以省级为单位的数据开放平台。

10月26日，贵阳政务数据共享交换平台建成。

10月27日，中国（贵阳）大数据旅游创新发展联盟成立。

11月8日，"中英大数据港"在贵阳揭牌。

11月12日，贵州省人民政府与华为技术有限公司签署战略合作协议。

11月16日，工业和信息化部同意设立贵阳·贵安国家级互联网骨干直联点。

11月28日，国家发展改革委批复贵州建设提升政府治理能力大数据应用技术国家工程实验室，该实验室是全国首个国家大数据工程实验室。

12月1日，贵州电信大数据产业联盟成立。

12月3日，时任中央政治局委员、中央党的建设工作领导小组副组长，现任全国人大常委会副委员长张春贤视察贵州大数据综合试验区展示中心。

12月28日，贵州公共资源交易大数据应用服务平台正式上线运行，该平台是全国首个公共资源交易领域的大数据应用服务平台。

2017年

1月8日，贵阳市人民政府数据开放平台正式上线，是全国首个市、区两级政府一体化数据开放平台。

1月26日,《人民日报》第5版刊发题为《用大数据服务民生》的评论,称贵阳为"中国大数据之都"。

2月4日,根据中央编办相关批复,贵州省大数据发展管理局正式成立。

2月6日,《贵州省数字经济发展规划(2017—2020年)》正式发布,成为全国首个省级数字经济发展专项规划。

2月7日,《贵州省实施"万企融合"大行动打好"数字经济"攻坚战方案》印发实施。

2月9日,贵阳出台《贵阳市大数据标准建设实施方案》,深入推进贵阳市大数据标准建设。

2月14日,中国第一个大数据标准委员会——贵州省大数据标准化技术委员会正式成立。

2月27日,"筑民生"平台正式上线,推动民生大数据共享应用。

3月12日,《中共贵州省委 贵州省人民政府关于推动数字经济加快发展的意见》印发实施,成为全国首个从省级层面出台的关于推动数字经济发展的意见。

4月4日,贵州省委书记、省人大常委会主任孙志刚在贵阳市调研大数据战略行动推进情况时提出"一个坚定不移、四个强化、四个融合"战略部署。

4月12日,贵州省委书记、省人大常委会主任孙志刚主持召开全省大数据战略行动推进工作专题会议,会议强调,要坚定不移把大数据战略行动向纵深推进,加快国家大数据综合试验区建设,推动全省大数据发展健康大踏步地前进。

4月21日,贵州大数据发展领导小组印发了《贵州省"数据铁笼"工作推进方案》,在全省全面建设"数据铁笼"。

5月1日,《贵阳市政府数据共享开放条例》正式实施,这是全国首部关于政府数据共享开放的地方性法规。

5月,经党中央、国务院批准,数博会正式升格为国家级博览会—中国国际大数据产业博览会,成为国际化和产业化的高端专业平台。

5月25日,中央政治局常委、国务院总理李克强为2017中国国际大数据产业博览会开幕发来贺信。

5月25日,时任中共中央政治局委员、国务院副总理马凯在贵州省视察大数据发展情况,并出席2017中国国际大数据产业博览会。

5月25日,国家信息中心与省人民政府签署大数据发展战略合作协议,共同推进国家电子政务云数据中心体系(试点示范)建设项目南方节点建设。

5月26日,公安部正式批准贵州省贵阳市建设全国首个大数据及网络安全示范试点城市。

6月16日,贵阳·贵安国家级互联网骨干直联点建成投入运行并举行开通仪式。

6月21日,时任中央政治局常委、中央纪律检查委员会书记,现任国家副主席王岐山视察贵州大数据综合试验区展示中心。

7月12日,贵州省人民政府与苹果公司签署 iCloud 战略合作框架协议,联合云上贵州公司建设苹果 iCloud 数据中心。

8月2日,华为七星湖数据存储中心在贵安新区开工。

10月19日,贵州成为9个国家政务信息系统整合共享应用试点省份之一。

10月30日,《智能贵州发展规划(2017—2020年)》发布实施,构建贵州智能发展新格局。

11月22日,贵阳提出建设"中国数谷"的目标定位,并印发《中共贵阳市委贵阳市人民政府关于加快建成"中国数谷"的实施意见》。

11月28日,贵州大数据安全工程研究中心成立,是全国第一家权威大数据安全专业测评认证和研究机构。

12月12日,国家卫生计生委启动健康医疗大数据中心与产业园建设国家试点工程,确定贵州成为健康医疗大数据中心第二批国家试点。

12月14日,贵州获批建设国家社会信用体系与大数据融合发展试点省。

12月25日,国家电子政务云数据中心南方节点落户贵州。

2018年

1月2日,贵州获批建设全国首个大数据国家技术标准(贵州大数据)创新基地。

1月5日，贵州省成为国家公共信息资源开放五个试点之一。

2月7日，贵州下发《贵州省实施"万企融合"大行动 打好"数字经济"攻坚战方案》，加快大数据与实体经济深度融合。

2月28日，中国内地的iCloud服务正式转由云上贵州大数据产业发展有限公司负责运营。

3月1日，《贵阳市人民政府数据共享开放实施办法》（贵阳市人民政府令第55号）开始施行，以政府条令的形式强力推动政府数据共享开放。

3月26日，《政府数据核心元数据第1部分：人口基础数据》《政府数据核心元数据第2部分：法人单位基础数据》两项地方标准颁布实施。

4月24日，贵阳"独角兽"企业满帮集团，完成合并后第一轮融资，估值超60亿美元。

5月25日，全国首个"大数据安全综合靶场"一期在贵阳建成。

5月26日，中共中央总书记、国家主席习近平致2018中国国际大数据产业博览会贺信，标志着数博会和贵州大数据发展站在了新的起点上。

5月26日，中共中央政治局委员、全国人大常委会副委员长王晨出席2018中国国际大数据产业博览会开幕式，宣读习近平主席的贺信并致辞。

5月26日，贵阳市与贵州联通开始5G试验网的建设工作，成立全国首个5G应用创新联合实验室，开展5G技术科技研究和应用试点。

6月11日，贵州省人民政府发布《省人民政府关于促进大数据云计算人工智能创新发展加快建设数字贵州的意见》。

6月25日，贵州大数据发展领导小组办公室印发《全力推动数字贵州建设打好数字融合攻坚战相关工作方案》。

6月28日，贵州省人民政府与科大讯飞股份有限公司签署战略合作框架协议。双方计划在贵州打造全国人工智能融合应用深度融合示范区。

7月13日，中国移动5G联合创新中心贵州开放实验室正式启动。

8月9日，"数博大道"规划建设工作启动。

9月11日，贵州在全国率先编制完成《大数据与实体经济深度融合评估体系》，并顺利通过专家评审。

9月13日，国家技术标准创新基地（贵州大数据）挂牌成立。

9月20日，《贵阳市健康医疗大数据应用发展条例》正式经省第十三届人大常务委员会第五次会议批准。

10月1日，《贵阳市大数据安全管理条例》正式施行，标志着我国第一部大数据安全管理地方法规诞生。

10月19日，云上贵州大数据集团注册成立。

11月13日，贵州印发《推进"一云一网一平台"建设工作方案》，正式启动"一云一网一平台"建设，打造"聚通用"升级版。

11月21日至27日，2018贵阳大数据及网络安全攻防演练在贵阳国家大数据安全靶场举办。

12月15日，贵阳获评"影响中国"2018年度城市。

11月26日，国务院办公厅对贵阳市大力推进"互联网＋政务服务"的"一网通办"新模式予以通报表扬。

12月21日，全国首个5G实验网综合应用示范项目发布会在贵阳举行，发布了无人驾驶、无人机、智慧交通管理等12项5G应用示范项目成果。

2019年

1月1日，《贵阳市健康医疗大数据应用发展条例》正式实施。

1月8日，《贵州省数字经济发展规划（2017—2020）》中期评估报告完成。

2月3日，贵州省委办公厅、省政府办公厅联合印发《贵州省实施大数据战略行动问责暂行办法》。

3月8日，贵州大数据发展领导小组印发《贵州省大数据战略行动2019年工作要点》。

5月26日，中共中央总书记、国家主席习近平致2019中国国际大数据产业博览会贺信。

5月26日，联合国秘书长安东尼奥·古特雷斯向2019数博会发来视频致辞。

5月26日，中共中央政治局委员、全国人大常委会副委员长王晨出席2019中国国际大数据产业博览会开幕式，宣读习近平主席的贺信并致辞。

5月26日,贵州政务数据"一云一网一平台"正式启动运行。

5月28日,数字中国智库联盟成立。

5月30日,数字王阳明资源库全球共享平台上线。

7月18日,《贵州省工程系列大数据专业技术职务任职资格申报评审条件(试行)》印发。

8月1日,《贵州省大数据安全保障条例》经贵州省第十三届人民代表大会常务委员会第十一次会议表决通过。

8月14日,贵州省人民政府办公厅发布《贵州省互联网新型数字设施建设专项行动方案》。

8月22日,工业和信息化部批复同意贵州省建设贵阳·贵安国际互联网数据专用通道。

10月1日,《贵州省大数据安全保障条例》正式施行,是我国大数据安全保护省级层面的首部地方性法规。

10月31日,贵州移动(贵阳)5G正式商用。

11月4日,国务院对贵州省统筹"一云一网一平台"建设,提升"一网通办"效能典型经验做法给予表彰。

12月10日,贵州根服务器镜像节点和国家顶级域名节点建成投运。

12月11日,"数博大道"主线建设完成。

第三节　大数据究竟给贵州、贵阳带来了什么

贵州,正在成为中国西南当下最有活力的省份,经济增速连续八年位居全国前列,"跑"出了人们的想象。在我们看不见的另一个世界里,网络的数据流、信息流也在奔腾激荡,古老与现代、历史与未来,正在这里交汇成数字中国的一个缩影,那就是贵州的大数据!正是对大数据这一命题与众不同的回答,贵州把"无"生了"有",走出了一条有别于东部、不同于西部其他省份的发展新路。贵州这六年的发展,在大数据的蓝海种下了智慧树,在这里,政府、企业、民众对发展大数据充满了信心和期待。资源、环境、要素等优势在贵州聚集,像是硅谷发展的前夜,这里将会如硅谷一样,成为策源地、集聚区和筑梦场,成为奇迹诞生的地方。

（一）大数据成为世界认识贵州的一张新名片

"谈大数据必谈贵州，谈贵州必谈大数据。"六年来，贵州坚定不移抢先机、突重围，把发展大数据作为弯道取直、后发赶超的战略引领。这是一个落后省份乘"云"直上的六年，建设首个国家大数据综合试验区、贵阳·贵安大数据产业发展集聚区、贵阳大数据产业技术创新试验区、全国"互联网＋政务服务"试点示范省、中国南方数据中心示范基地、"中国数谷"……一块块"金字招牌"，编织起贵州高质量发展的希望版图，塑造出世界认识贵州最靓丽的名片。这是一个欠发达地区砥砺奋进的六年，建成贵阳·贵安国家级互联网骨干直联点；获批全国第一个"智慧广电综合试验区"；在全国率先实现广电光缆行政村全覆盖；在全国第一个实现远程医疗省市县乡公立医疗机构全覆盖；获批建设贵阳·贵安国际互联网数据专用通道……一项项"领先工程"，书写着贵州践行大数据战略实现跨越赶超的美丽篇章。在这一波浪潮中，高举大数据旗帜，擦亮大数据招牌，大数据成为世界认识贵州的新名片。

自2013年以来，凭借大数据产业，贵阳不仅实现了"换道超车"的战略构想，经济增速连续六年居全国省会城市之首，而且摘掉了"西部欠发达城市"的帽子，勇夺"全球大数据之城"桂冠。2015年7月，英国《经济学人》杂志智库（The EIU）在北京发布了《2015年中国新兴城市报告》，贵阳位居榜首；2016年9月，美国知名独立智库米尔肯研究所（Milken Institute）发布《中国最佳表现城市（2016年）》报告，贵阳表现卓越，在中国二线及以上城市中居于首位；2017年11月，华顿经济研究院发布"2017年中国百强城市排行榜"，贵阳继2016年之后再次登上榜单，名列41位，排名上升了9位；2018年9月，贵阳再次上榜美国米尔肯研究所《中国最佳表现城市（2018年）》"表现最佳一二线城市"第5名；2019年6月，中国社会科学院发布《中国城市竞争力第17次报告》，贵阳跻身"中国城市综合经济竞争力排行榜"TOP50，位列第46位；2019年8月，贵阳以57.4的指数入围恒大研究院"中国城市发展潜力100强"排行榜，排名第33位……

打开山门，撩去面纱。贵州发展大数据产业并没有把眼光局限于本省，而是放眼全球，搭建起大数据产业连通全球的平台，把世界请进来，把自己送出去。如果说大数据让贵州、贵阳站在了世界的面前，那么数博会则让贵州、贵阳吸引了世界的目光，成为全球瞩目的焦点。自2015年起，贵州举办全球首个以大数据为主题的展会，六年时间，数博会已经成长为充满合作机遇、引领行业发展的国际性盛会，共商发展大计、共用最新成果的世界级平台。国内外政要、行业领军人物、企业机构、科研院所相聚贵阳，共话大数据发展未来，共绘大数据发展蓝图，共同点燃促进大数据发展的思想花火。数博会见证了全球大数据产业发展的壮阔历程，为全球大数据发展贡献了中国智慧，提供了中国方案。

以数博会为窗口，贵州的理念、贵州的声音向世界传递和传播，品牌力和影响力得到了大幅提升，越来越多的企业认识到贵州的环境优势、政策优势和创新优势，阿里巴巴、腾讯、华为、高通、苹果等国内外知名企业纷纷落户；越来越多的人被多彩贵州的自然风光和文化魅力深深吸引，促使贵州旅游业持续发展。以数博会为平台，贵州的对外开放的层次和水平得到了显著提升，贵州企业得到了来自世界的关注，越来越多的企业更加青睐贵州品牌、贵州制造、贵州智慧、贵州产品，越来越多的青年人才选择"贵漂"，成为"贵定"。通过数博会的平台，更多的企业找到了转型升级的解决方案，深入推进"千企改造""万企融合"，推动新旧动能转换，实现经济高质量发展。以数博会为标志，贵州、贵阳的城市文化更加丰富，文化自信日益坚定，市民的主人翁意识和责任意识明显增强，更加积极主动的规范自身行为，投入城市形象建设与维护中，在全社会形成文明礼让、诚信友爱的良好风气，有效促进社会治理提升。

"遥看一色海天处，正是轻舟破浪时"。六年前，外界对于贵州发展大数据的关注点在于，作为不沿江、不沿海、不沿边的"三不沿"内陆省份，贵州凭什么可以发展大数据？如今，质疑渐渐变成了认可，寻因也变成了问果，外界关注点也转向了发展大数据能给贵州带来什么？2019年5月，贵州大数据企业达9500多家，贵州数字经济增速连续4年排名全国第一、数字经济吸纳就业增速连续两年排名全国第一。"一瓶酒、一棵树、一间房"，说起贵州，过去人们对于贵州印象最深的是茅台酒、黄果树大瀑布和遵义会议旧址。如今，驶入大数据蓝海的贵州，迎来广阔天地，一个曾经科教事业欠发达的西部少数民族聚居省份,驶上了信息时代的快车道。

从一张白纸到一张蓝图、一片热土,贵州敲开了大数据之门,大数据成为世界认识贵州的新名片,开放创新的贵州已成为一片充满生机的热土,正昂首阔步走向世界。

(二)党和国家事业大踏步前进的一个缩影

在党的十八大以来的发展浪潮中,贵州成了"走红"和"腾飞"的代表。2017年10月19日,习近平总书记在参加党的十九大贵州省代表团讨论时,给贵州取得的成绩定了性:"贵州取得的成绩,是党的十八大以来党和国家事业大踏步前进的一个缩影。这从一个角度说明了党的十八大以来党中央确定的大政方针和工作部署是完全正确的。"贵州这些年综合实力的显著提升、脱贫攻坚的显著成效、生态环境的持续改善、改革开放取得的重大进展、人民群众获得感的不断增强、政治生态持续向好,相对于单个省级层面的成绩,更有着十八大以后中国华章的"缩影"意义。换言之,"贵州赶超"的样本性作用也从未如当下时代这般突显。

综合经济实力大踏步前进。 70年来,贵州经济总量连上新台阶、质量效益同步提升。新中国成立之初,全省经济总量仅为6.23亿元,经过35年的时间,到1984年经济总量突破100亿元;再用了16年时间,到2000年经济总量突破1000亿元;又用了11年时间,到2011年经济总量达到5000亿元。2012年以来,仅用了8年时间，经济总量就突破1.5万亿元、增加1万亿元以上，全省经济增速连续8年位居全国前三；经济结构不断优化，转型升级步伐加快，"千企引进""千企改造""万企融合"深入推进，国有企业战略性重组实现新突破，能源工业运行新机制展现出强大生命力，新旧动能转换促进十大千亿级产业加快发展。传统产业焕发生机，新兴产业发展壮大。国家大数据综合试验区、国家生态文明试验区、内陆开放型经济试验区建设扎实推进，连续举办五届的大数据产业博览会成为国际性盛会、世界级平台。2018年规模以上工业企业5081个，是2010年的1.7倍，制造业占工业经济比重由58.8%提升到70.6%，十大千亿级工业产业占工业经济比重达到95%；服务业创新发展十大工程占服务业增加值比重达到75%，生产性服务业占比达到51%。数字经济增速连续4年居全国第1位，数字经济增加值占全省GDP的26.9%。贵州正在冲出"经济洼地"，奋力打造高质量发展的"经济新高地"。

决战脱贫攻坚大踏步前进。贵州长期贫穷落后，直到1978年全省还有1840万贫困人口，占常住人口的68%。改革开放以来特别是党的十八大以来，全省脱贫攻坚取得历史性突破，2018年贫困人口减少至155万，2013年至2018年，全省减少贫困人口768万人，每年减少100多万，33个县脱贫摘帽，贫困发生率从26.8%下降到4.3%；建成近8万公里农村通组硬化路，有效解决了沿线1200万农民群众出行不便问题。2019年完成188万人口搬迁，是全国易地扶贫搬迁人数最多的省。深入推进振兴农村经济的产业革命,2018年农业增加值增长6.8%,增速居全国第1位。在西部率先实现县域义务教育基本均衡发展,在全国率先实现省市县乡四级远程医疗,改造农村危房51万户,基本解决279万农村人口饮水安全问题。实现农村"组组通"公路,实现了村村通电、通水、通广播电视、通网络信号,100%建制村通客运,100%行政村实现光纤网络、4G网络覆盖。贵州世代贫困的宿命正被彻底改变,千百年来的绝对贫困问题即将历史性地画上句号,不少发展中国家对此给予高度赞誉。

生态文明建设大踏步前进。贵州是典型喀斯特地貌,过去石漠化和水土流失严重,1975年森林覆盖率仅为22.8%。全省坚持不懈强化生态环境建设,2019年森林覆盖率提高到58.5%,全省中心城市和县级城市环境空气质量优良天数比率达98%以上,全省出境断面水质优良率保持100%。毕节试验区生态建设取得重大成就,草海生态保护与综合治理成效明显。全省世界自然遗产数量居全国第1位,近三年全省旅游人数、旅游总收入连年增长30%以上。坚持生态产业化、产业生态化,因地制宜发展具有技术含量、就业容量、环境质量的绿色经济"四型"产业,绿色经济占比超过40%,绿水青山正源源不断转化为金山银山。近年来实施了100多项生态文明制度改革,在生态文明地方立法、生态司法机构组建、生态环境问责、生态环境损害赔偿等方面率先开展制度创新,多项改革试点走在全国前列。生态文明公众满意度居全国第2位。连续十届生态文明贵阳国际论坛响亮发出了可持续发展的"中国声音"。生态优先、绿色发展正在成为多彩贵州的主旋律。昔日"天无三日晴"的贵州,成为世人向往的空气清新、气候凉爽、山水清秀、文化多彩的旅游胜地。

改革开放创新大踏步前进。党的十八届三中全会以来,中央提出全面深化改革的战略部署,各领域改革部署加快推进。贵州扎实推进供给侧结构性改革:"三去一降一补"取得扎实成效。"去"产能效果明显,2019年已实际关闭退出煤矿81处、去产能1266万吨/年。全省规模以上工业企业实现利润总额850.75亿元。"降"的力度加大,2019年为实体经济企业降低用能、税费、融资、物流、制度性交易成本等共计685亿元。"补"的步伐加快,2019年,教育支出增长9.2%、社会保障和就业支出增长10.7%、卫生健康支出增长14%、节能环保支出增长45.3%、农林水支出增长42.6%。贵州加快建设国家重点改革试验区:获批建设首个国家大数据综合试验区,率先举办大数据产业博览会,率先成立贵阳大数据交易所,率先建成全国首个省级政府主导的数据集聚共享开放的"云上贵州"平台,率先颁布全国首个大数据地方法规;获批建设国家生态文明试验区,率先在全国出台省级生态文明建设促进条例,开展"绩效考核评价""编制自然资源资产负债表""自然资源资产领导干部离任审计""生态损害责任终身追究"等试点,全面推行省市县乡村五级河长制。获批建设内陆开放型经济试验区,积极融入"一带一路"国家开放战略,加快推进传统经济向开放型经济转型,逐步构建开放带动、创新驱动的格局。着力推进重点领域改革：贵州推动出台贵州省人民政府投资条例，积极开展"多评合一、联合评审"试点和"先建后验"管理模式试点。开展市场准入负面清单制度改革试点，行政审批时限压缩至法定时限的40%，以政府权力的"减法"换取市场活力的"加法"。市场主体和注册资本金快速增加。截至2019年11月底，全省各类市场主体累计达到299.18万户、注册资本7.41万亿元。2019年1月至11月，贵州省新设立市场主体57.51万户，平均每天新设立市场主体1721户。

基础设施建设大踏步前进。经过70年的发展，全省公路、铁路、水运、航空建设从少到多、从量变到质变，先后进入高速时代、高铁时代和地铁时代，2018年获批建设交通强国西部试点省，现代化立体综合交通网基本形成。2018年，全省公路里程达19.69万公里，是1949年的101倍；铁路通车里程达3560公里，是1957年的24倍。尤其是党的十八大以来，率先在西部地区实现县县通高速公路，"市市通高铁"项目全部获批建设，贵阳正在加快建成全国十大高铁枢纽，贵阳轨道交通1号线全线开通。2019年，全省高速公路突破7000公里，高速公路综合密度居全国第1位，通车总里程列全国第7位；高铁总里程达1262公里。通航机场实现市州全覆盖。在水利方面，党的十八大以来，贵州先后建成了黔中水利枢纽一期等一批重大水利工程，夹岩、马岭、黄家湾、凤山等大型水库相继开工建设，"县县有中型水库"项目全部开工、建成投运县达到74个。2018年全省供水保障能力达120.8亿立方米，工程性缺水问题加快破解，"市州有大型水库、县县有中型水库、乡乡有稳定供水水源"正加快形成。在能源、信息等基础设施方面实现了从无到有、覆盖面从城区到农村的巨变。从"县县通电""乡乡通电""村村通电"到"户户通电"。2018年，全省电力装机总容量突破6000万千瓦，较2012年末新增2000多万千瓦，基本形成"三横一中心"500千伏主网架，覆盖所有市州。实现43个县通天然气管道，天然气供应量达8.92亿立方米。通信光缆达96.9万公里，互联网出省带宽达9130Gbps，贵阳被列为全国首批5G试点城市。贵阳·贵安国家级互联网骨干直联点建成开通，并跻身全国十三大通信枢纽。过去"地无三尺平"的贵州，如今万桥飞架、天堑变通途，彻底打破原有时空格局，明显提升了贵州在区域发展中的战略地位。

民生和社会事业大踏步前进。70年来，贵州人民生活逐步由贫穷、温饱向实现全面小康社会加快迈进，人民群众幸福感、获得感、安全感不断增强。就业规模持续扩大，全省全社会就业人数由1949年末600.89万人增加到2018年末2038.5万人。党的十八大以来，全省城镇累计新增就业426.9万人，近四年城镇新增就业连续保持在70万人以上。2018年，全省城镇居民人均可支配收入31592元，是1949年的336倍；农村居民人均可支配收入9716元，是1949年的201倍。在全国率先实现农村义务教育学生、学前教育儿童营养改善计划全覆盖，在西部率先实现县域义务教育基本均衡发展。九年义务教育、农村贫困高中生、中职学生实现学费全免。基本普及15年教育。花溪大学城、清镇职教城和贵州大学新校区基本建成,贵州大学入选国家"双一流"学科建设高校。"十三五"以来参加高考人数连续三年居全国前十位。2018年,全省九年义务教育巩固率91%,高中阶段毛入学率88%,高等教育毛入学率36%,比2012年分别提高12.4、25.8和10.5个百分点。实现了乡镇卫生院标准化建设、基层医疗卫生机构执业医师、农村中小学校校医配备、县级以上公立医院远程医疗、城乡居民大病保险"五个全覆盖"。在全国率先建成省市县乡四级公立医院远程医疗服务体系,2018年开展远程医疗会诊服务23.6万例。初步建立起覆盖城乡的社会保障体系,保障水平不断提高。2018年,全省城乡居民基本养老保险、城镇职工基本医疗保险、失业保险、工伤保险参保人数分别达1803万人、640万人、257万人、356万人。同时,社会治理体系和治理能力现代化扎实推进,社会和谐稳定。2018年人民群众安全感、满意度分别达到98.7%和97.56%,创历史新高。

基层党组织建设大踏步前进。新中国成立以来,贵州省不断推进基层党组织建设,健全基层组织,优化组织设置,创新活动方式,扩大组织覆盖,推动各领域基层党组织全面进步、全面过硬。截至2018年年底,全省共有基层党组织9.41万个,其中基层党委4892个,党总支6313个,党支部8.29万个;全省共产党员173.8万名。十八大以来,贵州省在抓基层打基础、推动全面从严治党向基层延伸方面,坚持深学笃用、凝心聚魂,持续强化党的创新理论武装，不断深化党员干部理论教育和党性教育；坚持尽锐出战、务求精准，深入推进抓党建促脱贫攻坚，确保按时打赢脱贫攻坚战；坚持夯实基层、筑牢基础，深入实施基层党建三年行动计划，大力推进党支部标准化规范化建设；坚持严管与厚爱并重，扎实做好发展党员工作，不断增强党员教育管理的针对性和有效性；坚持抓具体抓深入，层层压紧管党治党政治责任，推进全面从严治党向纵深发展。贵州的党员干部在脱贫攻坚过程中，砥砺奋进，英雄辈出，涌现出了"一辈子修一条渠"的老支书黄大发、深度贫困地区带领村民脱贫致富的优秀代表余留芬、凿出一条脱贫出路的"当代女愚公"邓迎香、"不脱贫不下山"八年坚守贫困村的第一书记杨波等一批在全国有影响力的脱贫攻坚"英雄群体"，在全省掀起对照标杆、学习标杆、追赶标杆的热潮，凝聚起打赢脱贫攻坚战的强大合力。近年来，近5000名在脱贫攻坚一线干出实绩的干部得到提拔使用。贵州高度重视党员发展工作，进一步优化党员结构，充分发挥党员的先锋模范作用。从党员数变化来看，2018年比2012年净增加120334人；从学历上看，大学以上学历党员占比由2012年的17.2%提高到2018年的27.1%，初中以下学历党员占比由2012年的44.1%降低到2018年的36.4%。

贵州70年来，特别是党的十八大以来经济社会发展取得的巨大成绩，是党中央坚强领导的结果，是党的科学理论正确指引的结果，是中国特色社会主义制度优越性的具体体现，是我国国家制度和国家治理体系在贵州的生动实践，是人民当家作主、团结奋进、拼搏创新、苦干实干的结果。新时代的贵州站在了新起点，迈入了新阶段，迎来了新的发展机遇。在习近平新时代中国特色社会主义思想的指引下，在新时代贵州精神的培育下，贵州人民必将不负嘱托，发出新时代的贵州好声音，续写新时代贵州发展新篇章，开创百姓富生态美的多彩贵州新未来。

（三）中国未来最富裕、最有意义的地方

贵州拥有绮丽的自然风光和得天独厚的自然环境，是名副其实的生态福地，同时，也是一个"欠发达、欠开发"的"经济洼地"。贵州抢占大数据发展的先机，一路快马加鞭，一路砥砺奋进，在一些领域已逐步从世界科技的"跟跑者"跃升为"并跑者""领跑者"。秉持"天人合一、知行合一"精神，贵州用心书写既要绿水青山又要金山银山的大文章，当科技与生态在这里交汇、融合，迸发了创新的活力，先贤王阳明先生留给贵州的阳明文化精神财富，或许正如阿里巴巴集团创始人马云对贵州和贵阳的评价："我相信贵州和贵阳将是未来中国最有意义，最富有的地方之一。"

习近平总书记致"2018年、2019年中国国际大数据产业博览会""生态文明贵阳国际论坛2018年年会"贺信中要求，把握机遇、助力中国经济从高速增长转向高质量发展；坚持走绿色发展、可持续发展之路。2018年7月习近平总书记对毕节试验区工

作作出的重要指示，按时打赢脱贫攻坚战，做好同2020年后乡村振兴战略的衔接。三大战略行动背后，贵州发挥后发优势，攻坚克难、"撬动"发展的精神杠杆，也是各地干事创业过程中不可小觑的参照。如今，摆在贵州面前的考验是如何"站在历史的新起点"上，保持当下的发展势头，继续快速发展与高质量发展的竞争力——这也是"贵州经验"或能"反哺"未来中国内陆地区的关键。

天人合一的绿色信仰。"绿"是这座城的命脉，已然融入了血液，成了一种信仰。初到贵阳的人，都会惊讶贵阳的绿——四季都是青的山，碧的水，层层叠叠的绿由近及远，林海起伏，满目葱茏，花扮筑城，绿染贵阳。正是这种绿让贵阳在全国第一个获得"国家森林城市"的殊荣。一方水土养育一方人，贵阳正是在天然形成的生态审美的核心价值观的指导下，始终坚持心中的绿色梦，用实际行动打造了"爽爽的贵阳"城市品牌。尤其是近年来，贵阳市委、市政府高度重视生态环境保护，把生态文明建设作为市委、市政府的一项重要工作内容，并明确提出要构建和谐共生生态体系，让绿水青山真正成为金山银山，让生物多样性得到有效维护，形成"山水林田湖草"生命共同体你中有我、我中有你的共生局面。先天的绿色基因加后天的绿色坚守，使得"绿"已经成为这座城市的底色，是生活在这座城市中的人心中最神圣的图腾。

知行合一的精神特质。五百多年前，著名的"龙场悟道"在贵阳发生，就注定了贵阳与"知行合一"的哲学思想要结下深厚的缘。"知行合一"的理念深入每一个贵阳人的内心，自然而然内化为贵阳的城市精神。在这种精神的指引下，贵阳坚韧地探索着一条发展新路，因为贵阳深"知"要坚守好生态和发展的"两条底线"，深"知"自己"作表率、走前列"的使命，当"知"道新一轮科技革命的机遇到来了，"知"就落实到"行"上，在缺少众多科技创新要素的情况下开始了推动大数据发展的"行"动。随即这一精神特质支撑这座城市造就了一个又一个的奇迹。面对发展过程中的艰与难，贵阳各级领导干部坚持"知行合一"，敏锐地抓住大数据时代的历史机遇并将其迅速上升为全市的战略，结合自身实际积极进行实践，使得各级、各部门达到在战略上的高度认知，为发展大数据风生水起提供了重要前提。同时，贵阳深知自身的后发优势与后发劣势。其正视自身欠发达、欠开发和欠开放地区的现实，认清良好的生态、良好的资源环境、相对有竞争力的劳动力成本和城市生活运行成本等优势，面对创新资源和创新人才的困境，贵阳进行制度创新，快学快干，变后发为先发，使之成了国内最早一批启动大数据建设的城市。更为关键的是，贵阳坚持以"务实"为标，扎实干事。发展大数据无论是其具有的先天、先发还是先行优势，核心都是先干。先干就是想干、敢干加会干。发展大数据是在走前人没有走过的路。只有学中干，干中学，边学边干，边干边学，才能赢得先机，才能抢占蓝海。发展大数据，贵阳不追求一时一事的轰动效应，不追求短时间的精彩亮相,不做"形象工程"和"表面文章",而是瞄准目标,一步一步地从具体工作做起。贵阳"知"与"行"的合一,得到了"贵州发展大数据确实有道理"的认可,推动了"中国数谷"的崛起。

协力争先的创新基因。文化自信首先表现为文化自觉。所谓"文化自觉",是文化的自我觉醒、自我反省和自我创建。看贵阳的创新发展之路,"是对'知行合一'的阳明文化的深入挖掘和传承",对"爽爽的贵阳"生态文明的再认识和再提升,对坚守"两条底线"的绿色文化的生动实践。这些都是经过长期的实践后积淀于内心的价值认同,是经过自我反省、自我批判后自我超越的结果。文化自信其次表现为文化价值重构。纵观贵阳的发展史,明初平乱时期、清雍正年间"改土归流"时期、抗日战争时期、新中国成立后"三线建设"时期的四次大规模移民给贵阳带来了江浙文化、中原文化、楚湘文化、巴蜀文化等,这些文化与贵阳本土文化融合为一体,既包含了各地区的文化元素,又发生了异变,相互渗透,形成了贵阳开放、包容、开拓,并具有创造性和亲和力的移民文化。近年来,贵阳在以大数据为引领加快打造创新型中心城市的生动实践中,创新创业文化渐成风尚。文化自信还表现为对民族文化当下状况的充分肯定和对未来前景的满怀信心。当前,贵阳通过选择和坚持创新驱动的发展之路,实施大数据战略行动,带动了经济社会的全面发展,形成了开放多元的发展环境,不断吸纳其他国家和民族的优秀文化,使多元文化兼容并蓄,丰富贵阳城市文化内涵,提升贵阳的文化自信。这种文化自信不断增强,根植于贵阳城市文化中,内化成为一种自信文化,并优化贵阳的文化基因。水有源,故其流不穷;木有根,故其生不穷。要让创新成为城市发展的"源"和"根",就要将创新融入城市发展的血液,融入民族文化之中,形成创新文化,使创新成为全社会的一种价值导向、一种思维方式、一种生活习惯。

第二章

国家试验
国家大数据战略的数谷实践

序

2016年2月25日,国家发改委、工信部、中央网信办批复贵州建设首个国家大数据综合试验区。四年多来,贵州省按照批复要求,把综合试验区建设与大数据战略行动统筹推进,扎实开展数据开放共享、数据中心整合利用、大数据创新应用、大数据产业集聚发展、大数据资源流通与交易、大数据国内外交流合作、大数据制度创新七项系统性试验,先行先试、探索创新。如今,国家交给贵州的试验任务正在扎实推进,融合日渐深入、产业快速成长、应用不断拓展、保障持续有力、"试验田"环境加快形成,贵州不仅成为中国大数据发展的战略策源地,而且成为引领全球大数据发展的重要风向标,为国家大数据战略实施探寻可借鉴、可复制、可推广的经验,形成了试验区的辐射带动和示范引领效应。

第一节 以块数据为核心的理论创新

每一次重大社会变革和社会进步的发生,都离不开人民的伟大创造,更离不开思想启蒙和先进理论的引领。贵州实施大数据战略行动的六年,是大数据实践创新的六年,也是大数据理论创新的六年,实践创新与理论创新交互作用、交相辉映,在贵州大地上谱写了壮丽的历史篇章。可以说,理论创新是一坐灯塔和一面镜子,它一边指引着贵州大数据发展前行的方向,一边反映着贵州大数据发展的探索历程。块数据是研究数据运动规律的数据哲学,数权法是人类迈向数字文明的新秩序,主权区块链是法律规制下的技术之治,《块数据》《数权法》《主权区块链》"治理科技三部曲"的诞生,既是研究未来生活的宏大构想,也是研究未来文明的重大发现,这给我们重新审视这个世界提供了一个全新视角,这是一把我们所有人都期待的钥匙,它将打开数据文明的未来之门。

（一）块数据：大数据时代真正到来的标志

20世纪最伟大的数据哲学家有两位主要代表人物，一位是凯文·凯利，一位是尤瓦尔·赫拉利。他们的核心论断是互联网砸碎了一个旧世界。但是，对如何重构一个新世界，他们并没有答案。块数据对社会结构、经济机能、组织形态、价值世界进行了再构造，对以自然人、机器人、基因人为主体的未来人类社会构成进行了再定义，其核心哲学是倡导以人为本的利他主义精神。块数据带来了一场新的科学革命，这场革命是以人为原点的数据社会学范式，是用数据技术而不是人的思维去分析人的行为、把握人的规律、预测人的未来。这深刻改变着当下的伦理思维模式、资源配置模式、价值创造模式、权利分配模式和法律调整模式。这种改变带给我们的不仅是新知识、新技术和新视野，它还将革新我们的世界观、价值观和方法论。

就像大数据是什么并不重要，重要的是大数据正在改变人们对世界的看法一样，块数据亦是如此。大数据让贵阳与发达地区站在了同一起跑线上，前方是无人领航、无既定规则、无人跟随的创新"无人区"，面临着理念、技术、市场等多方面的挑战。块数据就是把各个分散的点数据和分割的条数据汇聚在一个特定平台上并使之发生持续的聚合效应。聚合效应是通过数据多维融合与关联分析对事物做出更加快速、更加全面、更加精准和更加有效的研判和预测，从而揭示事物的本质和规律，推动秩序的进化和文明的增长。

2015年，大数据战略重点实验室创造性提出"块数据"的概念，研究出版《块数据：大数据时代真正到来的标志》，在业界引起了强烈反响；2016年，大数据战略重点实验室探索性地提出"块数据理论"，研究出版《块数据2.0：大数据时代的范式革命》，指出块数据是大数据发展的高级形态；2017年，大数据战略重点实验室进一步深化块数据的核心价值，研究出版《块数据3.0：秩序互联网与主权区块链》，重构了互联网、大数据、区块链的规则；2018年，《块数据4.0：人工智能时代的激活数据学》提出激活数据学是超数据时代的解决方案；2019年，《块数据5.0：数据社会学的理论与方法》围绕构建以人为原点的数据社会学范式，研究和探索人与技术、人与经济、人与社会的内在关系。

块数据是大数据时代真正到来的标志，是大数据发展的高级形态，是大数据融合的核心价值，是大数据时代的解决方案。贵阳大数据发展的探索实践正是块数据这个新概念、新思想、新理

图 2-1　块数据 1.0 到 5.0

论诞生的源泉,块数据理论不断丰富完善的过程,是贵阳探索大数据发展规律的过程,也是把握大数据未来发展趋势的过程。如果仅仅把块数据当成一个概念、一种技术,或者说至多是推动产业变革或政府治理的新动能,那就过于简单了。块数据对经济社会发展的推动作用已经超出了所有伟大预言家的预测,贵阳近年来运用块数据理念引领创新发展所取得的初步成就已经足以让我们心潮澎湃,而这一史诗般剧目的序幕才正在准备拉开或者说刚刚拉开。

放眼当前,大数据作为创新浪潮的最重要标志,其发展已经超出了绝大多数人的预期,从最开始的仅仅涉及产业领域到逐步渗透进人们的日常工作、生活乃至行为方式中,从少数人关注、少数人研究到成为整个社会高度关注的现象级词汇。立足实践,块数据作为大数据发展的高级阶段,凭借着对条数据的块上融合,依托着不同种类、领域、方面数据的自由流动和公开共享,依靠着以社会学为原点,对现有海量数据交汇、融合、激活,以块数据的政用、商用、民用为探索途径,一大批的创新成果遍地开花,正在重构既有的经济社会体系,成为创新大潮中最闪亮的前沿与高端。

在"数字中国"建设的背景下,"中国数谷"的绿色崛起,是贵阳市高度重视理论创新的作用,是增强理论自信与战略定力的成果。这既是对贵阳大数据发展所取得的显著而重大成就的充分肯定，也是对未来贵阳发展所展现的光明而美好前景的无限期待。贵阳围绕产业发展、民生服务、社会治理和高质量发展四大领域，创新块数据应用场景，形成了数据驱动型创新体系和应用模式，成为场景驱动创新应用的沃土。

对块数据的认识和理解，是随着对数据奥秘的探索和对数据价值的发现而不断深入的。我们不得不更多地关注块数据、研究块数据、把握块数据，因为我们每个人都身在其中。"块数据系列"专著的出版，实际上建构起了块数据理论体系，进一步揭示了块数据的本质、规律和价值，受到了政界、学界、业界的持续关注并正被翻译成英文、日文、韩文等多种语言，成为大数据领域一个现象级的话题。块数据系列著作英文、日文、韩文及其他外文译著已陆续出版并向全球公开发行，发出了贵阳声音。块数据生于贵阳、长于贵阳并成于贵阳，但它不仅属于贵阳，更属于中国，属于世界。

块数据外译和版权输出既是贵阳以成果发声走出国门、走向世界的重要标志，也是抢占大数据理论国际话语权、提升国际影响力的重要途径。外译并输出块数据，也将这种科学的且经过实践检验的"贵阳模式"传播出去，让更多的国家和地区可以参考和借鉴。我们有理由相信，随着这些著作的全球出版，"中国数谷"走向世界的步伐将更加坚定而有力，贵阳、贵州乃至中国大数据发展的国际话语权也将获得极大提升。

（二）数权法：破解大数据法律挑战的法理重器

如果说块数据是大数据时代真正到来的标志，那么，数权法则是让贵州和贵阳真正站在世界面前。2019年，由大数据战略重点实验室研究撰写、社会科学文献出版社重磅出版的《数权法1.0：数权的理论基础》一书在2019数博会上首发，同时，英文版、中文繁体版也面向全球出版发行。该书是世界上首部《数权法》理论专著，它的出版为人类从工业文明迈向数字文明奠定了法理基础，并将成为打开数字文明未来之门的新钥匙。"数权法"一词是大数据战略重点实验室主任连玉明教授于2017年3月首次提出后，由全国科学技术名词审定委员会正式认定。同年7月，中国政法大学数权法研究中心正式成立，这是中国首家数权法研究机构。

《数权法1.0：数权的理论基础》把基于"数据人"而衍生的权利称之为数权；把基于数权而建构的秩序，称为数权制度；把基于数据制度而形成的法律规范，称为数权法，从而建构了"数权—数权制度—数权法"的理论架构。从农业文明到工业文明再到数字文明，法律将实现从"人法"到"物法"再到"数法"的巨大转型。数权法的意蕴凝结在数字文明的秩序范式之中，并成为维系和增进这一文明秩序的规范基础。从这个意义来说，数权法是文明跃迁的产物，也将是人类从工业文明向数字文明变革的基石。数权法为数字文明的制度维系和秩序增进提供了存在依据，将与物权法一起共同构成数字文明时代的两大法律基础。

数权法是调整数据权属、数据权利、数据利用和数据保护的法律规范。数据确权是数权保护的逻辑起点，是建立数据规则的前提条件。数据权利是数权立法的重要组成部分，一部没有权利内容的法律无法激起人们对它的渴望。在立法中，应当赋予数据主体相应的权利，如数据知情权、数据更正权、数据被遗忘权、数据采集权、数据可携带权、数据使用权、数据收益权、数据共享权、数据救济权等。不仅要有数据的所有权人控制、使用、收益等权利的规定，也要有他人利用数据的权利的规定，如用益数权、公益数权、共享权等。数据的价值在于利用，在坚持数尽其用原则前提下，开发数据政用、商用、民用价值，催生全治理链、全产业链、全服务链"三链融合"的数据利用模式。保护责任是法律、法规、规章必不可少的重要组成部分，如果一部法律缺乏保护责任的规定，该法律所规定的权利和义务就是一些形同虚设的规则。数据采集、存储、传输、使用等环节都需要强化安全治理，防止数据被攻击、泄露、窃取、篡改和非法使用。此外，数据事关国家安全和公共利益，需要在国家层面对数据主权加以保护。

数字文明时代是一个基于大数据、物联网、人工智能、量子信息、区块链等新兴技术的智能化时代。这个时代，数权思潮空前活跃，数据的实时流动、共享构成一个数据化的生态圈，整个社会生产关系被打上了数据关系的烙印，政治、经济、文化、科技等得以全面改造，这将引发整个社会发展模式和利益分配模式前所未有的变革和重构。表面看来，现有法律体系的外部框架的确已经非常辉煌,从《查士丁尼国法大全》《拿破仑法典》到《德国民法典》等立法创制,法律制度在芸芸众生眼里已相当完备,似乎已完备到可以满足人类对有秩序、有组织的生活需要,满足人类重复令其满意的经验或安排的欲望以及对某些情形做出调适性反应的冲动。然而,面对基于18世纪的法律和21世纪的现实的矛盾,在涉及民法、经济法、行政法、刑法、诉讼法、国际法等诸多领域,数权法究竟如何跨界,这基本上还处于一个三岔口的状态。但无论如何,数权法是数据有序流通之必需、数据再利用之前提、个人隐私与数据利用之平衡,是构造数字世界空间的法律帝国这个"方圆"世界的基本材料。数权法将是数字文明时代规则的新坐标、治理的新范式和文明的新起点,必将重构数字文明新秩序。

　　数权、数权制度、数权法及更多相关问题已经成为一个紧扣时代且叙事宏大的法学命题。数权法研究是一项具有开创性、划时代的工作,是无论如何都绕不开的社会或学术之重大问题。即使我们现在不去触碰,后人也必须要去研究。因此,我们将保持这样一种初心、一种战略定力,不是基于现在,而是基于未来,更多是从假设出发,大胆假设小心求证、跨界融合。《数权法1.0:数权的理论基础》基于"数据人"假设建构了"数权—数权制度—数权法"的理论架构,它开辟了全新的法学研究领域。大数据战略重点实验室还将陆续推出多语种版本的《数权法2.0:数权的制度建构》《数权法3.0:数权的立法前瞻》《数权法4.0:共享权与隐私权》《数权法5.0：数权观与新伦理》系列专著。"数权法系列"的翻译出版是中国法律崛起并正在走近世界舞台中央的重要标志，是数字文明时代参与全球治理的强大法理重器。

（三）主权区块链：互联网全球治理的解决方案

2016年12月，贵阳市人民政府新闻办公室发布了《贵阳区块链发展和应用》白皮书，开创性地提出"主权区块链""绳网结构""扁担"模型（TAF模型）等理论。白皮书基于区块链相关理论创新和现有发展基础，提出了贵阳发展区块链的总体设计，特别是在总体思路、应用场景和支撑体系方面进行了阐述，集中展现了贵阳对于区块链发展及其如何与大数据发展相结合的初步思考和探索。此白皮书的发布，被看作是贵阳发展区块链的"宣言书"，也是向全社会发出的"英雄帖"。

主权区块链是从技术之治到制度之治的治理科技，是基于互联网秩序的共识、共享和共治所建构的智能化制度体系。主权区块链推动了互联网从低级向高级形态的演进，改变了互联网世界的游戏规则，为互联网全球治理提出了解决方案。从2017年起，大数据战略重点实验室以《块数据3.0：秩序互联网与主权区块链》为起点，开启了主权区块链的研究。未来，还将陆续推出"主权区块链系列"理论专著，从秩序互联网与人类命运共同体、改变未来世界的新力量、数字政府引领未来、协商民主改变世界到全球治理的中国智慧，为参与互联网全球治理贡献中国方案，为推动构建网络空间命运共同体贡献中国智慧。

主权区块链。主权区块链是在坚持国家主权原则的前提下，加强法律监管，以分布式账本为基础，以规则和共识为核心，根据不同的数据权属、功能定位、应用场景和开放权限构建不同层级的协议，实现公有价值的交付、流通、分享及增值。"主权区块链"与其他区块链一样，具有点对点、不可篡改、可信任和价值转移的特点。但不同的是，在治理层面，它强调网络空间命运共同体间尊重网络主权和国家主权，在主权经济体框架下进行公有价值交付；在监管层面，它强调网络与账户的可监管，技术上提供监管节点的控制和干预能力；在网络结构上，它强调网络的分散多中心化，技术上提供网络主权下各节点的身份认证和账户管理能力，而不是绝对的去中心化或形成"超级中心"；在共识层面，它强调和谐包容的共识算法和规则体系，形成各节点意愿与要求的最大公约数，技术上提供对多种共识算法的整合能力，而不是单纯强调效率优先的共识算法和规则体系；在激励层面，它提供基于网络主权的价值度量衡，实现物质财富激励与社会价值激励的均衡；在合约层面，它强调智能合约是在主权经济体法律框架下的自动化规则生成机制，而不是"代码即法律"，技术上提供可监管、可审计的合约形式化规范；在数据层面，它强调基于块数据的链上数据与链下数据的融合，而不是限于链上数据；在应用层面，它强调经济社会各个领域的广泛应用，基于共识机制的多领域应用的集成和融合，而不是限于金融应用领域。

"绳网结构"理论。区块链是一个个区块按照时间戳顺序形成的链,像是一条"绳",它把一串串数字和价值交付紧密耦合在一起,记录了某个社群内数字资产的所有交易历史。这些在不同应用场景、不同社群范围和不同应用领域下产生的"绳"具有彼此连接的现实需要和内在动力,将不同区块链相互连接,就像把"绳"编织成"网",构建起立体的价值网络,实现链与链之间的数据流通、业务交互和价值交付,进而形成跨区域、跨场景、跨部门的区块链应用立体空间。通过"结绳成网",打破了数据与数据之间存在的"隔膜",推进了链与链之间的彼此连接,形成了一个主权区块链框架下跨企业、跨组织、跨个体的、从事经济社会各种活动的信任体系,推动工业、农业、服务业等不同领域的区块链应用,建立起价值互联网、产生网络效益和更大的价值,成为区块链技术发展的一个重要里程碑。

"扁担"模型(TAF模型)。区块链"扁担"模型是指关于区块链技术(T)、区块链应用(A)和数字金融(F)的结构关系的模型,也称为TAF模型。区块链技术演进和数字金融应用是当前区块链发展的两大热点领域,就像是两个"货担",单纯靠区块链技术演进和数字金融而缺乏各种应用场景,无法构建起区块链发展的生存空间和生态体系,是缺乏挑货的"扁担"。只有区块链在经济社会的全方位应用才能促进其自身技术的更快发展和数字金融的更广泛应用,推动建立价值互联网和秩序互联网。未来,区块链的政用、商用、民用场景是搭建起区块链技术和数字金融发展的关键支撑,是拉动区块链技术发展和推进数字金融发展的核心力量,是发挥区块链经济社会价值的重点环节。

主权区块链的提出为区块链技术的应用插上了法律翅膀,把互联网状态下不可拷贝的数据流建立在可监管和可共享的框架内,从而加速了区块链的制度安排和治理体系的构建,使区块链从技术之治走向制度之治,为互联网全球治理提供了解决方案。主权区块链理论将推动互联网从低级向高级形态演进,从价值互联网时代迈向秩序互联网时代。下一步,贵州将以区块链技术为底层架构,探索主权区块链在政用、商用、民用等领域应用,主权区块链理论与区块链技术的有机结合应用必将为贵州大数据带来新一轮蓬勃发展的机遇。

第二节　以地方立法为引领的制度创新

　　法律是治国之重器，良法是善治之前提。随着八大国家大数据综合试验区的批复，我国大数据的发展呈现出京津冀、长三角、珠三角、中西部、东北部等全面开花的格局。目前，我国绝大部分地区已经出台了促进大数据发展的相关政策文件并设立了专门的大数据管理部门。然而，除贵州、天津等个别省市外其他省市还未出台大数据的相关法律，对大数据的发展普遍缺乏法律的支撑。回顾贵州大数据发展历程，构建先试先行的政策法规体系、跨界融合的产业生态体系、防控一体的安全保障体系，是建设国家大数据（贵州）综合试验区的主要内容，同时围绕大数据政用、商用、民用发展的法治路径日渐清晰，法治化营商环境已经成为试验区探索和发展的核心竞争力。

（一）大数据地方立法的探索实践

贵州作为首个国家大数据综合试验区，将立法规则创新、政策制度突破、体制机制探索作为大数据制度创新试验的重点，建立大数据地方法规规章，推动政府数据共享开放、数据安全等相关立法先试先行，创造有利于推动大数据创新发展的制度体系，其先验式的立法经验成为其他大数据综合试验区法治建设的范本。

《贵州省大数据发展应用促进条例》。 2016年3月1日，《贵州省大数据发展应用促进条例》正式施行，作为贵州大数据发展的"基本法"，条例集中反映了国家大数据（贵州）综合试验区立法引领制度创新的全貌，推动贵州地方立法实现了"开门红"。《条例》在大数据企业享受税收优惠，公共机构已建、在建信息平台和信息系统应当依法实现互联互通，任何单位和个人采集数据不得损害被采集人的合法权益，数据交易应当依法订立合同，大数据采集、存储、清洗、开发、应用、交易、服务单位应当建立数据安全防护管理制度等方面，都作出了规定。为推动贵州大数据发展应用，促进经济发展、完善社会治理、提升政府服务管理能力、服务改善民生，培育壮大战略性新兴产业，为国家大数据（贵州）综合试验区先行先试工作提供及时的法治保障。

《贵州省大数据安全保障条例》。 2019年10月1日，《贵州省大数据安全保障条例》正式施行。《条例》分别从安全责任、监督管理、支持与保障、法律责任等方面对大数据安全保障作出了原则性、概括性、指引性规定，成为我国大数据安全保护省级层面的首部地方性法规，是贵州大数据产业发展制度保障顶层设计的又一项新成果。《条例》的颁布实施，为形成全社会共同参与大数据安全的良好局面营造了贵州氛围，为国家大数据产业发展经验总结探索贵州模式，为国家大数据安全有关法律法规的制定贡献贵州智慧。

《贵阳市政府数据共享开放条例》。2017年5月1日，《贵阳市政府数据共享开放条例》正式施行，是全国首部政府数据共享开放地方性法规，也是我国首部设区的市关于大数据方面的地方性法规。《条例》共有七章三十三条，从总的原则要求到具体行为规范、责任规定，从规划、实施、决策、监督到制度建设，从政府数据采集、汇聚、共享、开放到利用，都做了全面的规定。其诞生是贵阳市围绕大数据在地方立法实践上的一次重大突破，具有重要的示范效应和现实意义，将有力推动政府数据资源优化配置和增值利用，不断提升政府治理能力和公共服务水平，填补贵阳大数据方面的法规空白，在贵阳大数据发展历史和依法治市进程中留下浓墨重彩的一笔。

《贵阳市大数据安全管理条例》。2017年5月，公安部批准贵阳成为国内第一家也是唯一一家"大数据及网络安全示范试点城市"，这标志着贵阳将在大数据安全领域做出全新的探索，并开创属于大数据安全的城市新模式。2018年8月16日《贵阳市大数据安全管理条例》公布，并于2018年10月1日施行。《条例》共六章三十七条，主要从大数据安全管理的适用范围、相关概念以及遵循原则、政府部门职责分工、数据安全保障、监测预警与应急处置、监督检查和法律责任等方面做了明确规定。该条例的出台，标志着我国第一部大数据安全管理地方法规诞生，是贵阳主动破题、精准切入、主动探索大数据安全领域的地方立法，引起了强烈的社会反响，为国家大数据安全保障探索提供可借鉴、可复制的宝贵经验。值得注意的是，2018年9月《数据安全法》被列入十三届全国人大常委会立法规划，深刻反映了贵阳大数据安全立法的前瞻性，也意味着贵阳的大数据安全地方立法实践上升为国家立法，这是贵阳立法探索为国家制度创新做出的突出贡献。

《贵阳市健康医疗大数据应用发展条例》。贵阳作为国家大数据（贵州）综合试验区核心区和健康医疗大数据中心第二批国家试点核心区，从2017年8月，贵阳市人大常委会就在全国率先启动了健康医疗大数据地方立法工作。2018年9月20日贵州省第十三届人民代表大会常务委员会第五次会议批准，自2019年1月1日起正式施行。《条例》共六章三十一条，规定了贵阳市健康医疗数据采集汇集、应用发展、保障措施等内容。该条例作为健康医疗大数据应用发展的全国首部地方性法规，将有力促进贵阳市医疗健康大数据的采集汇聚，有力推动贵阳市医疗健康信息的互通共享，有力提升医疗卫生机构信息化水平，有力保障贵阳医疗健康大数据的应用发展，也必将为打造健康中国提供有力支撑。

《贵阳市数据交易服务机构管理条例》。2016年1月，国家发改委下发《关于组织实施促进大数据发展重大工程的通知》，指出要"建立覆盖大数据交易主体、交易平台、交易模式等方面的规则制度，完善大数据交易法律制度、技术保障、真实性认证等保障措施，规范大数据交易行为，确保交易数据的质量和安全，防范交易数据的滥用和不当使用行为，形成大数据交易的流通机制和规范程序"。《贵阳市数据交易服务机构管理条例》实施势在必行，2017年被列为《贵阳市大数据地方性法规、政府规章五年工作推进计划》重点法规之一，并纳入贵阳市人大常委会2019年立法计划。2018年5月起，贵阳市人大常委会组织召开了若干关于数据交易立法的征求意见会，并赴上海数据交易中心、武汉东湖大数据交易中心、贵州数据宝网络科技有限公司等开展立法调研，为数据交易立法奠定了坚实基础。开展数据交易立法，是完善贵阳大数据立法领域体系性构架，推动国家大数据（贵州）综合试验区制度创新的重要内容，也是抓住大数据产业发展这个"牛鼻子"的关键，加快数据交易立法必将是贵阳引领大数据发展新的里程碑。

《贵阳市数据资源权益保护管理条例》。2015年8月，国务院出台的《促进大数据发展行动纲要》明确指出，要"研究推动数据资源权益相关立法工作"。数据资源权益保护立法是未来法律界需要直面的重大问题和重要方向。2018年12月，大数据战略重点实验室出版了《数权法1.0：数权的法理基础》，这是全球第一部关于数权的论著，系统详实地论述了"数权—数权制度—数权法"的相关概念,为数据资源权益保护立法奠定了理论基础。同时,大数据战略重点实验室委托浙江大学开展了数据资源权益保护立法课题研究并取得了丰硕成果,为数据资源权益保护立法奠定了学术基础。目前,大数据战略重点实验室已对数据资源权益保护地方立法的必要性、立法权限、立法依据、立法空间、立法基础、立法建议等进行了充分论证,形成了《关于贵阳市数据资源权益保护地方立法的思考与建议》,为数据资源权益保护立法做了充分的立法准备。

2016—2020年贵阳市人大常委会大数据立法规划

序号	大数据立法名称	理论研究	立法调研	征求意见	人大审议	颁布施行
1	贵阳市政府数据共享开放条例	√	√	√	√	√
2	贵阳市大数据安全管理条例	√	√	√	√	√
3	贵阳市健康医疗大数据应用发展条例	√	√	√	√	√
4	贵阳市数据交易服务机构管理条例	√	√			
5	贵阳市数据资源权益保护管理条例	√				

(二)大数据创新发展的政策保障

保障有力的政策措施是激发大数据创新发展重要手段,运行有效的政策体系是贵州实施大数据战略的关键一招。贵州围绕"3个围绕4个结合"[1]创新驱动政策体系，坚持"四个强化、四个融合"总体思路，主动对接、服务国家大数据战略，实现"创新"与大数据战略行动的有机结合。从用地保障、税收减免、财政支持、人才引培、融资保障等方面量身定制了一系列政策指引，全力支持大数据相关行业快速发展，打造大数据创业创新试验田，绘制了以大数据为引领、创新驱动发展的政策蓝图，以政策驱动贵州大数据战略从风生水起到落地生根。

2014年2月，贵州省人民政府出台了《关于加快大数据产业发展应用若干政策的意见》和《贵州省大数据产业发展应用规划纲要（2014—2020年）》，《意见》明确指出将从多方面发力，推动大数据产业成为贵州经济社会发展的新引擎。《纲要》提出贵州将以三个阶段推动大数据产业稳步快速发展，到2020年成为全国有影响力的战略性新兴产业基地。为把大数据打造成为引领贵州经济社会发展的新引擎，把贵州建设成为全国有影响力的战略性新兴产业基地定下了主基调。

2016年6月，贵州省委、省政府出台了《关于实施大数据战

---

[1] "3个围绕4个结合"的思路，即围绕大扶贫、大数据、大生态三大战略行动，坚持"以人民为中心"的价值导向，实现创新与大扶贫战略行动的有机结合；主动对接、服务国家大数据战略，实现"创新"与大数据战略行动的有机结合；加快发展"四型"数字经济，实现创新与新旧动能转换的有机结合；努力构建促进创新的体制架构，实现创新与全面深化改革的有机结合。

略行动建设国家大数据综合试验区的意见》等"1+8"文件,在大数据制度创新、数据共享开放、数据中心整合、创新应用、产业集聚、数据要素流通及国际合作等七个方面开展系统性试验,为建设国家大数据(贵州)综合试验区作出重要指引。

2017年2月,《贵州省数字经济发展规划(2017—2020年)》正式发布,成为全国首个省级数字经济发展专项规划。2017年3月,《中共贵州省委 贵州省人民政府关于推动数字经济加快发展的意见》印发实施。《规划》和《意见》提出,用大数据战略行动统揽数字经济发展,把发展数字经济作为贵州实施大数据战略行动、建设国家大数据(贵州)综合试验区的重要方向。这是全国首个从省级层面出台的关于推动数字经济发展的规划与意见,为贵州构建数字经济通道,释放数据资源价值,激发实体经济动能提出了方向指导和具体要求。

2017年9月,贵州发布了《智能贵州发展规划(2017—2020年)》,对贵州智能制造、智慧能源、智能旅游、智能医疗健康、智能交通服务、智能精准扶贫、智能生态环保等领域发展进行了规划布局,积极构建贵州智能发展新格局。这是新一代人工智能发展上升为国家战略后,率先发布的省级智能发展规划,是贵州省深入推进大数据战略行动的一项重要举措,为全省经济社会实现弯道取直、后发赶超打造了新支点。

2018年2月,贵州印发了《贵州省实施"万企融合"大行动打好"数字经济"攻坚战方案》,并配套制定《贵州省实施"万企融合"大行动推动大数据与工业深度融合方案》《贵州省实施"万企融合"大行动推动大数据与农业深度融合方案》《贵州省实施"万企融合"大行动推动大数据与服务业深度融合方案》三个方案,提出加速推动大数据与实体经济融合,运用大数据手段推进全产业链、全生命周期以及企业研发、生产、销售、服务各环节优化重组,持续改造提升传统产业,不断培育壮大新业态,促进实体经济向数字化、网络化、智能化转型,完备的顶层设计,让大数据与实体经济融合先行一步。

2018年6月,贵州印发了《贵州省人民政府关于促进大数据云计算人工智能创新发展加快建设数字贵州的意见》,提出了建设"数字贵州"的具体举措,全力推动互联网、大数据、云计算、人工智能和实体经济、政府治理、民生服务深度融合。把"数字贵州"建设作为新时代实施大数据战略行动的重要抓手,进一步推进国家大数据(贵州)综合试验区建设。

2018年8月,《贵州省推进电子商务与快递物流协同发展实施方案》出台,提出建立覆盖全省、布局合理、便捷高效、安全有序的电子商务与快递物流服务体系。推动了贵州省电子商务与快递物流企业转型升级、提质增效,提升电子商务与快递协同发展水平。

2018年8月,《贵州省推动大数据与工业深度融合发展工业互联网实施方案》提出,构建全省工业互联网网络、平台、安全三大功能体系,打造人、机、物全面互联的新型网络基础设施,加快推进互联网、大数据、人工智能与实体经济深度融合,不断提升融合应用的广度、深度、精度。为推动全省工业经济发展质量变革、效率变革、动力变革提供坚实有力支撑。

2019年2月,贵州省委、省政府联合印发了《贵州省实施大数据战略行动问责暂行办法》,主要对贯彻党中央、国务院和省委、省政府关于大数据战略行动各项决策部署不积极、不作为、不到位的相关领导集体、相关负责人实施问责。实行失职追责、尽职免责,激发担当责任、干事创业正能量,确保大数据战略决策部署落地落实。

2019年11月,《贵州省互联网新型数字设施建设专项行动方案》发布,明确实施数字设施提升工程、工业互联网提升工程、"云网平台"引领工程、"数聚贵州"工程,加快5G、工业互联网、物联网、人工智能、数据中心、"一云一网一平台"等互联网新型数字设施建设,为进一步推动国家大数据(贵州)综合试验区建设打下坚实基础。

精准有力的政策支持成为贵州大数据产业发展最让外界心动的信号。一系列政策出台为贵州大数据发展营造了良好环境,吸引了一大批大数据企业到贵州创新创业,"数聚贵州"的发展格局加快形成,贵州大数据企业从2013年的不足1000家增长至2018年的8900多家,大数据产业规模总量超过1100亿元。数据规模迅速扩大、数据应用加快推进、大数据产业提速发展,为贵州开创百姓富生态美的多彩贵州新未来提供了有力支撑。

（三）大数据统筹推进的机制创新

发挥政府的统筹是大数据产业有力推进的重要保障，贵州从设立专职大数据管理机构入手，开启了大数据发展管理机制改革，在机构设置、部门分工、平台建设、人才培养等方面积极探索，奠定了贵州大数据发展的基石。同时，为国家实施大数据战略在体制机制方面积累经验、探索路子。

机构设置上创新。 贵州设立专门的大数据管理机构，将大数据发展管理局调整为政府直属机构，突出政府集中抓大数据的职能定位。成立了省长任组长、各市（州）政府、省直部门一把手为成员的贵州省大数据发展领导小组，同时加挂国家大数据（贵州）综合试验区建设领导小组牌子，领导小组下设办公室，各市（州）也积极创建大数据发展相应管理机制，设立市（州）大数据管理委员会（办），形成了"一领导小组一办一局一中心一企业一智库"的发展管理机制，全面推进全省大数据战略行动实施。明确大数据发展管理局统筹数据资源管理和电子政务建设职能，推动数据资源融合。推动政务信息系统整合、数据共享开放，促进大数据与政务服务融合应用；指导协调大数据与实体经济、社会治理、民生服务、乡村振兴融合应用等职责；对消除"信息孤岛""数据烟囱"，提高政务服务效率，促进大数据服务经济社会发展负有主要工作职责。

部门分工上创新。 为加强与国家工业和信息化部对应，贵州在原来省工业和信息化厅与省大数据发展管理局有关职责分工的基础上，进一步明确省工业和信息化厅、省大数据发展管理局要建立协调配合工作机制，共同做好向工业和信息化部请示汇报工作，并按职责分工抓好有关工作部署的落实，确保省级大数据发展管理机构设置与国家层面上下贯通、执行有力。同时，为强化省直部门政务数据资源管理的职能，在省政府40多个部门"三定"规定中统一作出明确指示：增设专门的管理职能负责行业应用及产品和服务供给匹配，负责协调解决对接过程中出现的重大问题；加快政府相关部门数据开放进度，引导推动大数据行业应用试点示范项目的开展；制定政府和公用事业单位大数据应用采购目录，将"云上贵州"系统平台数据安全，数据分析和云服务等大数据服务纳入政府采购目录，各级政府要安排专项资金支持政府采购。各市（州）相关部门也积极参照省办法执行，增加了政务数据资源管理和大数据应用等职能。

平台建设上创新。为全方位推动大数据产业发展，贵州以平台建设为支撑，不断夯实重大创新平台载体，设立产业发展基金、成立产业联盟，以及建设创新平台，提升创新能力，增强发展后劲。在创新平台方面，贵安新区、贵阳国家高新技术产业开发区、遵义市汇川区三个国家级"双创"示范基地建设有力推进，带动贵州全力打造"双创"升级版。在科研平台方面，成立了提升政府治理能力大数据应用技术国家工程实验室、大数据战略重点实验室、贵州省大数据产业发展应用研究院、贵州大数据安全工程研究中心、贵州大学公共大数据国家重点实验室、中科院软件所贵阳分部等大数据科研平台。在产业发展基金上，成立了贵州大数据领域首支由省级政府出资设立的产业基金，基金总规模为30亿元，通过基金的杠杆作用，引入社会资本，有效拓宽大数据企业融资渠道，提升企业市场竞争能力。在产业联盟方面，贵州省大数据产业技术创新战略联盟由贵州省科学技术厅（贵州省知识产权局）发起，目前已发展成员单位100多家，实现创新要素集聚，为成员单位提供优质的公共服务，为贵州大数据产业技术的整体提升搭建支撑平台。

人才培养机制创新。贵州出台了《关于加快大数据产业人才队伍建设的实施意见》《贵阳市大数据产业人才专业技术职务评审办法》《贵阳市大数据"十百千万"人才培养计划实施方案》等政策文件。加强与美国硅谷、印度班加罗尔及我国港澳台等地区的合作，积极引进和培养一批领军人才和高端人才；推动省内外高校与行业企业、科研院所深度合作，与北京大学、清华大学、中科院等重点高校、科研院所签订协议，定向培养和输送信息技术类人才；鼓励企业与高校建立订单式人才培养机制，与花溪大学城、清镇职教城合作，为大数据企业提供订单式培训，就地解决大数据企业发展所需的中初级人才。贵州成立国家大数据（贵州）综合试验区专家咨询委员会，邀请来自各行各业的学者精英为贵州大数据的发展提供决策咨询，初步形成层次清晰、结构合理、保障有力的大数据人才队伍。

第三节 以标准制定为主导的规则创新

深挖数据价值,需要持续不断进行规则创新。习近平总书记强调,"要加快提升我国对网络空间的国际话语权和规则制定权"。标准已成为世界"通用语言",大数据标准则是大数据走向国际市场的"通行证"。谁制定标准,谁就拥有话语权;谁掌握标准,谁就占据制高点。贵州积极参与、主动作为,以建设国家大数据(贵州)综合试验区为依托,深入推进大数据标准化工作,取得了显著成效,成为大数据领域国际标准的重要参与者与制定者。

(一)国家技术标准创新基地(贵州大数据)

2017年2月,中国第一个大数据标准委员会——贵州省大数据标准化技术委员会正式成立,这预示着贵州在大数据领域不断扩大的影响力和话语权。标委会由贵州省质量技术监督局会同贵州省内外的45名大数据知名专家组建而成,旨在为贵州乃至全国建设安全可行、统一规范、便捷高效的大数据标准体系,推动大数据产业和应用发展。

2018年1月2日,国家标准委批准同意贵州省建设国家技术标准创新基地(贵州大数据),这标志着贵州成为全国首个获批建设大数据国家技术标准创新基地的省份。国家技术标准创新基地(贵州大数据)紧紧围绕国家大数据战略和国家大数据(贵州)综合试验区建设发展需要,充分整合优势资源,组建各行业专业委员会及创新服务平台,汇集、吸收和应用大数据产业技术创新成果资源,提高大数据标准供给能力,形成全国有影响力的大数据技术创新和标准研制协调发展的开放式平台。自成立以来,基地取得累累硕果,申报、发布了一批地方标准,承担多项国家标准制定、试点,启动区块链等地方标准研制,编制了一批大数据相关管理规范、指南、体系,被全国信标委授予"大数据交易标准试点基地"。

国家技术标准创新基地(贵州大数据)建设遵循"政府引导、政策支撑、市场驱动、企业主体"的可持续发展市场化运营机制,每一个专业领域以一个或多个龙头骨干企业为核心,整合和调动市场各方资源参与基地建设。"基地建设发展委员会下设十四个专业委员会,同时形成了国家技术标准创新基地(贵州大数据)'两地四基地'[1]建设格局"。全新的大数据组织推进体系,有力推

---

1 "两地四基地":贵阳基地、贵阳高新区基地、贵阳经开区基地,与贵安新区基地共同形成国家技术标准创新基地(贵州大数据)。

动了国家技术标准创新基地（贵州大数据）的建设发展。

政府大数据领域。由中电科大数据研究院有限公司、勤智数码科技股份有限公司、贵州优易合创大数据资产运营有限公司牵头组建政府大数据专业委员会。该专委会负责组织制定政府大数据领域的标准规范，解决政府治理数字化转型过程中标准引领不足的问题，形成对政府社会管理和公共服务的应用支撑规范。

大数据开放共享领域。由贵州白山云科技有限公司与贵阳创新驱动发展战略研究院牵头组建大数据开放共享专业委员会。共同致力于开展大数据开放共享标准研制工作，在开放共享的各环节形成一系列标准（如接口协议、加密、安全、审计等标准），解决不同系统、部门、领域间数据流通不畅，获取数据代价过高等问题。

数据库领域。贵州易鲸捷信息技术有限公司牵头组建数据库专业委员会。作为大数据行业的标杆企业，易鲸捷将会促进相关接口和服务的标准化，规范大数据数据库相关术语、基础平台接口、数据格式和监控管理接口等，同时打破了海外数据库巨头对该领域的垄断格局，参与国际大数据数据库相关标准的制定，提升国内数据库企业在国际上的话语权。

工业大数据领域。贵州航天云网科技有限公司承担着贵州工业云的建设和商业化运营工作，作为工业大数据专业委员会的牵头单位，重点开展工业设备数据上云、工业大数据算法及模型、工业机理模型、工业大数据安全、工业大数据共享等工业大数据关键共性标准研究，形成了一批行业顶级、全国领先、国际先进的可复制、可推广、产品化的标准规范。

交通大数据领域。 由贵州交通大数据应用行业研发中心与贵州智诚科技有限公司牵头组建交通大数据专业委员会。对交通大数据领域的相关采集标准、安全标准、传输标准等各项标准进行研究，充分挖掘技术标准资源潜在价值，促进交通大数据技术标准资源最大限度开放共享和高效利用。

大数据安全领域。 大数据安全专业委员会由贵州数安汇大数据产业发展有限公司与贵州大数据安全工程研究中心牵头组建。该委员会依托引进的政产学研用等各方力量，制定大数据安全领域相关标准，以标准工作为纽带，实现区域乃至国家的大数据安全权威标准环境和产业聚集，为国家及区域大数据安全的战略规划和可持续发展提供支撑和保障。

民生大数据领域。 贵州人和致远数据服务有限责任公司、贵州省大数据产业发展应用研究院与贵州筑民生运营服务有限公司牵头组建民生大数据专业委员会。主要负责组织建立部门民生数据指标与确权标准、建立基层民生数据服务体系制度、民生数据安全与数据使用标准、场景化的数据分析与应用示范，为民生数据服务提供标准和解决方案。

城市综合视频图像大数据领域。 城市综合视频图像大数据专业委员会由贵州安防工程技术研究中心有限公司与贵阳动视云计算科技有限公司两家在视频图像分析处理领域的贵州领军企业牵头组建,负责制定城市综合视频图像大数据相关标准,解决城市综合视频图像过程中的标准化问题。

数字经济领域。 数联铭品科技有限公司(BBD)牵头组建数字经济专业委员会。该委员会以大数据应用业务为导向,负责制定一批数据经济领域(金融、征信、指数与政务业务)的行业标准、地方标准和国家标准,为大数据产业的发展提供基于大数据技术的全生命周期服务,推进技术标准为数字经济与大数据应用保驾护航。

人工智能领域。 人工智能专业委员会由全球领先的人工智能技术和产业化平台供应商小i机器人牵头组建。人工智能专业委员会负责组织建设人工智能技术、产品与服务的评估认证体系和标准体系,研究和制定相关评估认证方法和规范,跟踪本领域最新技术动态、研究成果,推动人工智能技术创新。

医疗健康大数据领域。 贵阳朗玛信息技术股份有限公司与贵州医渡云技术有限公司牵头组建医疗健康大数据专业委员会。作为互联网医疗领域深耕者,在建立医疗健康大数据省级和国家级标准和规范,探索全省医保数据标准与模型,促进数据库、标准规范的应用与实践方面做出了巨大努力。

物流大数据领域。 物流大数据专业委员会由贵州满帮科技有限公司牵头组建。满帮是中国公路物流产业互联网独角兽企业,在物流大数据领域有众多实践经验,能够依托物流大数据的技术创新促进物流大数据标准水平提升。通过制定一批物流大数据采集、识别、共享、交换、平台的基础架构及应用的全产业链相关标准，完善物流大数据标准体系。

大数据交易领域。贵阳大数据交易所牵头组建大数据交易专业委员会。该交易所是我国首家大数据交易所，推动以数据资产为基础的数据资产相关衍生品的开发，负责组织制定数据交易等相关标准，来推进数据交易流通，达到数据资产化的最终目的。

区块链领域。区块链专业委员会由贵阳信息技术研究院（中科院软件所贵阳分部）和区块链技术与应用联合实验室牵头组建。区块链专业委员会负责组织建设区块链技术、产品与服务平台的评估认证体系和标准体系，开展区块链技术、产品和服务平台的评估评测及认证工作，促进区块链技术和应用深入发展，加速相关产业落地。

创建国家技术标准创新基地（贵州大数据），是贵州省继成立贵州省大数据标准化技术委员会后，在大数据标准领域开展的又一项重大工作。基地在大数据国际标准、国家标准、地方标准、团体标准及企业标准方面取得的成效，对于完善大数据资源流通的法规制度和标准规范，探索建立大数据关键共性标准，引导国内外企业加强大数据关键技术、产品的研发合作，推动贵州省大数据产品、技术、标准"走出去"有着十分重要的意义。

（二）大数据标准制定的贵州样本

自2016年2月国家三部委批复贵州建设第一个国家大数据综

合试验区以来，贵州积极开展大数据标准体系建设，组织开展大数据地方标准的制定与实施，积极参与国家大数据标准的研制和示范验证，促进科技创新与标准的转化融合，发挥标准在服务大数据产业发展方面的基础支撑作用，努力在大数据标准建设方面积极探索经验。截至目前，贵州省已经组织实施了多项大数据地方标准探索，先后编制了一系列大数据关键共性标准，为大数据的采集、管理、共享、开放、安全等方面提供了标准支撑，为中国和世界贡献了大数据标准制定的贵州样本。

1. 开展大数据关键共性标准研究

贵州省开展了一批大数据关键共性标准研究，为国家及区域大数据的战略规划和可持续发展提供支撑和保障。审定了《贵州省应急平台体系数据采集规范》《贵州省应急平台体系数据库规范》《贵州省大数据公共数据标准体系框架》《贵州省大数据市场交易标准体系框架》；参与了《信息技术数据交易服务平台通用功能要求》《信息技术数据交易服务平台交易数据描述》《信息技术数据质量评价指标》等国家标准的制定；组织申报了《大数据技术标准路线图》《公共大数据·数据安全隐私检测评估方法的研究》《公共大数据·大数据平台安全技术和模式研究》等地方标准，为贵州大数据标准制定工作探路引航。

2. 开展政府数据开放共享地方标准研制

贵州省制定了一批政府大数据领域的标准规范，解决政府数据开放共享过程中的一系列技术和规范难题。开展了《政府数据的基础元数据·数据质量·数据分类技术标准》《政府数据共享交换标准》《政府数据共享安全标准》三项国家标准试点。省级制定发布了《政府数据 数据分类分级指南》《政府数据资源目录 第1部分：元数据描述规范》《政府数据资源目录 第2部分：编制工作指南》《政府数据 数据脱敏工作指南》四项地方标准，市级制定的《政府数据 核心元数据第1部分：人口基础数据》《政府数据 核心元数据第2部分：法人单位基础数据》《大数据村级管理工作规范》《政务云 政府网站数据交换规范》《政府数据 数据分类分级指南》等多项大数据地方标准已发布实施。《政府数据 核心元数据第3部分：空间地理基础数据》《政府数据 核心元数据第4部分：非物质文化资源数据》《政府数据数据开放工作指南》已于2019年11月正式实施;《政府数据 核心元数据第5部分：宏观经济数据》《政府数据开放数据元数据描述》及《政府数据开放数据质量控制过程和要求》已编制完成。一系列政府数据开放共享地方标准的制定，可以看出贵州、贵阳对于要打破"信息孤岛"和"数据烟囱"，推动政府信息共享的决心和毅力，通过标准制定，明晰政府数据各级、各类标准规范，打破各部门间的数据壁垒，极大地促进了贵州政府数据共享开放，助推政府治理能力进一步提升。

3.开展区块链相关标准研制

贵州省与中国电子技术标准化研究院合作，开展的《区块链应用指南》《区块链系统测评和选型规范》《基于区块链的数据共享开放要求》《基于区块链的精准扶贫实施指南》《基于区块链的数字资产交易实施指南》等5项区块链标准研制工作,将为规范和促进区块链技术、产业、服务提供有力保障,加强了区块链技术基础平台建设及在政用、商用、民用方面的融合应用。

4. 建立大数据市场交易标准体系

依托贵阳大数据交易所交易系统、定价机制、交易标准等机制的实践探索,参与制定了《信息技术 数据交易服务平台 交易数据描述》《信息技术 数据交易服务平台通用功能要求》两项国家标准,参与了全国信标委《大数据交易标准》《大数据技术标准》《大数据安全标准》《大数据应用标准》等标准的制定。推出了全球第一个数据商品交易指数——"黄果树指数",有效推动以数据资产为基础的数据资产相关衍生品的开发,对规范大数据交易市场进行了积极有益的探索。

5. 探索建立大数据统计监测指标体系

2016年8月,《贵州省大数据产业统计报表制度(试行)》获批试点,成为全国首个省级大数据产业统计报表制度,为全国开展新经济和大数据产业统计、客观反映新常态下经济转型升级提供借鉴和参考。编制了《云上贵州系统平台使用管理规范》《云上贵州市州分平台建设规范》《云上贵州应用系统安全管理规范》《应用系统迁云实施方案编制指南》《贵州省大数据清洗加工规范》《云上贵州数据共享交换平台上管用指南》等系列使用指南规范,进一步规范和指导各地大数据应用、有关平台使用等工作。

参与编制的《数据安全能力成熟度模型（DSMM）》正式成为国家标准对外发布，助力提升全社会、全行业的数据安全水位。

6. 立项研制大数据国际标准

在国际电联组织（ITU）立项《分布式账本技术标准——F.DLS》，由本地企业贵州榛杏科技有限公司牵头，联合中国信通院、中国科学院、电子科技大学、中国电信等单位研制。作为首个国际区块链核心技术标准，《分布式账本服务总体技术需求》（F.DLS）主要针对区块链核心数据处理技术"分布式账本"技术的需求进行标准化工作。目前该标准已通过国际电信联盟（ITU-T）第十六研究组（SG16）第21课题组报告人会议专家审查，成为贵州省参与国际标准制定、抢占国家话语权的重要一步。

（三）贵州规则上升为国家标准

标准是人类文明进步的成果，是人类经济社会生活中重要的技术依据和管理规范，是国际公认的国家质量基础设施，研制和实施标准能够在一定范围内获得最佳秩序，追求最大效益。当前，中国标准化正在经历一场深刻的变革，功能定位更高，作用范围更大，形态模式更新，供给体系更加多元。国家需要标准化工作在变革中发展，在变革中加强，在变革中实现高质量发展的引领作用。贵州作为第一个获批建设的国家级大数据综合试验区，深刻领悟大数据标准研制对于提高大数据相关技术的规范性和科学性，对实现数据综合利用具有重要的意义。在国家标准委协同有

123

关部门指导下,贵州共出台了三十余项大数据地方标准,参与研制了十余项国家标准,大数据标准化工作成效显著。

标准是促进创新成果转化的桥梁和纽带,创新是提升标准水平的手段和动力。通过开展大数据标准研制工作,有效促进贵州各项大数据创新成果转化,出台的各项标准成为支撑大数据产业和应用发展的重要基础和手段,为贵州经济社会发展培育了新动能、取得了新成效。与此同时,贵州将建设国家大数据(贵州)综合试验区中的重大发现、重大成果总结提炼,成为可借鉴、可复制、可推广的成功经验凝结在标准研制中,通过发挥标准的基础性、战略性、引领性作用,将"贵州经验"运用到国家的大数据创新实践中,促进全国数字经济产业不断发展壮大,推动政府数字治理水平迈上新台阶。可以说,贵州大数据标准创新实践,充分体现了时代发展的客观需求,充分体现了标准化工作创新发展的内在规律与实践成效,向全国、全球贡献贵州智慧。

当今世界,谁掌握了标准,谁就掌握了国际市场竞争和价值分配的话语权,只有抢占标准制高点才能拥有产业竞争主导权。当标准的力量上升到战略层面后,就成了影响全局的重大问题,也将成为大数据产业走向世界的重要武器。在国家推动标准化改革的当下,贵州以标准引领创新、以抢占标准制高点实现产业升级,为大数据标准制定增添贵州亮点,助力中国在这场国际竞争中抢占标准制高点,赢得产业竞争主导权,为提升我国对网络空间的国际话语权和规则制定权做出了贵州应有的贡献。

随着大数据产业不断向纵深发展，建立数据标准的范围越来越广，数据标准化的对象越来越复杂，大数据标准化工作的广泛性和复杂性也不断凸显出来。在大数据标准化尚未形成体系的今天，贵州勇于创新、敢于担当，抢占标准制高点，掌握行业话语权，积极推进大数据标准化的研制与实践，全面促进大数据标准在各个行业中的支撑引领作用，大数据标准化成为贵州走向"云端"的"指挥棒"，"贵州经验"逐步上升为国家标准，乃至世界的标准，以"贵州经验"引领大数据领域的新浪潮。

第四节 以应用场景为驱动的实践创新

大数据始于科技之美,归于创造价值,近年来数字中国、网络强国、智慧社会建设一路高歌猛进,正带动着数字浪潮席卷各行各业。贵州围绕数字政府、数字经济和数字民生,在社会治理、产业发展、民生服务等领域创新大数据应用场景,形成了数据驱动型创新体系和应用模式,成为场景驱动创新应用的沃土。以大数据为引领,构建以数据为关键要素的数字经济,推动大数据和实体经济融合发展,形成大数据全产业链、全服务链、全治理链,实现大数据发展的"全新价值链",这是贵州发展大数据产业的实践逻辑,也是大数据战略从风生水起到落地生根的必然。

(一)数字政府全治理链

党的十九届四中全会上明确提出,推进数字政府建设,建立健全运用互联网、大数据、人工智能等技术手段进行行政管理的制度规则，提升国家治理现代化水平。建设数字政府是基于信息时代背景下的政府变革回应，加强数字政府建设、完善数字政府治理体系已成为政府改革的主旋律之一。贵州依托"一云一网一平台"建设，创新政务信息化建设新机制，建立以大数据驱动政务创新的政务大数据新模式，打造贵州政务数据"聚通用"升级版，从深度和广度上擘画"全省一盘棋"整体化数字政府的新蓝图，以"贵州速度"回应了党中央新时代的战略部署和选择，让数字政府的"贵州经验"成为获国务院点赞的地方样板。

2014年以来，按照省委、省政府关于发展大数据的战略部署，贵州省人民政府办公厅以提升行政效能、创新社会管理、完善公共服务为目标，全力打造"电子政务云"。自2015年7月6日上线运行以来，中国·贵州政府门户网站云平台翻开了贵州网上政务的新篇章，作为全国唯一一个省级层面统筹、面向全省政府网站的统一技术平台，成为贵州智慧政府正在打造的"最强大脑"。2016年以来，贵州紧紧围绕深化政府"放管服"改革，强化大平台共享、大数据慧治、大系统共治的"云上贵州"顶层架构，最大限度实现"为民服务解难题"，缔造"云"上生活，提升政府治理能力和公共服务水平。2019年5月，贵州省政务数据"一云一网一平台"正式运行，打造以数字政府流程调度为引擎，政府治理和社会治理为双翼的新篇章，标志着贵州在运用大数据改变业务流程、提升治理能力等方面已取得积极效果。

大数据政务服务是运用大数据手段实现政府服务转型升级的

重大创新。贵州省围绕李克强总理提出的"让群众企业办事像'网购'一样方便"的要求,运用大数据、云计算技术,打造了全国领先的贵州政务服务网"淘宝式"门户。在建设理念上,贵州"淘宝式"政务实现了"你寻找"到"我推送"、从"政务信息化"到"服务定制化""政府供给导向"向"群众需求导向"三个转变。同时,"淘宝式"门户还使用了一些前沿创新的做法。比如在全国首创多种泛圈推送算法,率先引用AI智能数据挖掘、智能数据匹配、智能数据修复,形成个性化的"个人画像库"和"企业画像库";结合人口库、法人库、电子证照库等基础信息库,对数据进行不断丰富和扩展,为多维度的精准服务分析提供支撑。截至目前(2020年),全省58.8万个政务服务事项在贵州政务服务网集中办理,总办件量达4100万件,省级网上办理率达100%。

集约化,是解决政府网站"信息孤岛""数据烟囱"等问题的有效途径。2014年,《国务院办公厅关于加强政府网站信息内容建设的意见》首次提出"推进集约化建设",并要求"在确保安全的前提下,各省(区、市)要建设本地区统一的政府网站技术平台。"对此,贵州省抢抓机遇,近年来坚定不移地推进全省政府网站集约化建设,2014年,率先在全国建设省级统筹面向全省的中国·贵州政府门户网站云平台。在平台建设上,以推进整体迁移、逐步开展分级集约、积极引导整合上移的方式,加大整合力度,彻底消除政府网站数据开放共享的障碍。采取自上而下的方式，贵州省人民政府办公厅组织省直部门网站和市、县政府门户网站整体迁移至中国·贵州政府门户网站云平台，通过减存量、控增量，集约化建设取得明显成效。2019年，贵州政府门户网站云平台在升级电子证照批文库、政务服务事项库等7个系统基础上，新建中介服务、"互联网+监管"等44个系统。打通10个地区、22个省直部门共61个自建系统218个数据接口，被国务院办公厅列为政府网站集约化试点省份。

贵州数字政府建设坚持以人为本，抓住对数字政府的基点理解，着眼于"数"的同时，更强调"治"，回归政府治理本位，将政府融入数字化的环境中运行。推出了社会和云平台、人口健康信息云平台、义务教育入学服务平台，提升民生服务水平。构建了民营经济服务平台，工程建设项目审批管理平台、贵阳市企业开办全程电子化等系统，持续优化营商环境。从贵州"工业云"公共服务平台，到"车联中国""数谷指数"平台，从"筑民生"综合服务平台，到智能交通云服务平台、精准扶贫大数据平台，围绕政府治理、民生服务等十大领域，贵州打造了100个以上大数据优秀应用场景，涌现了一大批提升政府治理能力的好应用，真正做到了让企业群众办事更方便、更快捷、更省心。

贵州在数字政府上的创新探索为实施国家大数据战略提供了可复制、可借鉴的经验，得到了国家有关部委的充分肯定。贵州先后获批建设国家政务信息系统整合共享试点省、国家公共信息资源开放试点省。贵州应邀参与了国务院办公厅《政府网站发展指引》编制工作,有关做法经验写入了正式印发的文件。"贵州省政务信息系统整合共享应用实践"被中央网信办、国家发改委评为首届"数字中国"建设年度最佳实践。同时,贵州被国家授予"全国健康医疗大数据区域中心建设及互联互通试点省""国家'互联网+政务服务'试点示范省""国家社会信用体系与大数据融合发展试点省"。

2020年,贵州将全力推进"全省通办、一次办成"改革、"一站式"改革、"一窗"改革、"'一号'改革四项改革",完善一体化在线政务平台建设,不断推进政务服务移动化、政务审批电子化。未来,贵州数字政府将继续推动数据资源升级、体制机制变革、运行模式创新与多维主体协同,促进政府组织架构优化与社会治理资源的科学配置,全面提升经济调节、市场监管、社会管理与公共服务能力,共同塑造形成共享、融合、智慧、善治的数字政府新型价值观,把数字政府建设作为推动经济高质量发展、高水平开放的着力点和突破口,为贵州经济社会发展提供有力支撑。

(二)数字经济全产业链

纵观世界文明史,每一次技术产业革命,都会对人类生产、生活方式变革带来广泛而深远的影响。英国演化经济学家卡萝塔·佩蕾丝认为,随着新一轮信息技术的出现和深化应用,数据已成为最具时代特征的新生产要素。数字经济是新兴技术和先进生产力的代表，把握数字经济发展大势，以数字化培育新动能，用新动能推动新发展，已经成为全球的普遍共识。对于中国而言，数字经济是未来一段时间内经济增长的核心动力，是我国由经济大国向经济强国迈进的必然战略选择，对于贵州而言，数字经济早已在这片神奇的土地上扎下根基，成为贵州经济优化转型和健康发展的有效抓手。

在重大发展机遇面前，谁能顺应发展趋势，下好先手棋，释放数字经济叠加、倍增效应，谁就能赢得发展主动，取得发展先机，构筑竞争新优势。面对新一轮产业变革，贵州早已擦亮慧眼，抢得先机，加快做大做强数字经济。2016年，贵州借助大数据发展先行优势，实施"千企改造"工程，对企业进行了以信息化、数字化为重点的技术改造，实现了一批传统产业的转型升级和突围发展。2017年2月，贵州出台了全国首个省级数字经济发展规划《贵州省数字经济发展规划（2017—2020年）》，提出用3年时间探索形成具有数字经济时代鲜明特征的创新发展道路，是贵州数字经济发展的重要指导性规划。2018年2月，贵州省实施"万企融合"大行动，加快大数据与实体经济深度融合，助力数字经济发展。围绕数字经济发展战略，贵州数字经济增速连续4年居全国第一，数字经济吸纳就业增速连续2年居全国第一，数字经济增加值占GDP比重为20%以上，数据采集、交易、安全等新业态新模式层出不穷。高速发展的大数据产业已成为贵州经济增长的重要来源，数字经济已融入贵州经济血脉，构建起贵州发展的基本格局。

数字产业化，培育数字经济发展新动能。以建设"贵阳·贵安大数据产业发展集聚区"为抓手，以企业培育和引进为重点，积极构建大数据产业生态体系。在全市统筹布局了大数据产业生态示范基地、数字物流产业示范基地等10个大数据产业集聚区，涉及数据存储、数据清洗加工、数据分析应用、数据安全、数字物流、创新创业孵化、大数据人才培训等多业态，初步构建起较为完整的大数据产业链条。中电科、阿里巴巴、华为、京东等一批国内大数据领军企业已落地贵阳，还涌现出满帮集团、朗玛信息、东方世纪、易鲸捷等一大批本地优强企业。如今，全市大数据企业超过5000家，占全省比重近70%。产生了一批数字经济新业态、新技术、新模式。人工智能、智能产品制造等从无到有，大数据分析应用、数据金融、呼叫服务等从小到大，数据交易、数字物流、智慧医疗等做大做强。朗玛信息在"2018年中国互联网企业100强榜单"中位列第39名，旗下"39健康网"拥有全国规模最大的医院、医生、药品及个人医疗资料数据库，覆盖用户突破4亿，成为国内领先的医疗健康类门户网站。大数据分析应用典型企业数联铭品，在企业画像、宏观经济分析、新经济指数等方面积极开展大数据深度应用，成为国家发改委社会信用体系建设的合作单位。易鲸捷的数据库在中国天眼FAST等标杆项目中推广使用，并于2019年进入贵阳银行、贵阳农商行等金融行业核心业务系统，其业务收入迅速增长。

产业数字化，构筑数字经济发展新体系。以"万企融合"行动为抓手，强化大数据与工业、服务业、农业的深度融合，推动智能化生产、网络化协同、个性化定制、服务化延伸融合升级。大数据与工业深度融合，搭建了"一企一策"线上服务系统，并依托贵州工业云平台，利用"大数据+智能制造"应用技术，为工业企业转型升级提供指导和解决方案，让传统产业脱胎换骨、凤凰涅槃。比如贵州兴达建材股份有限公司，通过建立国内首个商砼大数据管理平台，实现了工厂的智能化生产，此项目被作为2018年国家智能制造示范项目向全国推广。大数据与服务业深度融合，利用互联网和大数据支持旅游、商贸、流通、金融、出行等服务行业向平台型、智慧型、共享型融合升级。"互联网+现代物流业"独角兽企业贵阳货车帮，在与运满满合并后形成的满帮集团，其市值已达到65亿美元，荣登福布斯"中国50家最具创新力企业"榜单。大数据与农业深度融合，力推大数据、物联网在农村种植养殖、农产品市场和销售中的应用，推进全市农业插上智慧的翅膀。已建成贵阳市果蔬生产管理信息服务平台、农产品物联网大数据云平台、农村电商公共服务系统等平台。加快发展绿色无公害优质农产品线上定制、线下送菜到家等销售服务新模式，有力地推进了黔货出山、网货下乡、电商扶贫。通过开展农村电商星火培训工程、燎原行动工程、村淘创富工程等，推进农货进城、网货下乡、电商扶贫。

当前，我国经济已由高速增长阶段转向高质量发展阶段，正处在转变发展方式、优化经济结构、转换增长动力的攻关期，发展数字经济与我国加快转变经济发展方式形成历史性交汇。未来，贵州将在国家发展战略总体框架下，把发展数字经济作为实施大数据战略行动、建设国家大数据（贵州）综合试验区的重要方向，加快发展资源型、技术型、融合型数字经济，构建数字流动新通道，释放数据资源新价值，激发实体经济新动能，培育数字应用新业态，拓展经济发展新空间，推动全省经济社会实现弯道取直、后发赶超、同步小康。

（三）数字民生全服务链

浩瀚的大数据蓝海，要取之于民用之于民。习近平总书记在中央政治局2017年12月8日第二次集体学习上指出，要运用大数据促进保障和改善民生，"让数据多跑路、百姓少跑腿"，不断提升公共服务均等化、普惠化、便捷化水平。2018年4月，贵州省委书记、省人大常委会主任孙志刚曾表示，要利用大数据洞察民生需求、优化民生服务，深度开发各类便民应用，加快大数据与服务民生的融合，提高人民群众生活质量。数字民生一直是贵州在推进大数据战略过程中一以贯之的追求目标，把推进信息化与提高公共服务水平相结合，让群众切身感受到大数据带来的便利。

六年来，贵州在推动数字产业发展的同时，也致力于将大数据延伸到民生各个领域，让老百姓共享数字红利。围绕更好地解决民生痛点、堵点和难点，推动大数据与老百姓衣食住行、生老病死、安居乐业等服务相融合，打造大数据全服务链，着力解决普惠性民生问题。如今，在教育、健康、扶贫、旅游以及公共安全等民生领域，取得了很多成果，"政务平台""智慧社区""智慧旅游""天网工程""健康医疗"等大数据应用成果已经为人们的日常生活提供了许多便捷服务与基本保障。

缔造"云"上生活，破解民生痛点。贵州数字民生行动紧抓民生领域的突出矛盾和问题，围绕幼有所育、学有所教、劳有所得、病有所医、老有所养、住有所居、弱有所扶等领域，强化民生服务，弥补民生短板，推进教育、就业、社保、医疗、住房、交通等领域大数据普及应用，深度开发了各类便民应用。"精准扶贫云"运用大数据手段实现精准扶贫的精准识别、精准管理、精准监管、精准督查，实现23个部门数据实时共享交换，为贫困户精准画像，扶贫政策自动精准兑现；"医疗健康云"联通贵州县级以上公立医院，在中国第一个实现远程医疗省市县乡公立医疗机构全覆盖；"通村村"智慧交通云平台成为乡村版"滴滴打车"，被交通部列为中国农村客运示范项目向全国推广；贵阳满帮应用大数据精准匹配车源和货源，每天发布货源信息达500万条，日促成货运交易超14万单，成为全国最大的货车综合服务平台；贵州通移动金融应用，注册用户突破100万，打造便捷支付城市；智慧交通成为治理城市拥堵的有效药方；"110"微信报警，警情网格化"派单"、微型消防站，让"车过留痕、人过留影"，让险情消灭在萌芽阶段。贵州在没有大数据概念之前,是互联网"洼地",如今成为大数据"高地",让大数据能够为民谋利、解民所忧,让老百姓工作更方便、生活更美好,让人民群众从大数据发展中有更多"获得感",站在"高处"看风景的感觉自然无比畅快。

打通"最后一公里",政务服务送到家。贵州数字民生行动还致力于促进民生服务的均等化、精细化和普惠化,开展了"便民服务到家"示范应用,打造全国领先的政务民生服务品牌。推进政务服务"一网通办",打通服务群众"最后一公里",通过政府各部门横向、纵向之间数据的融通,全面构建线上线下融合的民生服务体系,为公众提供最丰富、最全程、最便捷的公共服务,"让数据多跑路、百姓少跑腿"率先建成"一号一网一窗口"的民生服务新模式,打造"一站式"和"马上办"政务服务体系,实现全省"一网受理、联动审批、统一监管、智能高效"的政务服务全覆盖,利用云上贵州移动服务平台、筑民生等便民应用实现"一机在手,服务到家"。贵州省网上办事大厅将50余万政务服务事项进行集中公开和办理,审批时限由法定22.6个工作日压缩为10.9个工作日,其中,3183个项目不用跑腿就能在网上办理。2019年,全省"零跑腿"事项达4.5万项,手机可提交申请事项234项、查询事项208项。贵州省级网上办理率达100%,市县网上可办率平均达91.64%,群众用网满意率达91.3%。

数字经济风生水起贵阳荣获"影响中国"城市美誉

2018年12月15日,由《中国新闻周刊》在北京钓鱼台国宾馆举办的"影响中国"2018年度荣誉盛典上,贵阳市凭借2013年至2018年,坚守与创新的多方面成果,获评"影响中国"2018年度城市。近年来,贵阳市全力建设国家大数据(贵州)综合试验区核心区,加快打造"中国数谷",推动质量变革、效益变革、动力变革,为贵阳经济社会高质量发展提供了强有力支撑。正如颁奖嘉宾中央党校原副校长李君如在颁奖词中讲道:"这是一座偏居西南一隅的城市,曾被戏称为'没有存在感的省会',从2013年到2018年,大数据产业在这里从'无中生有',到落地生根,再到风生水起,这座城市成功地实施了一场华丽的赶超。如今,它以当前中国经济罕见的两位数增长率,领跑全国城市。它以创新驱动传统产业转型升级的路径,成为后发优势地区仰望的标杆。"2018年,贵阳市大数据企业主营业务收入突破1000亿元,增长22%,大数据与实体经济融合指数达到45.3,大数据已成为引领贵阳数字经济,促进社会经济高质量发展的强大引擎。

未来，贵州将持续聚焦数字民生工程，在加快大数据与服务民生的融合方面迈出坚实的步伐，打造一批数字民生数据治理试点示范工程。推动大数据在教育、就业、社保、医疗、交通等领域广泛应用，让便民服务创新应用不断丰富，建设线上线下融合的民生服务模式，全面构建"政府+市场+互联网"的便民服务体系，形成"服务到家"贵州模式。不断提升公共服务均等化、普惠化水平，让广大市民切实感受到大数据带来的实惠和便利，每个人都能享受数字红利。

第五节 以数据为生产要素的资源创新

党的十九届四中全会提出,"健全劳动、资本、土地、知识、技术、管理、数据等生产要素由市场评价贡献、按贡献决定报酬的机制"。将数据作为生产要素之一、参与分配的提法更是历史首次,标志着我国正式进入数字经济红利大规模释放的时代,数据作为生产要素,已经从投入阶段发展到产出和分配阶段。随着数据成为新的生产要素,与劳动、资本、技术、土地一起形成新的经济范式,全球将从工业经济时代迈入数字经济时代。贵州自实施大数据战略行动以来,坚持实施数据"聚通用"攻坚会战,不断提升"聚"的能力,优化"通"的环境,丰富"用"的场景,逐步成为中国的数据之都。

(一)云网平台:一云一网一平台

2018年年底,贵州省委、省政府出台文件,加快推进"一云一网一平台"建设。2019年5月26日,贵州省政务数据"一云一网一平台"正式启动运行,标志着贵州省政务数据"一云统揽""一网通办""一平台服务"从蓝图走向现实。"一云一网一平台"按照"四建四统、加强监管"原则,破解数据"互联互通难、信息共享难、业务协同难",从根本上解决数据"壁垒"问题,避免新的数据"壁垒"产生,打造"聚通用"升级版和政用、商用、民用新支撑。2019年数博会上"一云一网一平台"成功发布,中国科学院院士梅宏等专家认为贵州的"一云一网一平台"建设具有战略性、前瞻性和创新性,着眼于面向服务民生、产业培育、政府治理的大数据发展体系,在多云融合、专网整合、数据治理、全网搜索等方面已经取得了新进展,在思想上、观念上,贵州又一次走在了全国前列。

1. 云上贵州"一朵云"

过去几年,贵州省以共享开放的理念打造出一座政务数据的"钻石矿"。放眼当下,大数据自由流通的需求呼唤着一次消除壁垒的大突破。如何才能唤醒政务数据这座沉睡的富矿?云上贵州"一朵云",让数据聚起来,在数据重构中产生价值。云上贵州"一朵云"是指依托云上贵州系统平台聚合全省各级、各类政务数据和应用,面向全省提供统一的云计算、云存储、云管控、云安全等云服务,实现全省政府数据"大集中",破解数据共享难题,构建全省政务信息系统互联互通的政务服务。云上贵州"一朵云"在全国率先实现统揽全省所有政务信息系统和数据,实现所有系统网络通、应用通、数据通。

从2014年开始，贵州省开始建设"云上贵州"系统平台，实行省市县三级"云长制"，把省市县各级政府所有的信息系统和数据全部汇聚到这一个平台。到2019年年底，除审计外，省市县三级政府所有部门所有政务信息系统全部在"云上贵州"打得开、能使用，所有数据依据权限都能查看调用，上云结构化数据量也从2015年的10TB增长到现在的1626TB。《2019年中国地方政府数据开放报告》显示，贵州省级开放数林指数排名全国第三。五年间，"云上贵州"一朵云从一个物理分散、逻辑集中的"大仓库"，变为一个统一的"大应用程序"，实现了应用和数据"大集中"。

当前，云上贵州"一朵云"统揽全省政府数据，承载着省、市、县政府部门9274个应用系统，通过"云上贵州"总云，可以对省市县所有应用系统和相关数据实现统一调度和管理，消除"信息孤岛""数据烟囱"，提升了政府管理水平和效率。为民服务的各个应用系统也实现了互联、互通、共享，"让数据多跑路、百姓少跑腿"，解决了企业和群众'办事难、办事慢、办事繁'等问题。未来，云上贵州"一朵云"还将致力于统揽政务、经济、社会、文化各领域，加快提升和丰富精准扶贫、智慧交通、生态环保、卫生健康、食品安全等主题库，形成一数一源、多源校核、动态更新、纵向贯通、横向连通的政务数据资源体系。推动数据从"云端"向政用、商用、民用落地，服务能力进一步提升。

2. 政务服务"一张网"

政务服务"一张网"是指全省政务服务一网汇聚、一网受理、一网反馈，为政府、企业、群众提供"一网通办"大窗口，对各地、各部门分散建设的电子政务网络进行全面整合和互联互通，确保向上连接国家，向下覆盖省、市、县、乡、村五级，利用贵州政务服务网和云上贵州多彩宝两个端口向全省提供服务，实现各级政务服务事项全部网上办理。

2015年5月，贵州政务服务网正式运行。2016年年底，贵州政务服务网覆盖省、市、县、乡、村五级。2018年贵州政务服务网按照国家政务服务平台标准规范升级完善，完成与国家政务服务平台对接，与省市56个自建审批系统进行融通，成为全国一体化在线政务服务平台的重要组成部分。2019年，贵州基本建成了覆盖省、市、县、乡一体化的四级电子政务网络，涵盖136家省级单位，3550家市县级单位。

贵州政务服务"一张网"按照"一网两端"模式，坚持从PC端、移动端两端发力，让企业和群众只进"一张网"、用一个APP，就可以办全省事。在PC端，建设了贵州政务服务网，推进各级各部门电子政务外网、业务专网、互联网互联互通，省、市、县、乡、村五级所有政务服务中心（站、点）提供的58.8万项服务事项，都可以查询或者办理。在手机移动端，建设了云上贵州多彩宝APP，整合各级各类移动政务服务应用，提供高频政务和民生服务546项，推动更多政务服务"掌上办""指尖办"，活跃用户已经超过240万。同时，利用广电网推进电子政务网络村级全覆盖，通过网络覆盖到村，推动社保、医保等便民服务延伸到村，让老百姓不出村，就能办相关常办事项。

2019年，"一张网"实现省级政务服务事项网上可办率达100%，市县达91.64%，办件量达3131万，同比增长63.6%，新增进驻事项1500多项，全省"零跑腿"事项达4.5万项，手机可提交申请事项234项、查询事项208项，贵州省级政府网上办事指南准确度排名居全国第一，服务事项覆盖度排名居全国第二。下一步，政务服务"一张网"将针对群众办事的难点、痛点、堵点，提升办理便捷度，到2021年，"一张网"将实现全省各级政务服务事项全部实现网上能办，除国家另有规定外，所有政府部门业务专网向电子政务外网整合。

3. 智能工作"一平台"

智能工作"一平台"是指建设贵州全省数据治理智能工作平台以及覆盖省、市、县三级政府所有审批业务系统的政务服务平台，打通贵州全省各级政府部门自建审批业务系统，实现与国家政务服务平台互联互通，面向公众和公务用户，实现"服务到家"，并通过人机交互、全网查询、智能分析、可视化应用等，在全国率先实现试点领域政务数据全网搜索，为政府管理、社会治理和民生服务提供高效支撑。

政务服务平台优化网上办事全流程。作为全国5个"互联网＋政务服务"一体化平台建设试点之一，贵州依托全省统一事项管理，统一身份认证，统一业务受理，统一电子印章，统一电子证照，规范政务服务事项管理，优化政务服务流程，实现企业和群众网上办事"一次认证、全省漫游"。推行审批服务便民化，让企业和群众网上办事像"网购"一样方便，实现全省通办、就近能办、异地可办。2019年，贵州完成了国家一体化在线政务服务平台对接试点工作，新增进驻事项1500多项，推动政务服务网络通、数据通、业务通。

政务数据平台实现数据资源大调度。贵州在全国率先建立数据调度机制，以政府数据共享交换平台、政府数据开放平台、数据增值服务平台、数据安全监控平台等数据服务平台为核心，建设数字政府流程调度统一平台。推进自流程化调度管理，实现线上线下"数据使用部门提需求、数据提供部门做响应、数据管理部门保流转"，着力解决数据"互联互通难、信息共享难、业务协同难"等问题，实现跨层级、跨地域、跨部门的数据高效调度管理。目前，贵州建成了全国第一个省级数据共享交换平台，共梳理完成相关数据资源目录10497项、信息项78012项，汇聚数据近2.3亿条。

（二）数据流通：数据资源资产化

习近平总书记在中共中央政治局就实施国家大数据战略进行第二次集体学习时强调，要制定数据资源确权、开放、流通、交易相关制度，完善数据产权保护制度。国务院《促进大数据发展行动纲要》明确提出,"要引导培育大数据交易市场,开展面向应用的数据交易市场试点,探索开展大数据衍生产品交易,鼓励产业链各环节的市场主体进行数据交换和交易,促进数据资源流通,建立健全数据资源交易机制和定价机制,规范交易行为等一系列健全市场发展机制的思路与举措"。国家大数据(贵州)综合试验区的批复中明确将"开展大数据资源流通试验"列为七项主要任务之一,要求以贵阳大数据交易所等为载体,构建大数据资源流通平台,建立健全数据资源流通机制,完善大数据资源流通的法规制度和标准规范,形成大数据流通、开发、使用的完整产业链和生态链,促进大数据跨行业、跨区域流通。

在国家政策积极引导、地方政府高度重视和产业界的持续推动下,自2014年以来,全国涌现出贵阳大数据交易所、上海数据交易中心、武汉东湖大数据交易中心、武汉长江大数据交易所、华中大数据交易所、西咸新区大数据交易所、浙江大数据交易中心、河南中原大数据交易中心、钱塘大数据交易中心等一批具有代表性的大数据交易平台。2014年12月31日,在贵州省人民政府、贵阳市人民政府的支持下,贵阳大数据交易所在贵阳成立,是我国乃至全球第一家大数据交易所,积极推动数据融合共享、开放应用,激活行业数据价值。贵阳大数据交易所通过自主开发的电子交易系统,面向全球提供"7×24小时"永不休市的专业服务,同时提供完善的数据确权、数据定价、数据指数、数据交易、结算、交付、安全保障、数据资产管理等综合配套服务。

贵阳大数据交易所自主研发的大数据交易系统，可交易的数据产品数量已突破4000个，涵盖数据源、模型算法、可视化组件、应用平台、数据安全、工具组件、数据治理、云资源等八大类，数据产品涉及金融、医疗、消费等30多个领域。通过让消费数据、电信数据、旅游数据、企业数据、教育数据、征信数据、电商数据、气象数据、医药数据、卫星数据、物流数据等多门类数据跳脱出原有的藩篱、相互融合，打造综合类、全品类大数据交易平台，从而最大限度地激活数据价值，实现数据价值变现。

数据交易作为大数据产业中的一环，是衡量大数据产业发展状况的主要标准，也是实现数据价值的关键环节。贵阳大数据交易所自主研发的交易系统4.0，采用了国内领先的区块链技术、数据水印技术、数据安全技术、评估定价技术、交易结算技术、EID身份确权认证技术，解决了数据产品在大数据交易所平台上确权、安全流通、定价及结算等问题。通过使用区块链技术，根据数据存放区块位置、存放时间、系统秘钥等信息自动生成商品确权编码，通过商品确权编码追溯数据交易信息，实现账户上链、数据上链、交易上链。通过数据水印技术，可实现把水印信息打到数据包文件中、数据流通中，可以通过抽取水印信息的方式，进行数据所有权判定。通过评估定价技术，可根据数据品种、时间跨度、数据深度、数据的实时性、完整性以及数据样本的覆盖度等，对数据进行协议定价、固定定价、集合定价。通过EID身份确权认证技术实现数据交易的个人身份确权、数据授权、隐私信息保护等。目前，贵阳大数据交易所通过破解一个个技术难题，为数据资源资产化过程中的数据确权和数据侵权追踪等做出了巨大贡献（见图2-2）。

数据交易重在加速多领域、多地域之间的数据流通、数据融合，降低信息不对称造成的资源损失和壁垒。贵阳大数据交易所提出了"一平台、三中心"运营模式。"一平台"即大数据交易平台，保证交易安全，实现统一交易、统一结算；"三中心"为区域中心、行业中心、创新中心[1]，通过"一平台、三中心"优化数据交易服务水平，增强数据流通驱动力，建立全国范围的数据交易体系。同时，贵阳大数据交易所还推出了数据星河战略，联合垂直行业龙头企业建设200个单品种数据交易中心，采用增值式交易服务模式，着力打造数据确权、数据融资等12个大数据平台，通过构建大数据交易体系，最大限度地激活会员参与数据交易的积极性，完善数据交易自身生态，驱动行业数据流通，释放我国亿万数据资产价值。在数据资产化环节中，贵阳大数据交易所倡导"数据助力现金流，数据为业务赋能"的数据资产化模式，通过数据交易，帮助企业改进决策、缩减成本、降低风险、提高安全合规，将数据价值回馈于业务，最终体现为增收和利润。通

---

[1] 区域中心：在全国范围内推动设立30个区域服务分中心，复制推广大数据交易模式、激活城市数据资源、释放政府数据价值；行业中心：交易所将联合垂直行业龙头企业，推动设立200个垂直领域单品种数据交易服务分中心，释放产业数据价值；创新中心：应用创新中心，聚焦数据创新应用，构建数据星河生态。

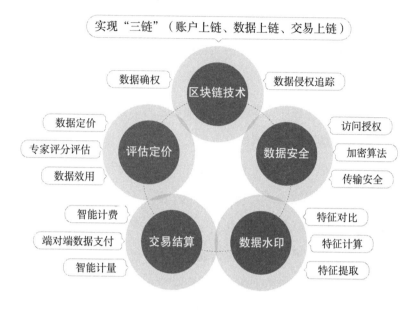

图 2-2 大数据交易技术应用

过支撑数据创新应用,数据交易深入参与实体经济数字化转型的全面升级。

贵阳大数据交易所既要勇当数据流通的倡导者、数据交易的探索者,又要做国际数据交易规则的制定者,为我国加强国际数据治理政策储备和治理规则研究提供实践探索和贵州方案。贵阳大数据交易所参与了国家大数据产业"一规划四标准"[1]的制定并于2016年5月26日成为全国信标委"大数据交易标准试点基地"。

---

1 国家大数据产业"一规划四标准",分别是工信部《大数据产业发展规划(2016—2020年)》和全国信标委《大数据交易标准》《大数据技术标准》《大数据安全标准》《大数据应用标准》。

同时，贵阳大数据交易所提出了"数+12"战略[1]，即着力打造数据确权、数据安全等12个战略，开启了大数据交易制度建设新篇章，带动业内数据交易制度探索，为全国大数据交易制度的确立献智献策。与此同时，贵阳大数据交易所秉承"贡献中国数据智慧，释放全球数据价值"发展理念，在马来西亚成立了交易服务分中心，并与新加坡资讯通信媒体发展管理局合作推动中新大数据实验室建设，探索形成海外大数据产业闭环，构建全球数据流通生态，共建"一带一路"数据繁荣圈。

（三）数聚贵州：数字基础设施建设

当前我国正在培育和发展经济新动能，人工智能、工业互联网、物联网等产业不仅是新业态、新技术的重要组成部分，同时也是传统产业转型升级的重要引擎，加快新型基础设施建设，有利于发展数字经济为代表的经济新动能，并推动传统产业的数字化转型。为加快5G、工业互联网、物联网、人工智能、数据中心、"一云一网一平台"建设，贵州制定并出台了互联网新型数字设施建设专项行动方案。

1. 数字设施提升工程

2016年，贵州首次提出要着力打造"云上贵州"及"宽带贵

---

1 "数+12"战略：数据确权、数区块链、数据创业、数据定价、数据资产、数据安全、数据指数、数据标准、数据工厂、数据监管、数据认证、数据开源。

州",在全国率先完成前三批电信普遍服务,实现行政村光纤宽带和4G网络全覆盖。2017年,贵州省光缆线路长度达到90万公里,贵阳·贵安国家级互联网骨干直联点建成开通,贵州跻身中国13大互联网顶层节点。2018年,全省信息基础设施投资将达到120亿元,行政村光纤网络、4G网络全覆盖,建成全光网省,电信综合资费下降6%。2019年,贵州获批建设贵阳·贵安国际互联网数据专用通道。经过坚持不懈的努力,贵州信息基础设施迈入全国第二方阵,全省信息基础设施发展水平从全国第29位上升到第15位。下一步,贵州将加快推进5G网络建设和商用,积极开展5G应用创新,加快全省骨干网、城域网和接入网的IPv6升级改造,建成贵阳·贵安国际互联网数据专用通道,加快物联网基础设施建设,推进中国(贵州)智慧广电综合试验区建设。

贵州省根服务器镜像节点和国家顶级域名节点。2019年12月10日,贵州省根服务器镜像节点和国家顶级域名节点在贵州正式部署运行。域名系统(DNS)是互联网的重要基础服务和"中枢神经","两个节点"作为互联网重要的基础设施,是域名系统的关键环节。"两个节点"的运行不仅能快速分流网络攻击流量、增强网络抗攻击能力,整体提升贵州互联网运行的安全性和稳定性,还将大幅提升贵州互联网响应速度,积极向全球进行地址广播服务,有效促进互联网访问数据互联互通,实现互联网访问数据"聚通用",有力促进贵州大数据与实体经济、乡村振兴、服务民生、社会治理的融合发展。此次"两个节点"上线运行,标志着贵州在西部地区的信息枢纽地位已经逐渐形成，对于弥合数字鸿沟、普及互联网有着重要意义，也给其他非英语国家解决此类问题树立了典范，必将促进国家大数据（贵州）综合试验区新一轮的发展。

贵阳·贵安国际互联网数据专用通道。 2019年8月26日，工信部批复同意贵州省建设贵阳·贵安国际互联网数据专用通道。国际互联网数据专用通道是从产业园区直达国际通信出入口局的专用链路，链路以园区为接入单位、以企业为服务对象、以优化提升国际通信服务能力为目的，可以有效减少路由跳数。此次国际互联网数据专用通道获批建设，是贵州数字设施建设的又一重大成果，不仅将在贵阳、贵安相关产业园区与国际通信出入口局之间建立起一条直达专用数据链路、减少数据流量绕转和拥堵、提升国际通信网络性能和服务质量，更为产业转型升级和外向型经济发展提供强有力支撑，促进贵阳、贵安云计算、大数据、电子商务、高端制造、服务贸易、医药健康等产业发展，对满足企业发展实际需要、促进产业转型升级、提升当地信息化和对外开放合作水平、支持建设"一带一路"节点城市具有重要意义。

2. 工业互联网提升工程

工业互联网的本质和核心是通过工业互联网平台把设备、生产线、工厂、供应商、产品和客户紧密地连接、融合起来，可以帮助制造业拉长产业链，形成跨设备、跨系统、跨厂区、跨地区的互联互通，从而提高效率，推动整个制造服务体系智能化进程。以工业互联网方式推动制造业高质量发展，已经成为贵州推动大数据深度融入实体经济，促进贵州传统工业转型升级的重要途径。贵州以系统构建全省工业互联网体系为契合点，以贵阳工业互联网标识解析二级节点为依托，加快推进大数据与工业深度融合，推进工业互联网网络建设，夯实应用发展基础，实施了企业内外网络改造提升、工业互联网平台建设、生产设备数字化改造、企业"登云用云"等工程。

贵州工业云平台。 2017年6月，贵州工业云平台正式上线，是航天科工集团运用工业互联网云平台（INDICS），与贵州省经济和信息化委合作联合打造的首个工业云试验田。贵州工业云平台基于国家级工业互联网INDICS平台，充分利用云制造、大数据与态势感知等十余种技术，面向工业全行业、全领域，提供企业全生产流程改造、设备改造、数据采集、大数据分析与应用等大数据一体化解决方案。作为全省工业企业数字化、网络化、智能化改造提升的主平台、主抓手，工业云的云端产业智能配套模式及工业产业生态体系，可利用大数据技术攻克关键技术瓶颈，着力解决企业生产管理粗放低效、产业融合创新能力偏弱、产业链协同发展水平不足等突出问题，还可帮助企业降低采购成本、拓宽市场空间。目前，贵州工业云平台是我国唯一提供智能制造、协同制造、云制造公共服务的云平台，得到国家有关部门的大力支持，入选工信部制造业与互联网融合发展试点示范项目，这表明贵州工业云平台现已迈入世界领先行列。

贵阳工业互联网标识解析二级节点标识解析应用创新。 2019年4月11日，工业互联网标识解析贵阳二级节点正式上线，标志着贵州工业互联网的"大门"已初步搭建起来，将面向行业和企业提供服务。工业互联网标识解析体系是工业互联网网络的重要组成部分，为工业互联网连接的对象提供统一的身份标识和解析服务，有助于推动重要工业设备系统联网数据采集和应用，加快工业互联网平台培育，帮助工业企业降本增效。目前，贵阳是全国首批10个建设的二级节点之一，通过工业企业、工业互联网服务提供商、标识研究机构和高等院校等联合推进工业互联网标识解析应用创新，开展关键产品追溯、供应链管理、智能产品全生命周期管理等在电子信息、医药、汽车等行业的应用普及。

3. 数据中心提升工程

随着贵州高新翼云数据中心、中电西南云计算中心、贵州翔明数据中心的建设，苹果、腾讯、华为等数据中心的落户以及贵阳·贵安国际互联网数据专用通道的建立，贵州集聚一批绿色环保、低成本、高效率的云计算数据中心，已成为中国最重要的数据中心聚集地，推动海量数据正源源不断地向贵州汇集。在数字经济时代里，数据作为一种基础性资源，其价值将会得到进一步提升，大数据将会成为贵州未来最宝贵的财富。

贵州·中国南方数据中心示范基地建设。 自2016年获批建设贵州·中国南方数据中心示范基地以来，贵州坚持"创新、协调、绿色、开放、共享"的发展理念，面向国际、国内用户提供应用承载、数据存储、容灾备份等数据中心服务,实现数据中心应用服务水平提升、绿色节能降耗、保障安全可靠。如今,贵州已初步形成以贵安为核心,贵阳、黔西南为补充的数据中心布局。三大运营商、腾讯、苹果、华为数据中心齐聚贵安,48个国家部委、行业和标志性企业数据资源落户贵州,全省数据中心服务器超过7万台,数据中心PUE均值降幅优于国家要求,绿色数据中心数量居全国第二,富士康绿色隧道中心成为全国唯一获得美国LEED最高等级认证的绿色数据中心建筑。这些成绩的背后,是贵州突出招大引强与补齐链条并重,努力推进大数据产业链垂直整合,推动价值链向高攀升。

国家北斗导航位置服务数据中心贵州分中心建设。2013年10月22日,贵州省北斗综合应用示范项目获得原总装备部和贵州省人民政府共同批复。为抢抓国家加快推动北斗系统建设发展的机遇,贵州充分发挥国内首个国家大数据综合试验区的优势,实现"北斗+大数据"深度融合,在"两个中心"[1]建设运营过程中,北斗公共位置服务中心结合贵州省"一云一网一平台"政策,升级为北斗时空大数据云平台,成为不可或缺的、基础性的信息资源和服务设施。北斗导航定位基准站网(GZCORS)在贵阳市区县部署,平均基线30~50km,达到国际先进水平,推动北斗卫星导航系统在全省各领域的广泛应用。下一步,贵州将持续推进北

---

[1] "两个中心":贵州北斗卫星导航公共位置服务中心、贵州北斗卫星导航终端产品质检认证中心。

斗导航、遥感等空间信息技术发展，充分发挥北斗地基增强系统作用，在地灾防治、道路交通、全域旅游等领域推广北斗导航系统综合应用，进一步提升北斗导航定位精度。

第六节　以五新领域为突破的技术创新

为了更好部署发展实体经济和数字经济，贵阳在2017年就提出了"五新领域"战略布局，把人工智能、区块链、物联网、5G移动通信、量子信息作为突破的技术创新，大力推动重点数字产业迈向数字经济发展的新台阶。如今，贵阳大数据五新领域产业规模逐步扩大，应用领域加速拓展，创新能力进一步增强，形成了冲劲足，后劲强，发展优势持续巩固的向好局面。

（一）以人工智能构筑数字经济新引擎

2017年7月，国务院发布了《新一代人工智能发展规划》，为中国人工智能产业的未来发展指明了方向并注入了核心动能，成为我国赢得全球科技竞争主动权的重要战略抓手。贵州作为首个国家大数据综合试验区，优先布局人工智能产业，率先出台了《智能贵州发展规划（2017—2020年）》。贵阳随后出台《贵阳市人工智能产业专项规划（2018—2022）》，提出以中国人工智能开放创新平台为载体，以视频云和人像识别大数据系统项目为"牛鼻子"，以数据和应用为驱动双轮，实施一批示范应用，研发一批关键核心技术，加快形成具有国际竞争力和技术主导权的人工智能产业集群。

在发展人工智能产业上，贵阳坚持软硬并举、应用带动，以高新区、综保区、南明区、清镇市等为重点，加快这些地区人工智能关键技术转化和产业化进程，推动重点领域智能产品和服务创新，积极培育人工智能新业态，构建人工智能创新体系；着力发展人工智能芯片与硬件；引进人工智能算法和芯片技术领先企业，提升 GPU、FPGA 等芯片设计制造能力和人脸识别、语音识别、步态识别、3D 快速建模、跨媒体感知计算等人工智能专用芯片设计制造能力，发展智能摄像头、芯片、专用服务器等人工智能硬件设备生产制造产业基地；培育发展人工智能软件产业；加强人脸识别、计算机视听觉、自然语言理解、新型人机交互、高级机器学习、类脑智能计算及量子智能计算等算法研究企业的培育和引进，建设视频分析、算法和处理软件研发中心。

贵阳注重加快数据采集、存储、分析和可视化发展，构建国家级人工智能训练及测试数据库，打造人工智能数据资源、计算能力、测试评估等服务平台，开展人工智能数据云服务；利用中国人工智能开放创新平台和测试中心，引进人工智能开源软硬件基础平台，持续举办全球人工智能大赛，开展产业孵化和"双创"

工程，打造人工智能产业生态；同时，打造一批重点领域的人工智能应用业态。依托国家医疗健康大数据中心落地的契机，贵阳开始吸引国内外有影响力的医疗人工智能知名企业建立总部基地，培育智能医疗的独角兽企业和关联企业，并推进智能车联网、无人驾驶汽车的研发、试验和产业化推广。

贵阳将以贵阳国家高新技术开发区为主阵地建立"1园6基地"人工智能产业总体布局，积极对接人工智能领域优质资源，加快人工智能关键技术转化和产业化，推动重点领域智能产品和服务创新。另外，贵阳还积极培育人工智能新业态，发展人工智能硬件与芯片、人工智能软件与云服务业；构建共性基础支撑平台，建设人工智能重点领域开放创新平台、人工智能公共技术创新能力平台、人工智能创业孵化平台等人工智能产业发展平台；打造一批重点领域的人工智能应用业态，在"数博大道"沿线高新区和白云区段，规划建设贵阳人工智能产业园和贵阳视频终端制造基地，实施视频云和人像识别大数据系统项目、智能服务机器人项目、智能网联汽车项目、智能医疗健康项目等人工智能重大项目；推进人工智能与实体经济、民生服务、社会治理、乡村振兴深度融合，构建人工智能融合创新体系。

未来，贵阳将着力贯彻落实国家《新一代人工智能发展规划》《智能贵州发展规划（2017—2020年）》，紧抓人工智能产业发展机遇，以中国人工智能开放创新平台为载体，以视频云和人像识别大数据系统项目为"牛鼻子"，以数据和应用为驱动双轮，推进人工智能与实体经济、社会治理、民生服务、乡村振兴深度融合，着力实施一批示范应用，着力研发一批关键核心技术，着力培育一批骨干企业，全力构建人工智能创新产业生态，加快形成具有国际竞争力和技术主导权的人工智能产业集群，加快培育经济社会发展新动能，为建设"中国数谷"发挥重要引领支撑作用。到2022年，贵阳将建成中国人工智能开放创新平台、人工智能加速器等平台，完成视频云和人像大数据系统等项目，引进和培养一批人工智能企业，打造出人工智能芯片、算法平台和应用的产业集群，建成"1园6基地"的贵阳人工智能产业集聚区，力争五年内累计实现450亿元的产值规模。

（二）以量子信息打造数字经济新生态

量子信息是计算机、信息科学与量子物理相结合而产生的新兴交叉学科，量子信息技术以微观粒子系统为操控对象，借助其中的量子叠加态和量子纠缠效应等独特物理现象进行信息获取、处理和传输，能够在提升运算处理速度、信息安全保障能力、测量精度和灵敏度等方面带来原理性优势和突破传统技术瓶颈，其具有绝对保密、通信容量大、传输速度快等优点。因此，量子信息技术已经成为信息通信技术演进和产业升级的关注焦点之一，大到国防、政务、金融等方面，小到银行转款、个人隐私保护等都可以发挥巨大的作用，量子信息技术的研究与应用在未来国家科技竞争、产业创新升级、国防和经济建设等领域将产生基础共性乃至颠覆性重大影响。

当前，贵阳量子信息试验取得初步成果，贵州省量子信息和大数据应用技术研究院组建完成，还引进了科大国盾量子技术股份有限公司等量子信息企业，在贵阳国家大数据安全靶场基础上，与科大国盾共同规划和申建国家级量子保密通信网络安全靶场、规划和建设量子骨干网络和量子卫星地面接收站、探索建设"城市直联"量子骨干网络，推动中科大量子物理与量子信息实验室分中心落地，建设贵阳市量子信息技术研发中心，拓展一批量子信息技术示范和推广应用，推动量子通信产业集聚发展，开展电子政务外网量子通信试点工作，建设金融信息量子通信验证网。贵阳在2019年建成了贵阳市电子政务外网应用量子通信保密技术一期工程并投入使用，推动了量子保密通信技术在贵阳落地应用，提升了当地的网络安全保障能力。

在发展量子信息产业上，贵阳将以贵阳经开区为重点，依托国家级量子保密通信网络安全靶场筹建，拓展一批量子信息技术示范和推广应用，规划和建设量子骨干网络和量子卫星地面接收站，推动量子通信产业集聚发展；加强量子信息技术研发能力，开展量子技术标准、量子通信安全性等基础研究工作，形成人才培养、软件研发、集成创新、市场拓展的量子通信生态体系；发展量子信息器件与设备制造业，引进国内外量子密码通信终端设备、网络交换及路由设备、核心光电子器件等核心产品制造企业，发展量子信息设备制造业；开展量子通信城域网络试点建设，以政务网的量子通信应用为切入点，实现政务网的办公透明、廉洁、高效管理，并确保政府数据的无条件传输安全；开展城市直联搭载量子通信试验，探索建设"城市直联"量子骨干网络，提升城市直联光纤网的价值，实现更好的经济效益。贵阳将推进量子信息公共服务，重点在量子信息标准认证测评机构、知识产权公共服务平台、量子信息科技培训基地、技术双创平台和量子信息创新产业孵化器等载体建设方面取得突破。

未来，贵阳以加快建立具有全国竞争优势的量子信息产业生态体系为主线，着力建设量子通信骨干网络、量子保密通信网络安全靶场，实现通信的安全、自主、可控；着力推进量子保密通信示范应用，促进关键行业领域的保密通信；着力发展量子通信产业，推进重点项目建设和关键环节发展，培育形成技术水平领先的量子技术和产业集聚发展基地。到2022年，贵阳将争取申建成功国家级量子保密通信网络安全靶场，建设贵阳量子骨干网络和量子卫星地面接收站，探索建设通信网络安全靶场，实现通信的安全、自主、可控；着力推进一批量子信息技术示范和推广应用，打造量子通信网络建设、运营、量子通信设备产业集群，力争五年内累计实现50亿元的产值规模。

（三）以移动通信拓展数字经济新通道

随着全球新一轮科技革命和产业变革的深入推进，第五代移动通信技术（5G）已成为世界主要国家数字经济战略实施的先导领域。5G是新一代移动通信技术的发展方向,也是我国网络强国战略的重点突破领域。5G所具有的高传输速率、可满足大容量接入需求、大大降低网络时延、采用开放架构等特点,是构建高速、移动、安全、泛在的信息基础设施的重要基石,也是推动"大数据+""互联网+"产业发展的重要引擎。当前,5G正处于技术标准形成和产业化培育的关键时期,它作为数字经济产业关键驱动力,将助推贵州数字经济和产业发展迈上新台阶,实现与经济社会各行业的深度融合,加快推进5G技术应用、打造5G产业生态,将帮助贵州抢占大数据产业发展的技术制高点。

贵州大数据产业发展积累的优势为其抢占5G风口制造了先机,5G试点城市花落贵阳,给数谷的嬗变之路立下了一块闪耀的里程碑。作为国家发改委等部门批复的首批"5G规模组网建设及应用示范工程"试点城市之一,贵阳抢抓5G历史机遇和产业化发展先机,加快推进5G技术产业发展和应用拓展。2019年,贵州省人民政府办公厅印发《关于加快推进全省5G建设发展的通知》,提出加快推进5G新型基础设施建设,深化5G场景融合应用,培育5G新产业新业态,将全省大数据战略行动向高位推进、向纵深推进、向世界前沿推进。贵阳快速响应,提出《贵阳市5G移动通信产业发展规划(2018—2022)》,以5G试点城市建设项目为抓手,充分发挥运营商资源优势,加快5G网络建设和运营,实现5G商用。

随着5G商用牌照的发放,贵阳5G发展正式迎来广阔的落地商用空间。以工信部颁发5G商用牌照为契机，三大运营商和铁塔公司已新建改造5G基站1467个，完成城市核心区、重点区域信号覆盖，在作为5G商用用户体验示范区的观山湖公园沿线，开展5G公园、5G商场等行业应用。2018年8月，贵阳市与贵州联通开始了5G试验网的建设工作，携手成立全国首个5G应用创新联合实验室。同年，中国移动5G联合创新中心也在贵阳设立地方开放实验室，与贵阳共同开展5G示范应用研究，推动5G商业化发展。2018年12月，基于5G技术的无人驾驶应用、无人机应用、AR/VR应用、智慧交通管理应用、智慧市政管理应用、智慧消防应用、智慧安防应用、智慧医疗应用、智慧校园应用、智能制造应用、智慧园区及智慧社区等12项5G应用示范项目成果正式发布并在"数博大道"启动建设。贵阳正在加快构建5G技术多场景综合应用模式，聚焦5G产业上下游招商，打造5G产业生态链，切实推动5G技术和应用创新走在全国乃至全球前列，不断做大做强数字经济。

在新的5G发展进程中，贵州将积极开展5G基础设施建设，丰富应用场景内容。积极开展5G试点城市建设，支持运营商推进5G网络部署，组织开展规模试验和测试，针对重点场景和重点技术进行充分验证，加快推进5G试商用进程；发展5G硬件制造业，重点围绕毫米波传输系统、全双工通信系统、大规模天线阵列、超密集组网、新型多址、全频谱接入等核心技术，设计生产满足对连续广域覆盖、热点高容量、低功耗大连接等场景通信要求的各类5G设备；发展5G创新应用，在密集住宅区等超高流量密度、高铁等超高移动性场景、体育场等超高连接数密度场景的应用试验，研发视频监控、车联网、移动医疗、智能制造、虚拟/增强现实、云办公、智慧城市、智能家居等领域的5G应用；在观山湖区、高新区、白云区、云岩区和南明区建立"1园1基地5试验区"的5G移动通信产业布局，为5G商用服务奠定基础，把贵阳打造成为5G商用融合创新的全国示范基地。

（四）以物联网建立数字经济新连接

物联网是利用局部网络或互联网等通信技术把传感器、控制器、机器、人员和物等通过新的方式联在一起，形成人与物、物与物相联，实现信息化、远程管理控制和智能化的网络。物联网是继工业和信息化革命后的又一场技术革命，它将人类社会带入到一个进步的智慧时代，催生出数十个万亿级经济市场，成为推动世界经济增长、社会进步的驱动器和生产力。随着万物互联时代的到来，物联网正成为继互联网之后又一个产业竞争制高点，利用物联网技术，实现快速反应科学决策，打造智慧城市，生态构建和产业布局正在全球加速展开。

2015年2月，国家发改委批复了《国家物联网重大应用示范工程贵州省区域试点总体工作方案》，同意贵州组织实施国家物联网重大应用试点，建设一批物联网重大应用示范工程，培育物联网骨干企业，构建西南地区综合物联网应用示范区。《贵阳市物联网产业专项规划（2018—2022）》中提出，以国家物联网重大应用示范工程为平台，以"物联贵阳"建设项目为抓手，建设城市低功耗广域窄带物联网，结合5G移动通信网络建设，发展物联网产业，提升物联网产业技术创新能力，强化物联网产业招商引智服务，建设物联网产业集聚区，实现万物互联和智能交互，促进国家大数据（贵州）综合试验区和"中国数谷"建设，发展数字经济，构建智慧社会。

目前，贵阳正加快实施"物联贵阳"工程，推进物联网感知设施规划布局，推动物联网行业应用，促进物联网产业发展。加快物联网基础设施建设，贵州电信、贵州联通、贵州移动、贵州广电等电信运营商大力推进NB-IOT、M2M等物联网部署和应用，建设基于低功耗广域网技术的城市物联网，2020年1月，共完成贵阳市1916个物联网站点的建设，可实现贵阳全部市区县城的连续覆盖。贵阳在智能终端、物联网传感器、物联网工程实施等方面，拥有贵阳海信、中电振华、雅光电子、汇通华城等一批骨干企业；在工业制造和现代农业等行业领域、智能家居和健康服务等消费领域形成了一批运营服务平台和商业模式。贵阳信息技术研究院完成了IPv6架构下物联网在乌当普渡河水源监测项目的示范应用，并计划在长冲河推广应用；贵阳广电网络开始实施基于LORA技术的物联网在燃气管道监控和针对电动车的治安管理方面的项目化应用；梯联网（贵州）科技有限公司研发的梯联网系统，基于GIS原理的无线通信技术与无线射频电子标识

（RFID），为每一部电梯安装的"智慧芯"，通过大数据计算、分析、应用，让每一部电梯实现了一键救援、电梯维保、电梯远程安全监管等功能；修文县建立猕猴桃质量安全物联网追溯系统，实现从种植、田间管理、病虫害防治、加工储存和市场销售全过程的追溯和统计分析。

未来，贵州将依托"物联贵阳"建设，重点发展物联网芯片与传感器制造业，引进和培育企业发展物联网芯片、电子标签（RFID）、传感器、智能网关等物联网硬件产品；同时以贵阳市作为物联网省级区域示范中心，发展城市物联网，通过国家顶级域名服务器节点全面支持IPv6服务，提升对全省的基础服务水平；以重点特色行业为示范龙头，发展物联网行业应用，大力推动以工业制造、旅游文化、节能环保、商贸流通等重点领域的物联网应用示范和技术集成，提升企业生产效率；发展城市物联网软件与运营服务业，大力推动城市管理、社会事业等领域的物联网整合协同应用与服务示范，促进基础资源和信息的共享。依托高新区科技研发和软件发展领先优势，建设贵阳物联网产业园，实现应用开发、运营管理、硬件制造等物联网产业集聚，打造贵阳物联网产业集聚区。

（五）以区块链构建数字经济新机制

区块链技术是基于多种技术组合而建立的信任、激励和约束机制，用自证清白的方式建立一种去中介化的信任机制，利用区块链规范价值传递过程，可以使互联网从混乱走向秩序，是新一代互联网的战略支撑型技术，为发展数字经济和创新互联网治理开辟广阔空间。习近平总书记在中央政治局第十八次集体学习时强调，"把区块链作为核心技术自主创新重要突破口，加快推动区块链技术和产业创新发展"。贵州充分利用国家大数据（贵州）综合试验区先试先行优势，大胆探索区块链领域，成为国内率先发布发展区块链地方宣言的城市。

如今，区块链浪潮再起，贵阳这座城市已深耕三年，以政策先行推动区块链产业快速落地发展。2016年12月31日，贵阳颁布全国第一部地方政府主导的区块链产业发展顶层设计—《贵阳区块链发展和应用》白皮书；2017年3月，贵阳通过建设贵阳区块链创新基地，对区块链市场进行引导与培育，较早打造出国内区块链产业聚集区；2017年5月，贵阳高新区推出《贵阳国家高新区促进区块链技术创新及应用示范十条政策措施（试行）》，在入驻支持、运营补贴、成果奖励、人才扶持、培训补贴、融资补贴、成果奖励、创新支持、风险补偿、上市奖励十个方面提供政策支持；2017年6月7日，贵阳发布《关于支持区块链发展和应用的若干政策措施（试行）》，加速推进区块链发展和应用，促进区块链各类要素资源集聚；2019年4月，工信部赛迪研究院发布的《2018—2019中国区块链年度发展报告》中，贵阳位列区块链政策环境指数全国首位，区块链综合指数全国第五，贵阳一系列政策的出台促进了区块链产业生态发展与形成。

贵阳敏锐洞察了区块链技术潜在变革力量与价值，率先开启区块链产业发展探索，使贵阳区块链产业发展在理论研究、技术应用、标准研制、产业生态等多个方面成果丰硕，成为国内区块链产业发展生态最为完善的地区之一，区块链产业发展在全国领先。2018年，区块链技术与应用联合实验室开发基于主权区块链理论实现的区块链平台——享链，该平台是第一款采用响应式编程实现的自主可控的许可链平台。此外，贵阳联合中国电子技术标准化研究院，围绕区块链应用的政、民、商等方向开展首批5项标准研制，并同步开展标准验证试点工作。截至2019年年底，贵阳已注册区块链企业100余家，其中贵州远东诚信管理有限公司、贵阳信息技术研究院、云码通数据运营股份有限公司等入选国家网信办境内区块链信息服务备案清单。由30余家区块链领域企业共同参与成立的贵阳区块链技术与应用产业联盟在区块链产业发展中的作用日渐突出。

自抢抓区块链产业发展价值机遇以来，贵阳深刻认识到区块链的发展需以应用为主才能长足发展，贵阳坚持以推动区块链在各领域的应用为主导，已落地了诸多典型的区块链应用成果。贵阳在民生、政务服务方面，落地了诸如"政府数据共享区块链应用平台""贵州脱贫攻坚投资基金区块链管理平台""掌上车秘APP"等应用成果，助力贵阳市深化"最多跑一次"的改革，实现数据跨部门跨区域共同维护利用；在版权保护方面，落地了"IP版权区块链""画版""CCDI版权云互联网登记平台"等诸多优秀应用成果案例，所有人可以通过平台的溯源系统对版权信息进行确权、维权，解决了版权确权难、维权难等问题；在金融方面，落地了"区块链票链""Tokencan""壹诺供应链金融平台""大宗商品清算结算"等在行业内具有一定话语权的应用成果；在溯源方面，由贵州广济堂药业有限公司研发的"医药区块链追溯共享平台"实现医药行业药品生产、流通过程各种数据的无法篡改。此外，贵阳还有基于"区块链+诚信"的"链上清镇·智惠城乡"诚信共享平台、基于"区块链+网络安全"的网络身份链凭证中心等应用成果。这些平台利用区块链创新重构行业形态，为行业解决诸多难点的同时，也为民众带来了极大的便利。

在新一轮的区块链应用中，贵州将开展区块链技术在金融领域、扶贫领域、征信领域、安全领域等方面的应用场景打造，加快把以区块链为核心和支撑的产业和应用做出规模、做出成效。贵阳将开展一批区块链场景应用，引进区块链产业链上的芯片、计算设备、基础链、联盟链软件和区块链应用等企业；加快推进区块链公共服务平台建设，完善贵阳区块链展示体验中心功能，加快推进创新发展基地、区块链发展联盟、区块链共性技术研发平台、区块链测试中心、创新发展基金等公共服务平台建设；开展区块链应用场景，推广扶贫链、身份链、诚信链等重点项目，推动区块链技术在金融、扶贫、征信、安全、政务和民生等领域的应用示范，加快培育区块链市场；发展区块链软硬件产业，探索推动区块链关键核心技术的研发突破,引进培育一批区块链技术平台核心企业,研发区块链芯片、设备、点对点网络、加密计算、共识算法、分布式数据库、跨链计算等关键技术,发展基础公链、联盟链和区块链云计算服务,力争五年内实现50亿元的产值规模。区块链技术迅速应用发展必将为贵州大数据带来新一轮蓬勃发展的机遇。

第三章

数博五年
战略策源地,发展风向标

参加数博会,已经成为全球大数据业界的一个约定和时尚,是社会各界汲取丰富营养、收获创新智慧的一种共识和追求。作为全球首个以大数据为主题的博览会,凭借其国际化、专业化、市场化领先优势,秉承"全球视野、国家高度、产业视角、企业立场"办会理念,紧扣"数据创造价值 创新驱动发展"会议主题,自2015年举办第一届开始,已经走过了五个年头,从声声质疑到行业引领,数博会已然成为充满合作机遇、引领行业发展的国际性盛会,成为共商发展大计、共用最新成果的世界级平台。"一梦江湖费五年",五年,可文遍江湖。"五年再照大江明",五年,亦可再照一个大江明。对一座城市来说,五年足以创造一个奇迹,成就一段史,成全一个梦。如果说大数据让贵州、贵阳站在了世界的面前,那么数博会则让贵州、贵阳吸引了全世界的目光,成为全球瞩目的焦点。

第一节 数博会：
国际性盛会，世界级平台

云上贵州聚八方宾客，数谷贵阳绘数据蓝图。作为全球首个大数据主题博览会，数博会自2015年创办以来，云集全球嘉宾，共商发展大计、共用最新成果，已成为全球大数据发展的风向标和业界最具国际性和权威性的成果交流平台。来自不同国家和地区的嘉宾以及海内外企业汇聚一堂，探讨大数据未来前景，集中展示全球大数据新技术、新业态、新模式，共享大数据时代发展带来的新机遇。

（一）数博回眸：与时代同频共振的全球盛宴

自2015年创办以来，数博会致力于研判大数据发展动态，聚焦行业热点、痛点和难点，精心规划每届展会的主题和话题，同步呈现了全球大数据产业快速发展的完整历程。历届数博会均受到国家领导的关怀和指示。习近平总书记连续向两届数博会发来贺信。国务院总理李克强、时任副总理马凯、全国人大常委会副委员长王晨先后出席前五届数博会开幕式并致辞。数博会始终注重创新、融合与开放，围绕大数据最新技术创新与成就，开展高端对话、系列论坛、大赛、展览会等丰富多彩的活动，与来自不同国家和地区的政要、知名企业家、专家学者、协会组织、科研机构及媒体，共话大数据前沿热题，共绘大数据发展蓝图，共享大数据时代发展新机遇。

1. 2015年："互联网+"时代的数据安全与发展

2015年5月26日至29日，贵阳市委、市政府以"'互联网+时代'的数据安全与发展"为年度主题在贵阳举办首届"2015贵阳国际大数据产业博览会暨全球大数据时代贵阳峰会"。作为全球首个以大数据为主题的展会和峰会，数博会聚集了全国、全球的目光，李克强总理发来贺信，时任国务院副总理马凯出席开幕式并发表重要讲话，马云、郭台铭、马化腾、雷军等业界"大腕"出席并演讲。以数博会为契机，贵阳确定了大数据产业发展的基本方向，"中国数谷"从这里崛起。

此次数博会吸引了全球500强、知名央企和互联网、金融、通信、能源、民航、高端制造、电商、行业协会等近1000家企业和机构云集贵阳；惠普、京东、谷歌、华为等380余家全球大数据领域领军企业展示大数据应用。同时，数博会中还举办了贵州大数据产业发展示范项目参观、《大数据》创刊仪式、电子竞技产业启动仪式、机器人大赛助力数博会、大数据时代下的精准零售技术交流会等主题活动，为企业展示技术成果、寻求合作交流搭建了平台、创造了机会；发布了《大数据贵阳宣言》，贵阳先后与中国信息安全测评中心等40家企业和机构签订战略合作协议，有力促进了国际性资源向贵州聚集。65家境内外媒体，610余名记者云集贵阳，贵州卫视和人民网等10家媒体对数博会开幕式进行了全程直播。

2. 2016年：大数据开启智能时代

2016年5月26日至29日，以"大数据开启智能时代"为年度主题的数博会在贵阳成功举办。随着大数据发展上升为国家战略，数博会由国家发改委、工信部、商务部、中央网信办、贵州省人民政府共同主办。李克强总理出席开幕式，全球知名企业大佬、大数据领军人物、专家学者等20000多位国内外来宾齐聚一堂，共襄盛会。2016数博会期间先后举行了总理与企业家对话会、开（闭）幕式、68场论坛、17个系列活动及贵阳大数据国际博览会，同时，还发布了《2016中国电子商务创新发展峰会贵阳共识》。

李克强总理在开幕式上的演讲，站在历史和未来的高度，积极把握时代潮流，深刻阐述了以互联网、大数据等为代表的新技术对经济社会发展的重要意义和深远影响，系统提出了推动新经济发展和传统产业转型升级，发展共享经济，通过简政放权、放管结合培育发展大数据等信息网络产业，在开放和发展中实现信息安全等重大主张，引起了国际社会的热烈反响和广泛肯定。国内许多在大数据领域具有世界影响力的企业家、创客、领导人提出了一系列极富建设性、引领性的观点建议,交流了许多新做法,传播了许多新经验,提出了许多新观点,探索了许多新思路,达成了许多新共识。

2016数博会吸引了来自全球21个国家和地区的1500余名具有世界影响力的专家学者、行业精英云集数博会,并围绕大数据开放共享、大数据安全、大数据生态链、大数据标准化等内容开展了卓有成效的交流碰撞,期间专业观众超过1万人。同时,包括阿里巴巴、腾讯、微软等30多家国际型企业,超过30%的Top100大数据解决方案提供商,以及国外初创型企业等300余家企业和机构展示了超过1000项如VR、AR、人工智能、大数据综合解决方案、高端服务器、大数据可视化、云平台等前沿技术。

会展期间,数博会充分发挥窗口作用,开展了涉及大数据核心业态、关联业态和衍生业态等内容的展会、洽谈、项目签约活动,与联合国开发计划署、高通、英特尔、NIIT等国内外知名企业和机构签订合作协议,推动了一批重大项目实验室、系列创新成果落地,为国内外大数据业界搭建了一个交流合作、共筑共享的大平台。经过此届数博会的前沿信息与科技的滋养,贵州大数据事业正成长为茁壮的"智慧树"和流光溢彩的"钻石矿"。

3. 2017年:数字经济引领新增长

2017数博会是贵阳数博会升格为"国家级"盛会后的第一届,大会以"数字经济引领新增长——开启数字化转型"为年度主题,围绕"同期两会、一展、一赛及系列活动",举办了开(闭)幕式、高峰对话、电商峰会、专业论坛、专业展览、成果发布、商务签约、观摩交流等156项系列活动,国内外316家企业和机构参展,展览面积6万平方米,8.7万余人参加。数博会期间,吸引了来自全球20个国家的514名嘉宾参会,其中大数据、互联网、人工智能、区块链等相关领域的国际知名企业、研究机构的首席技术官、首席科学家及主要研究人员占比达47.1%。苹果、微软、谷歌、亚马逊、英特尔、甲骨文、IBM、戴尔、思科、高通、NTT等世界知名互联网和大数据企业全球高管152人参会。会议开幕式上,国务院总理李克强发来贺信,时任国务院副总理马凯出席开幕式并做重要讲话,为贵州大数据发展指明了方向。

本届数博会,既有区块链、机器智能、虚拟现实等新兴技术成果的展示发布,又有国家大数据综合试验区、数字经济、智能制造、数据安全等宏观话题,无论是承办机构还是演讲嘉宾,多为国内外知名的权威机构和人士,体现了业界顶尖水平,为业内外人士献上了一场场大数据科技盛宴。特别是高峰对话从多人站台向专人专场转变,围绕"数字经济""工业大数据与智能制造""机器智能""人工智能""区块链"等前沿话题,专门设置了高峰对话,集聚了一批业界大咖、院士专家,成为各方关注的热点、焦点、亮点。与会人士认为,数博会已成为专业化程度最高、前沿技术最多的国际展示平台之一。

本届数博会还聚焦大数据产业发展与技术前沿,牢牢占据制高点，发布了以"十大黑科技"为代表的新技术，以《大数据蓝皮书》等为代表的新理论，以"小i情感机器人"为代表的新产品，以"全球大数据市场十大趋势预测""全球区块链应用十大趋势"等为代表的新判断，以《大数据优秀产品、服务和应用解决方案案例集》等为代表的新案例，以"大数据十大新名词"为代表的新标准，发布了中国大数据独角兽企业榜单。此外，数博会还展示了贵州在国家大数据综合试验区建设以及政府数据开放共享、大数据安全、区块链、人工智能等方面的创新思路、实现路径和建设成效。

4. 2018年：数化万物·智在融合

2018年5月26日至29日，以"数化万物·智在融合"为年度主题，围绕"同期两会、一展、一赛及系列活动"展开的2018年中国国际大数据产业博览会在贵阳成功举办。经历三届盛会后，2018数博会迎来了新的征程。这一年，习近平总书记专门为大会召开发来贺信，贺信在社会各界引发了强烈反响，这是具有历史性、里程碑意义的大事，标志着数博会和贵州大数据发展事业站在了新的起点上。

中央政治局委员、全国人大常委会副委员长王晨同志出席会议宣读贺信并发表重要讲话。习近平总书记在贺信中，对本届数博会的召开表示热烈的祝贺，对实施国家大数据战略提出了明确要求，充分体现了总书记对数博会的高度重视、对贵州的亲切关怀和深情厚爱。习近平总书记的重要指示站在造福世界各国人民、促进大数据产业健康发展、推动构建人类命运共同体的高度，深刻把握新一代信息技术给各国经济社会发展、国家管理、社会治理、人民生活带来的影响，精辟阐明了我国全面实施国家大数据战略、建设网络强国、数字中国、智慧社会，促进经济高质量发展的重大决策部署，积极倡导世界各国加强交流互鉴、深化沟通合作，共同推动大数据产业创新发展，共创智慧生活，为大数据发展进一步指明了方向、提供了遵循。

2018数博会共举办了开（闭）幕式、8场高端对话、65场专业论坛，其中数博会专场论坛56场、各市（州）和贵安新区分论坛9场，以及40场成果发布、81场招商推介、278场商务考察等系列活动，招商引资签约项目199个、签约金额352.8亿元，参会和观展人数超过12万人，国内外参展企业和机构达到388家，布展面积6万平方米，共展出超过1000项最新产品和技术与解决方案。"人工智能全球大赛""数博会之旅""数谷之夜"等主题活动精彩纷呈，51项黑科技、上百个大数据应用场景、十佳大数据应用案例等创新成果竞相发布。同期进行的2018中国电子商务创新发展峰会，以"新电商领动新融合，新时代助推新发展"为主题，举办了CEO沙龙、主论坛、8场分论坛以及年度盛典等活动，发布了《2017中国电子商务发展指数报告》，评选了年度智能商业技术典范、年度转型企业、年度新锐人物等十大奖项，达成了峰会贵阳共识，成为电商领域的年度盛会。

2018数博会紧盯大数据新理念、新思想、新技术、新产品、新模式、新应用,重点策划、创新推出"数博发布"特色品牌,举办了40余场系列成果发布活动;面向全球征集了500余项领先科技成果,严格评选并集中发布了大数据及关联产业的11项黑科技、10项新技术、20项新产品、10个新商业模式等51项领先科技成果,受到了专家、学者及观众的一致好评;首次发布贵州省大数据十大融合创新推荐案例,集中展示了大数据融合创新成果。30余家国内外知名企业在数博会上发布新产品、新技术,贵州易鲸捷公司的冷热数据分离异构介质存储架构、中科院的主权区块链底层技术平台等属全球首发,"数博发布"成为最具权威性和影响力的全球品牌。

5. 2019年:创新发展·数说未来

2019年5月26日至29日,以"创新发展·数说未来"为年度主题的2019数博会在贵阳成功举办,大会围绕"一会、一展、一发布、大赛及系列活动"展开。习近平总书记再次为数博会发来贺信。习近平总书记连续两年为数博会发来贺信,充分体现了对贵州、贵阳的特殊关怀,对贵州举办数博会、发展大数据产业的高度肯定。习近平总书记的贺信,为全省办好数博会和发展大数据产业注入了强大动力,指明了前进方向。

中央政治局委员、全国人大常委会副委员长王晨同志再次出席会议,在开幕式上宣读了习近平总书记贺信并发表重要讲话。本届数博会除开(闭)幕式及会见活动外,共举办了162场活动,其中高端对话9场,专业论坛和商业论坛53场,展馆活动18场,数博发布26场,大赛6场,系列活动24场,其他市(州)活动26场。参会和观展人数超过12.5万人,参会企业(机构)4847家,参展企业(机构)448家,布展面积6万平方米,共展出超过1200余项最新产品、技术和解决方案。签约项目125个、签约金额1007.63亿元。参会嘉宾一致认为,2019数博会引领了大数据融合创新的未来之路,开启了携手构建大数据时代人类命运共同体的探寻之旅。

2019数博会吸引了来自全球大数据政、产、学、研、媒的行业精英、业界领袖,共有26008名嘉宾参会,其中核心重要嘉宾1574人。国内参会省部级领导21名、司局级领导352名,多为与大数据领域密切相关的行业主管部门负责人。共有61个国家及地区的803名境外嘉宾参会,其中"一带一路"沿线国家有36个,巴西、荷兰、捷克、黑山、乌克兰等20个国家属首次参会。外国政府和国际组织参会核心嘉宾157名。国内外行业协会132人参会,其中国外行业协会77人。境外参展企业156家,其中英国和美国企业较多。

2019数博会面向全球征集到领先科技成果614项,评选出最前沿、最具颠覆性、最具影响力、最具创新性的领先科技成果奖49项,包括360安全大脑、一站式AI开发平台、液冷系统研究及应用等10项黑科技,蚂蚁风险大脑、知识技术云服务等10项新技术,CirroData分布式数据库、智能OCR数据化产品等20项新产品,"天眼+安服"安全运营服务、腾讯安心计划平台等9个新商业模式。会上还发布了2019数博会"十佳大数据案例"以及26项创新成果,能弯曲的手机柔性屏幕、能带上手腕的"石墨烯柔性手机"、人像大数据识别系统、世界最轻电动折叠车等前沿科技惊艳亮相。华为、希捷、中国联通、浪潮、同方知网、小i机器人、远光软件等多家企业自主发布了新产品、新技术。"数博发布"已成为全球大数据行业权威发布平台和竞技展示窗口,到数博会发布大数据新技术、新产品、新成果,成为越来越多企业及行业机构的第一选择。

2019数博会六大赛事聚焦大数据融合创新和应用转化,更具实战性、对抗性、前沿性、国际性,吸引了来自美国、德国、以色列、英国、加拿大、澳大利亚、巴西、印度等20个国家和地区的2500支创业团队报名参赛,团队核心成员超过18000多人。其中,仅人工智能全球大赛、无人驾驶全球挑战赛、DataCon大数据安全分析比赛就吸引了全球2000支团队,参赛选手既有顶尖人工智能、机器人工程师,又有来自斯坦福大学、伯克利大学等国际顶级高校的博士生。六大赛事参与广泛、影响深远,竞争激烈、精彩纷呈,成为引领创新创业的新风口。数博会系列活动还融入了大数据元素、彰显大数据文化、描绘数字化生活,形式多样、创意独特,营造了浓浓的"数博味"。

数据创造价值,创新驱动未来。数博会创办五年来,始终秉承"全球视野、国家高度、产业视角、企业立场"的办会理念,坚持"细致、精致、极致"和"安全、周全"的办会标准,实现每届成功、圆满、精彩举办,不断刷新着嘉宾层次、组织形式、参会规模、参会成果等一项项纪录。数博会成为全球大数据发展的风向标和业界最具国际性和权威性的成果交流平台。"大数据+"正在各个行业领域不断运用，大数据开启了智慧生活，越来越多的人享受到大数据带来的发展红利。

（二）数博品牌：一会、一展、一赛、一发布

经过持续积淀，数博会在全球打响了"一会、一展、一赛、一发布"的国际品牌，成为贵州建设国家大数据综合试验区的旗舰。"一会"即中国国际大数据产业博览会，邀请全球顶级大数据企业和大数据领军人物同台论道，深度探讨大数据应用技术难点、需求痛点及解决方案；"一展"即中国国际大数据产业博览会专业展，集中展示大数据与数字经济、公共服务、产业升级、生态治理等深度融合的新技术、新产品、新方案和新应用；"一赛"即每年数博会期间举办的专业赛事，包括大数据融合创新、人工智能、网络安全等一系列主题；"一发布"即"数博发布"，在数博会期间发布全球大数据领先科技成果、公益成果以及企业成果。

1. 一会：引领全球大数据创新的思想盛宴

从数博会创办时的开篇理念"'互联网＋时代'的数据安全与发展"到"大数据开启智能时代"，再到"数字经济引领新增长""数化万物·智在融合"，再到第五届的"创新发展·数说未来"，贵州引领着全球大数据的理念创新，实现大数据理念在传

承中发展，在发展中不断创新。数博会举办以来，充分发挥贵阳大数据思想策源地的功能，为全球大数据理念交流提供了一个包容、开放的平台，来自世界各国的专家、学者、企业家和政府工作者围绕大数据前沿理念展开深入的交流，形成大数据领域百家争鸣、百花齐放的生动局面。

2015数博会，围绕大会主题"数据创造价值、创新驱动未来"，结合年度主题"大数据开启智能时代"展开了高端对话、深度交流、前沿成果展示。大会分别安排创新与实践、变革与趋势、数据安全与发展、国际合作与交流四个讨论版块。马化腾、郭台铭、李彦宏等业界大咖参会，围绕大数据开放共享、大数据安全、大数据生态链、大数据标准化等内容交流了新做法，引发了有关大数据方向的"头脑风暴"，在大数据思潮的碰撞与交锋过程中传播了新经验，提出了新观点，给出了新对策。

2016数博会，围绕"大数据开启智能时代"的年度主题，与会嘉宾就国家大数据综合试验区、数字经济、区块链技术、数字安全与风险控制、数据共享与开放、人工智能、智能制造7大版块的内容进行交流，围绕数字经济、区块链技术、数据开放共享、人工智能、"一带一路"大数据人才等最新热门话题开展了深入探讨，产生了很多具有前瞻性、引领性的新思想、新观点和新论断。

2017数博会，围绕"数字经济引领新增长"的年度主题，以全球大数据领域的焦点和热点为关注点，以数字经济相关的新技术与新趋势为方向标，业界精英就机器智能——超越人工智能新时代、数字经济——"开启数字化转型，培育增长新动能"、人工智能——AI生态极智未来、工业大数据与智能制造——引领行业变革、区块链——开启价值互联网时代等主题，进行了主题演讲和对话交流。同时，在"同期两会"的2017中国电子商务创新发展峰会上，与会嘉宾以"聚合创新要素 赋能实体经济"为主题，重点探讨了如何加速电商提质、深化电商与实体经济深度融合、助力供给侧结构性改革等前瞻性议题，为全球人工智能、电子商务和数字经济的发展提供了理论支撑。

2018数博会以"数化万物·智在融合"为主题，围绕大数据最新技术创新与成就举办各类论坛，重点探讨大数据和各行各业深度融合的成果和问题，探寻大数据发展的时代变革。会议吸引了661位国内外嘉宾同台竞技、论剑交锋，特别是万物互联、人工智能、区块链、数据安全、"大数据+大健康"、工业互联网、精准扶贫、数字经济等8场高端对话，成为参会嘉宾瞩目的焦点。此外，百度、阿里巴巴、腾讯三大企业掌门人再次相聚，在各个高端对话上发表精彩演讲，也是数博会的一大看点。

2019数博会以"创新发展·数说未来"为年度主题，从大数据对宏观经济影响、大数据技术创新、大数据融合应用及大数据安全保障四个层面出发，分别围绕"数字经济、技术创新、融合发展、数据安全、合作交流"五大方向，邀请全球顶级互联网企业和大数据领军人物同台论道。期间，诺贝尔经济学奖获得者保罗·罗默、图灵奖获得者威特菲尔德·迪菲也出席参与了此次盛会,深度探讨大数据应用技术难点、需求痛点及解决方案。此外,2019数博会首次设置主宾国,在数博会期间举办本年度主宾国的大数据专题活动,围绕主宾国大数据相关成果,为主宾国与参会嘉宾提供技术分享及交流合作的平台。

2. 一展:引领全球大数据应用创新的展会

数博会专业展通过提供全球大数据产业研究、应用及前沿成果展示与交流的平台,为世界近距离了解中国市场环境和国内消费需求提供了绝佳机会,推动全球大数据应用和商业模式的协同创新。同时,展会紧抓数博会的全球效应,积极加强与国内外知名企业发布前沿成果、领先成果权属机构的沟通对接,探索共建有效的成果合作机制,争取和促进这些领先成果在贵阳落地转化并作为"贵阳样本"走向世界。

2015数博会上,专业展集中设置了国际精英馆、大数据应用馆和大数据设备馆三个展示区域,分门别类地为嘉宾呈现最新的技术与成果。国际精英馆汇聚了华为、中兴、英特尔、戴尔等380余家全球大数据领域领军企业和行业巨头,集中展示了企业与大数据相关项目和应用,分享了利用大数据分析业务、把脉市场的方案;大数据应用馆重点展出以丹麦、瑞典、日本为代表的智慧城市板块,以及以携程、去哪儿等公司为代表的大数据旅游板块;大数据设备馆主要以工信部工业文化中心组织的"智能制造、智慧生活"作为典型案例,为与会嘉宾建造出未来城市的初步蓝图。

2016数博会的展示规模相对扩大，展会突破上一届按用途分类的方式，直接以大数据行业应用、人工智能、智能制造、互联网金融等大数据应用板块展现全球最高端技术和最新应用，展示超过1000项最新技术、产品和解决方案，包括VR、AR、人工智能、大数据综合解决方案、高端服务器、大数据可视化、云平台等前沿技术。开展期间，各企业和机构在展场展示了企业的新产品与新技术，阿里巴巴的智能物联平台、SAP的"数字体育场"、英特尔的AR增强现实虚拟产品、戴尔的虚拟现实开发、华为的全球首款32路开放架构Kunlun小型机新品、富士康的自助式渲染云平台、智臻科技的小i虚拟机器人、奇虎360的电子政务云等多种新品首次亮相，打通了企业科技成果产业化的"最后一公里"。

2017年，戴尔、甲骨文、浪潮、腾讯、神州数码、软通动力等多家知名企业利用数博会平台召开高端客户会和区域经理会。富士康、阿里巴巴、小爱机器人、传化、京东、茅台集团等企业和机构利用数博会举办的契机共发布了46项新技术、新产品。情感机器人、可卷曲柔性显示屏、中国光量子计算机、黑盒化物联终端、无人操控节能中央空调、蜂能智能用电网络平台、唇语识别技术、智慧防火墙、石墨烯柔性手机、3D商品展示等入选2017年"十大黑科技"。

2018数博会在创新布局上表现得可圈可点，在形式上为参展企业提供多样化的展示平台，此次专业展按照"6+1"（"6"即国际综合馆、数字应用馆、前沿技术馆、数字硬件馆、国际双创馆、数字体验馆六大主题展馆；"1"即"一带一路"国际合作伙伴展区）的布局来设置。在内容上更加聚焦产业定位，变"招展"为"选展"，"以展筑巢"聚才汇智，吸引了中外企业达388家参展。展会上，51项黑科技，数百个大数据应用场景和应用案例，千余项行业的最新商业形式和最佳处理方案，以及AI、VR、AR、可穿戴设备等创新成果竞相发布。此外，此届数博会首次开设"一带一路"国际展区国际合作伙伴城市展区，吸引了外国政府、外国行业协会和企业展团集中亮相，相互交流、相互借鉴，共商大数据发展大计。

2019数博会展览设置了国际前沿技术、行业数字应用、创新创业成果三大版块，以及"一带一路"合作伙伴展区、数博会五周年回顾展区，集中展示大数据与数字经济、公共服务、智能制造、产业升级、生态治理、智慧生活等生产生活领域的全面渗透和深度融合，全面呈现大数据产业产品、技术、应用及服务的最新成果及发展态势。展会上，易鲸捷、满帮、数联铭品等多家贵州、贵阳本土企业向需求方呈现了最新科技产品以及可视化解决方案，成为本次数博会展览最大的亮点。此外，展会还单独设置了人工智能、5G技术、金融大数据、大数据试验区等专题展区，以及物联网、智慧城市、边缘计算、深度学习、数据隐私保护、自动驾驶、智能化管理等领域的前瞻性产品和技术展区，充分展示了大数据产业链的生态体系，引领大数据产业的发展方向。

3. 一赛：引领全球大数据技术创新的赛事

结合全球大数据的发展趋势，以及所面临的痛点、难点等，每届数博会都举办了不同主题的大型国际性赛事，吸引来自世界各地的企业、创新创业人才及团队竞相角逐，在竞争中寻求解决方案，并推动方案落地实施，引领全球大数据技术创新。每届赛事参与广泛、影响深远，竞争激烈、精彩纷呈，成为引领创新创业的新风口。

2015年举办的贵阳大数据草根创新公开赛围绕"大数据倒逼政府改革"和"大数据改善民生"两大主题展开大数据创新创业竞赛。其中，创意征集阶段共评选出"证券大数据分析及应用平台""塑料垃圾转化清洁燃油""税收大数据监测与分析"等100个优秀创意项目；项目应用阶段共评选出"FII智能穿戴及健康解决方案""艺藏文化"等18个优秀项目。大赛激起了全民创新的热潮，对构建"大众创业、万众创新"的创新创业生态系统，推动大数据技术在政府改革和民生改善方面的应用具有重要意义。

2016年举办的首届中国痛客大赛，力求从需求端出发，将无处不在的需求转化为无处不在的价值。大赛共收到涵盖公共管理、社会信用、食品安全、社会医疗、新能源技术等社会各领域的2700个"痛点"，提出了大数据技术在轻资产融资、医养结合、宏观经济监测等方面的应用模式和解决方案。同期还举办了2016中国国际电子信息创客大赛暨"云上贵州"大数据商业模式大赛，共征集参赛项目1万余个，吸引了1.3万余支参赛团队、4万余人参加,覆盖国内外70多所知名院校和研究机构,规模创同类赛事第一。

2017年举办了中国国际大数据挖掘大赛,赛事旨在依托贵州高水平的政府数据资源,从全球范围内"挖掘"优秀数据、发现创新企业和项目,建造大数据向数字经济跨越的桥梁,推动数字经济新业态形成。大赛参赛选手采用一系列政府开放数据进行数据挖掘,其中包括14个政府开放数据平台的9000多个数据集,1600多个数据接口。全球19个国家和地区的12646支项目团队,5万多人参赛。大赛项目覆盖政务、医疗、交通、金融、教育等多领域的应用,展现了大数据挖掘、清洗、分析等前沿技术的最新应用和独特魅力。

2018年举办的中国国际大数据融合创新·人工智能全球大赛,搭建了国际化人工智能交流平台,吸引了来自全球15个国家和地区的1000余支团队报名参赛,大赛为参赛者提供了来自交通、医疗、民生等十个类别的实际场景和行业数据。真正实现大赛与实体经济、社会痛点紧密结合,利用人工智能帮助解决实际问题,推动大数据融合创新生态圈建设,为推动互联网、大数据、人工智能和实体经济深度融合注入新动能。

2019年举办的2019数博会工业APP融合创新大赛、"智税·2019"大数据竞赛分别围绕我国工业技术软件化、税务数据管理和风险控制开展竞赛,旨在通过复杂而丰富的应用场景调试系统性能,提升大数据开发和应用水平,推动我国工业和税务领域智能化变革。此外，2019贵阳大数据及网络安全精英对抗赛，以实网对抗形式探索了数据安全路径，推动对抗演练"贵阳模式"迭代升级，助力国家级大数据安全靶场建设。

4. 一发布：引领全球大数据成果的发布会

为进一步提升数博会的国际化水平，除了传统的办会模式外，组委会在2018年正式面向全球的政、产、学、研各界发布"数谷论道——2018数博会论坛全球征召令"，其成果征集类别包括领先科技成果发布、公益类发布和企业自主发布，翻开数博会——"数博发布"的新篇章。参会嘉宾及观众通过"数博发布"，可共同见证领先科技成果带来的时代颠覆与震撼，先行领略最前沿科技带来的创新性商业模式与新业态，率先感受领先科技为生产生活带来的新变革与新思维。

2018数博会创新推出"数博发布"特色品牌，面向全球征集到500余项领先科技成果，严格评选并集中发布了大数据及关联产业的11项黑科技、10项新技术、20项新产品、10个新商业模式等51项领先科技成果，受到了专家、学者及观众的一致好评。首次发布贵州省大数据十大融合创新推荐案例，首次展示"中国天眼"超算技术应用成果，集中展示了大数据融合创新成果，以及《中国地方政府数据开放平台报告》《中国数谷》《块数据4.0：人工智能时代的激活数据学》等理论著作。期间，企业还自主参与贵阳联通5G试验网发布、卓繁信息无人值守受理站发布、"AI+融无止境"2018年新品发布会、建筑大数据云服务平台发布会等活动。

2019年数博会期间,在领先科技成果方面,"数博发布"已向全球征集到领先科技成果614项,评选出"黑科技"10项、"新技术"10项、"新产品"20项、"商业模式"9项共计49项领先科技成果。在公益类发布方面,由国家信息中心、数博会组委会共同发布《国家大数据产业发展指数》,同时"一云一网一平台"建设阶段性成果、《2019贵州大数据与实体经济深度融合评估报告》《块数据5.0:数据社会学的理论与方法》以及数博会"十佳大数据案例"等公益类成果在此届数博会上发布。企业自主发布方面,华为、希捷、满帮集团、中国联通等30多家企业在数博会上自主发布了新产品、新技术。

(三)数博效应:共图全球大数据发展新未来

贵州已成功举办了五届中国国际大数据产业博览会,数博会成为全球大数据发展的风向标和业界最具国际性、权威性的平台。以数博会为标志,大数据不仅改变了贵州、贵阳对世界的认识,同时,也改变了世界对贵州和贵阳的认识,数博会已然成为贵州、贵阳一个创新的符号,一个自信的品牌。在大数据时代的风口上,贵州、贵阳把握了先机,勇于并敢于站在新科技革命和新产业变革交叉融合的引爆点上,这种"勇"和"敢"本质上就是文化自信,是一座城市的自我觉醒。

1. 后峰会效应显著,数字经济蓬勃发展

从一张白纸,到全国多个"大数据"之首,贵州的"朋友圈"

越来越大，苹果、高通、微软等一批全球前十的互联网企业和阿里、华为、腾讯等国内互联网领军企业在贵州聚集，货车帮、易鲸捷、白山云科技等一批本土龙头企业正在不断壮大。

以省会贵阳为例，数博会已经成为贵阳对外开放与成果转化的一个重要平台。截至2019年，贵阳累计签约项目476个，签约总金额达888.49亿元，多项世界先进成果在贵阳得到落地转化，为贵阳经济社会快速发展注入了强劲动能。据中国信息通信研究院公布的《中国数字经济发展和就业白皮书（2019年）》指出，贵州数字经济增速超过20%，数字经济吸纳劳动力增速达18.1%，两项指标均名列全国第一。国家大数据（贵州）综合试验区建设向纵深推进，加速构建大数据新业态、新模式，贵州大数据发展进入了新阶段。

好风凭借力，送我上青云。抓住数博会的举办契机，更多的企业找到了转型升级的解决方案，贵州通过深入推进"千企改造""万企融合"等行动方案，推动新旧动能转换，实现经济高质量发展。以数博会为起点，如今的贵州、贵阳这块"试验田"从"无"渐趋"无穷"，渐具规模。守好发展和生态"两条底线"，用好数博会这一重要对外开放平台，大数据正助力贵州乘"云"而上，促进高质量发展跃上新台阶。

2. 引进来走出去，"朋友圈"越来越大

世界正在经历百年未有之大变局，对于新一轮科技革命和产业变革来说，现在不是害怕失败而裹足不前的时候，人工智能、机器人和物联网必将会影响全球的商业,那些不主动去抓住未来趋势的企业,必将会被淘汰。面对这一划时代性的挑战,需要各国携手应对,秉持开放、合作、包容、普惠的原则,共享发展机遇,加强交流合作,将自身经验相互借鉴,共商大数据发展大计。

数博会经过五年的打造已成为全球大数据领域的顶级盛会,这其中离不开自身发展,更离不开持续扩大开放寻求交流合作。2019数博会上,最新的大数据前沿技术、领先应用成果、未来科技皆是万众瞩目的焦点。从中国内部的发展进程和模式来看,京、津、冀、黔四地共同签署了大数据发展战略合作协议,探索大数据产业发展地区合作模式。从参与数博会的境外来宾来看,与会境外嘉宾分别来自61个国家及地区,同比增长了96.8%和38.4%;境外参展企业156家,同比增长了178.57%。参会嘉宾除分享展示探讨大数据相关创新成果与发展路径,还共同参与"大数据与全球减贫"高端对话活动,分享本国减贫经验,积极出谋划策,助力全球减贫。与此同时,贵阳借助数博会的平台,与全球排名第一的孵化器Founder Space、加拿大归国人才团队、美国硅谷人才汇等优质团队签署共建跨国创新人才孵化、培训、交流的合作协议,并启动了一批协同创新科研平台,牵头组织国家大科学计划和大科学工程等实践,为全球范围内科技创新事业贡献中国智慧和中国方案。

3. 推动大数据发展构建人类命运共同体

新一轮科技革命和产业变革在给人类社会带来高质量、高速度、高效益发展红利的同时，还附带着数据隐私安全、网络乱象治理等方面的全球性问题与难题，迫使人类又一次站在十字路口：互利共赢还是零和博弈？如何回答这些问题，关乎各国利益，关乎人类前途命运。习近平总书记指出，"没有哪个国家能够独自应对人类面临的各种挑战，也没有哪个国家能够退回到自我封闭的孤岛""创新成果应惠及全球，而不应成为埋在山洞里的宝藏"。世界各国需顺应时代发展潮流，齐心协力应对挑战，开展全球性协作，共享大数据发展成果、共创智慧生活，共同推动构建大数据产业发展的责任共同体、利益共同体与命运共同体。

在"数据之都"贵阳连续召开的数博会，业已成为宣传人类命运共同体理念的"一扇窗"。数博会初出茅庐便能"圈粉无数"，"国际范儿"越来越足，其原因就在于其所持有的"国际化、专业化、高端化、产业化、可持续化"的发展理念。贵州借此契机搭建了以"交朋友、话发展、谋共赢"为主题的线上与线下互动平台，"人类命运共同体"伟大构想就此落地生根。借助互联网、大数据、云计算等信息技术，实现国家间沟通交流的"号准脉，全方位""找对题，无死角"；搭乘数字经济发展东风，增强彼此间的认同感、吸引力和融合度。随着大数据的成绩越显出色，数博会日益成为全球数字产业大咖们聚会交友、启迪灵感、寻找机会的"必选项"和"首选项"。

第二节 "数博大道":未来数字之城试验田

"数博大道"既是永不落幕的数博会,又将成为"中国数谷"核心区,更是未来数字之城的一个缩影。"数博大道"长约20公里、核心面积74平方公里,是以大数据、人工智能为核心的数字经济和以中高端消费和中高端制造为核心的实体经济高质量发展的重要载体,是集贵阳大数据落地生根的重要承载区、贵州大数据融合发展的先行示范区、国家大数据综合试验的集中展示区、全球大数据产业发展合作交流区等功能为一体的"中国数谷"的核心区,旨在建设成为充满合作机遇、引领行业发展、共商发展大计、共用最新成果的永不落幕的数博会。"数博大道"建设将成为数字贵阳的智慧化跑道、浓缩数字经济产业链的精彩大道、通往美好生活的未来大道,到2021年年底,贵阳将全面建成"数博大道"核心区,实现年产值达1000亿元以上,税收达100亿元以上,将"数博大道"核心区建成"百亿大道、千亿大城"。

(一)永不落幕的数博会

数博会引领全球大数据理念、技术和模式创新,逐渐成为中国乃至全球大数据发展的重要风向标。贵阳通过规划建设"数博大道",突出引领性和示范性,汇聚全球大数据顶尖产业,集聚全球高端创新要素,全面展现我国大数据发展的探索实践进展,系统展示全球大数据发展的最新成果;把"数博大道"建设成为充满合作机遇、引领行业发展、共商发展大计、共用最新成果的世界级平台,上演永不落幕的数博会。

"数博大道"通过充分整合并优化配置资源,集聚高端创新要素,以大数据应用场景为突破口,以吸引一批贡献率高、成长性快、竞争力强的高端、高新企业为关键,建设成为贵阳大数据落地生根的重要承载区;以大数据金融为发展主线,以打造一批高水平的大数据融合发展示范项目为抓手,建设成为贵州大数据融合发展的先行示范区;以开展数据资源管理与共享开放、数据中心整合、数据资源应用、数据要素流通、大数据产业集聚、大数据国际合作、大数据制度创新等七个方面系统性试验为重点,建设成为国家大数据综合试验的集中展示区。

贵阳大数据落地生根的重要承载区。 "数博大道"将充分发挥贵州大数据发展的先天优势和先行优势,以大数据应用场景为突破口,进一步集聚大数据发展的关键性要素,着力吸引一批贡献率高、成长性快、竞争力强的高端、高新企业，形成产值密度高、创新能力强的数字经济特色产业集群，推动大数据与各行各业深度融合，促进产业转型升级，全力打造大数据产业生态体系，提高大数据对经济社会发展的贡献率，建成有特色、可示范的大数据产业发展集聚区。

贵州大数据融合发展的先行示范区。2018年，贵州启动"万企融合"大行动，以大数据金融创新为发展主线，充分发挥市场在资源配置中的决定性作用，更好发挥政府作用，以企业为主体推动大数据融合发展，助力贵州"数字经济"发展，打造一批高水平的大数据融合发展示范项目，形成可复制、可推广的融合技术、融合产品、融合模式。通过融合发展，推进"数博大道"上大数据与实体经济、政府治理和社会服务深度融合，形成一批智能制造、大数据金融、智慧旅游、智慧健康、智慧交通、数智社区等新业态，打造国际领先、国内一流的数字城市典范，为加快建设数字中国贡献贵州智慧，提供贵州方案。

国家大数据综合试验的集中展示区。贵阳作为首个国家大数据综合试验区核心区，从一张白纸到一幅蓝图、一片发展热土，形成以大数据为引领的创新驱动发展格局，发挥试验区与核心区的表率作用，助推国家大数据（贵州）综合试验区核心区建设从"风生水起"转入"落地生根"新阶段，打造"数字中国"的缩影。为了用足、用好国家大数据综合试验区的先行优势，贵州在数据资源管理与共享开放、大数据制度创新、大数据产业集聚等方面开展系统性试验，以"数博大道"建设为抓手，以数据集中和共享为途径，建设国家大数据（贵州）综合试验区展示中心，推进全球技术融合、业务融合、数据融合，实现跨层级、跨地域、跨系统、跨部门、跨业务的协同管理和服务，加快形成可借鉴、可复制、可推广的实践经验，发挥辐射带动和示范引领作用。

全球大数据产业发展的合作交流区。建立全球大数据产业发展的合作交流机制，贵州将开展多领域国际合作，打造互联网、大数据、人工智能最新成果的"贵阳发布"、贵阳展示国际品牌，在全球范围内有效整合、配置和利用大数据资源，提高大数据产业创新体系运行效率和质量，提升大数据发展国际竞争力。进一步加强大数据治理的政策储备、标准制定和规则研究，占领大数据发展的规则制高点，为全球大数据发展贡献中国方案。

（二）"中国数谷"的核心区

"数博大道"按照"世界眼光、国内一流、数化万物、产城融合"的总体要求，以"轴线串联、点面结合、生态优先、高端集聚"为原则，以"规划设计突出引领性、建设时序注重科学性、配套设施体现智慧性、招商引资坚持前瞻性、统筹调度保持系统性、投资融资确保规范性"为导向，以大数据金融城、大数据产业城、大数据健康城、大数据智慧体验集聚区"三城一区"为主线，按照"一年规划设计、两年集中建设、三年完善提升"步骤，用三年时间,集中力量全面建成"中国数谷"核心区。

以贵阳大数据交易所为核心建设大数据金融城。以贵阳大数据交易所改造提升为核心,贵州将打造金融产业发展要素聚集度高、成长性好,集政务、孵化、展示、交易于一体,在全国有影响力的大数据金融城,同时布局大数据市民服务中心和国家大数据(贵州)综合试验区展示中心;建设面向全国乃至全球提供完整的数据交易、结算、交付、安全保障、数据资产管理和融资等综合配套服务,集国家大数据跨境数据交易平台、全球大数据交易平台、大数据衍生产品电子商务平台、大数据交易综合市场为一体的大数据交易所;建设国内领先、国际一流的集政务服务、城市运行指挥、公共资源交易、智慧服务呼叫、个人数据管理为一体的大数据市民服务中心;建设系统展示国际国内大数据产业发展脉络和发展战略、全球前沿技术创新和研发成果、贵州贵阳大数据发展成效与模式的国家大数据(贵州)综合试验区展示中心。

以大数据创新广场为核心建设大数据产业城。以大数据创新广场为核心,围绕"一品一业、百业富贵"发展愿景,聚焦人工智能、量子信息、5G通信、物联网、区块链等五大数据新兴领域、高端先进制造业和现代服务业,重点发展打造大数据与三次产业深度融合、传统产业转型升级成效显著、大数据产业能量不断释放,在大数据物流、大数据金融、大数据安全等方面形成产业链并有重大突破的大数据产业城;开发数据中心服务器产品、存储设备、人脸识别、智能机器人、智能驾驶汽车、智能无人货架车、5G手机、5G智能终端、区块链硬件钱包、智能家电、智能行李箱等产品，同时布局多个大数据人才小镇、大数据企业总部基地和公安部南方大数据基地等；建设创新资源集聚、孵化主体多元、创业服务专业，"创新—创业—创收—创富"的发展氛围浓厚，集大数据人才服务、大数据技术服务、大数据知识产权服务、大数据咨询服务、大数据创新创业交流平台等功能为一体的大数据创新广场；建设基础设施和配套设施完善、生态环境优美，涵盖大数据孵化器、众创空间、创客产业园、双创研究院、人才公寓、综合服务中心、海内外人才工作站等的大数据人才小镇；建设成长性好、创新力强、贡献度高的大数据龙头企业总部落户、集聚和发展的大数据企业总部基地；建设聚合政策、技术、实验室、资本、人才等多重优质资源，全方位发挥公安大数据在服务国家和社会治理、经济社会发展等价值的公安部南方大数据基地。

以大数据乐龄公园为核心建设大数据健康城。 以大数据乐龄公园为核心，打造"智能、医养、生态、康复、产融"为一体，发展"医疗康复+'休闲运动养身''智能旅游养心''幸福益寿养老'"的大数据健康城，构建"预防—诊疗—治疗—康养"全生命周期的健康消费生态圈，开发智能医疗影像、智能医疗问诊和分析系统、智能医疗机器人、智能医疗设备、智能药物挖掘、智能医疗可穿戴设备等产品；布局标志性公园化养老综合体、现代医疗产业园和度假休闲功能区；建设具有全国意义的标志性公园化养老综合体，涵盖大数据养老综合服务大厦、大数据养老公寓、老年大学、养心公园等。建设医学、医疗、医药融合，集医疗、科研、教学、预防保健等功能为一体的多专科联合体医院、高效率低能耗的智能化现代医疗产业园；建设集绿色农业亲子体验区、运动休闲体验区、民俗文化传承发展区等于一体的度假休闲功能区。

以融合应用为核心打造大数据智慧体验集聚区。 在"数博大道"核心区布局以融合应用为核心的大数据智慧体验集聚区，北至金朱东路，南至观山东路，西至会展北路、会展南路，东至长岭北路；强化大数据与实体经济、民生服务、社会治理的深度融合，提供"数博大道"APP、无人驾驶体验、大数据文化体验、大数据智慧社区体验以及智慧购物中心、无人超市、无人机、5G、VR、能源步道光伏发电及充电桩等集中深度体验，打造体验前沿科技信息技术、展现大数据时代智慧生活、彰显智慧城市建设成就的大数据智慧体验集聚区；提供共享智能出行与互联网、人工智能的跨界融合，呈现智能出行发展最新成果，探寻未来出行产业发展路径的无人驾驶体验；打造集"科技、动感、学习、探索、体验"为一体的大数据文化走廊，涵盖大数据阅读数据库和大数据阅读体验平台、典藏文献VR三维全感阅读馆、科幻电影主题沙龙、大数据文化商业步行街，以及现代光色视觉与文化内涵兼备的灯光秀、音乐秀、喷泉秀等；建设基于信息化、智能化社会管理与服务的大数据智慧社区，创新人脸识别门禁、智能楼宇、路网智能监控、智能社区医疗服务中心、智能安全防控、智能应急处置、智慧物业管理、社区电商服务、智慧居家养老服务、智慧家居等多种智能服务。

（三）百亿大道、千亿大城

贵阳依托现有贵阳大数据生态产业园、贵阳国际会展中心、贵州金融城、贵州科学城、贵州大数据城等重要功能板块，建设大数据金融城、大数据产业城、大数据健康城和大数据智慧体验集聚区，2019年年底，完成"三城一区"建设。到2021年年底，贵阳将全面建成"数博大道"核心区，实现年产值1000亿元以上，税收100亿元以上，将"数博大道"核心区建成"百亿大道、千亿大城"。

"数博大道"是集产业大道、智慧大道、创新大道、展示大道、体验大道、生态大道、文旅大道功能为一体的"中国数谷"的核心区。贵阳通过充分整合并优化配置资源，集聚高端创新要素，提供优质共享公共服务，涵养人文精神，全面提升"数博大道"发展能级。做大做强、做优做美"数博大道"，使其成为"中国数谷"乃至国家大数据（贵州）综合试验区的强大引擎，打造成以大数据产业高度聚集、中高端消费和中高端制造为重点的实体经济集群发展、大数据与实体经济深度融合、大数据创新力度显著增强、大数据治理精准施策、大数据服务精准高效的"中国数谷"核心区。

产业大道。聚焦大数据、人工智能、5G、物联网、区块链、量子通信等数字经济发展新领域，发展航空航天、高端装备、新材料、新能源、电子信息等现代制造业，生物工程、基因工程、生命科学、"互联网+大健康"等大健康产业，"双创"经济、总部经济、会展经济、现代物流、电子商务、互联网金融、软件及服务外包等现代服务业，综合发展旅游服务、商业商务、休闲娱乐、居住生活等复合产业功能，贵阳将把"数博大道"打造成大数据产业高度聚集、大数据与实体经济深度融合、大数据创新力度显著增强的产业大道。

智慧大道。贵阳立足打造智能、便捷、高效的智慧大道，引进一批大数据、人工智能、物联网、区块链应用及终端设备布局"数博大道"，优化路网体系，构建一体化快速交通，实施"互联网+便捷交通"行动，打造智能交通管理，推进智能站点、智慧停车等设施建设；以共享为途径，推进智慧政务、智慧教育、智慧医疗等大数据公共服务设施建设，重点推进沿线智慧社区建设，多样化、多方式展示"数博大道"前沿技术创新应用，通过建设一体化的智慧全服务，实现"数博大道"管理核心功能及区域行业增值服务。

创新大道。贵阳注重大数据发展带来的革新，注重产业体系的创新构建，注重技术运用的创新引入，注重区域发展理念的创新应用，注重空间形态与平台构建的创新融合，将努力建设大数据应用场景转化与推广平台，引导大数据应用场景的推广和发展，全力推动人工智能、物联网、区块链、大数据等场景应用加速发展与聚集；加快沿线高层次人才公寓、专家楼建设，着力打造一批大数据孵化器、众创空间和创客产业园，推进一批异地孵化器和研究院建设，将"数博大道"打造成为全国大数据创新创业的首选地、筑梦场和试验田。

展示大道。创建独特的空间环境，优化重要景观廊道、重要视点、城市地标以及公共开敞空间布局，保持建筑与自然环境的和谐关系，凸显沿线自然山水格局形态的延续性和完整性。结合大数据特色在重要的城市公共空间，打造国际一流的现代光色视觉与文化内涵兼备的灯光秀、音乐秀、喷泉秀等，通过人工智能、物联网等技术实现科技照明、视频监控、智能交通、态势感知、环境治理、城市 Wi-Fi、智慧应急、道桥安全、节能减排、文化旅游、城市生活、智慧停车等科技应用展示和科技服务展示，将"数博大道"打造成为世界领先、全国一流、绚丽多姿的展示大道。

体验大道。加快数据融合技术在"数博大道"的应用，打造工业数据融合平台、金融行业数据融合展示中心、旅游大数据融合展厅、民生大数据融合示范平台等数据融合应用场景。大力发展无人驾驶体验、VR 三维全感阅读馆、大数据阅读数据库等大数据文化体验内容，打造大数据智慧体验集聚区、大数据娱乐城，建设标志系统、民族雕塑等特色文化形象工程，完善文化长廊、广场等文化休闲设施，借鉴好莱坞星光大道和环球影城建设模式，将长岭北路打造成大数据星光大道和体验大道。

生态大道。建设"数博大道"生态绿廊，利用沿线城市公园、生态绿地优美的自然景观资源，重点提升打造小湾河湿地公园、大数据创客公园、观山湖公园、白云铁路记忆主题文化公园、罗格湖公园等十大生态公园，将技术创新与城市建设结合，把大数据发展元素融入标志性景观系统、道路景观系统、边界景观系统、城市区域景观系统、节点景观系统等，体现贵阳市独特的山水生态城市特色，搭建生态云平台和生态环境监测调度指挥平台，构建覆盖大道的生态感知物联网，推动"大数据＋大生态"融合发展，将"数博大道"打造成为山、水、林、湖、园、绿有机串联的生态大道。

文旅大道。利用互联网和大数据加快建设"数博大道"智慧旅游综合服务体系，加快沿线吃、住、行、游、购、娱六大旅游要素完善提升，沿线重点布局城市艺术橱窗、旅游公共设施结合文化休憩空间、口袋公园、可移动式旅游服务驿站等"潮贵阳"旅游文化产品，深度挖掘提炼数据文化、会展文化、美食文化、旅游文化"四大文化"，大力开发文创街区和文化休闲旅游街区，将"数博大道"打造成贵州文化旅游融合发展的展示窗口。

第三节 数智贵阳：
块数据城市的构想与实践

　　城市是人类最伟大的发明之一，城市发展进程中的每一次范式转型，都是对原有秩序的重构，数据驱动的智能城市背后的新技术、新产业、新业态和新模式，引发了诸多行业的颠覆性变革，很多惯性思维正在加速瓦解，在此过程中，也涌现出更多机遇。贵阳块数据城市的崛起，是高度重视理论创新的作用，是增强理论自信与战略定力的结果，"中国数谷"正在成为数字中国的缩影。从更为长远的意义看，贵阳块数据城市的实践为中国城市，甚至全球其他城市未来的发展提供了可资借鉴的样本。就似岁末年初的隐喻一样，城市建设正在翻开新的篇章。块数据城市建设取得了非凡的成就，并不意味着思考和探索的终点，它更像是一个持续性时代课题的起点，指引我们找到属于自己的通向未来世界的窗口。

（一）数据开放成为城市生活品质新标志

城市是人的城市，生活品质是衡量城市文明的重要标志。在万物互联的大数据时代，共享开放是数据的本质特征，谁共享开放的数据越多，谁获得的价值就越大。衡量一个城市数据共享开放的标志，不仅要看这个城市跨部门数据共享共用及其重要领域政府数据面向社会开放的程度，而且要看这个城市数据共享统一平台数据汇聚整合和关联应用以及政府与社会合作开发利用数据的程度，更要看这个城市对数据安全和个人信息的管理和保护程度，这也是衡量块数据城市的重要标志。

数据共享开放程度，关键在于数字政府的建设程度。数字政府建设可以从两方面来理解：第一，对政府内部，通过数据开放共享，突破各部门、各地区的"数据孤岛"与"利益藩篱"，推动条块体制改革，构建高效的办事网络，有效节约办事成本；第二，政府对外通过开放数据战略的实施，有效调动社会力量对于数据资源的开发和利用，创造数据价值、释放数据活力。与传统治理模式相比，数字政府呈现出一系列新的转变与特征，即由封闭转为开放，由单向转为协同，由权力治理转为数据治理。实现政府数据开放共享，是建设数字政府最紧迫的任务之一。

有效推进政府数据的开放共享，需要进一步完善政府数据开放清单，构建统一的数据标准体系，联通各个部门和地区的数据平台，同时在数据开放共享的过程中保障数据安全。梳理政府数据开放清单，是政府各领域数字资源整合的起点，应在充分保障国家机密、商业秘密和个人隐私不受侵犯的前提下，综合考量数据的特质、应用场景、权属等要素，分门别类编制开放清单，严格划定无条件、有条件及不予开放的范围边界。此外，特别对于交通、医疗、文化、科技、气象等有益于促进民生发展的数据，政府可考虑向社会优先开放。

统一数据标准体系，是实现政府数据共享开放的重要前提。政府应加强大数据标准化的顶层设计，尽快出台相关建设指南，开展关键技术、工程和行业领域标准的研制工作；建立完善包括数据、技术、平台、管理、安全及应用的大数据标准体系，并在重点企业、行业、地区先行探索试验和示范工作；推动标准化工作的国际化进程，加强国际的组织交流，鼓励和引导产学研充分参与国际标准化的工作与活动，扩大国际影响力并进一步获取关键标准的主导权。

构建集中的数据开放平台建设，是实现政府数据有效联通的物理基础。在加快构建国家政府数据统一开放平台的工作中，运营者关键要利用好平台的集聚优势，将所开放的数据汇总起来统一管理和维护；提升平台内开放的数据质量，为社会公众提供完整、原始、可机读、高价值的数据资源；打破"数据孤岛"，促进各个部门之间的交流融合，实现各类数据最大限度的开发利用；有效运用相关存储、分析、可视化等技术，优化平台数据处理功能，并尝试为访问者提供个性化、多元化、交互式的功能和服务，提升用户体验。

有效管控数据开放过程中的风险,是政府数据开放可持续进行的保障。数据的开放和流通中存在隐私泄露、原始身份数据保护、黑客攻击、数据窃取等隐患,因此,政府要加快建立并完善相关安全管理制度与保障系统,并优化平台的保护和监管:一方面要充分运用数字加密、身份认证、入侵监测等技术,进一步保障物理、数据链路、网络、传输和应用等各个层面的事前安全防护;另一方面还应强化对数据资源建设的审计监督,建立健全事后的安全应急处理机制与灾难恢复机制。

(二)数据力成为块数据城市核心竞争力

数据力是块数据城市的核心竞争力。数据力是大数据时代人类利用数据技术认识和改造世界的能力,它既是一种认知能力,又是一种发展能力,归根到底是一种数据生产力。块数据理论认为,数据之间存在相互作用,这种相互作用是因为数据质点之间的数据引力形成的数据引力波。数据引力波将大量的零散、割裂的数据有机地关联起来,极大地释放数据力的潜在价值。由于数据引力波的推动,组织之间可以实现完全对接,对数据的追本溯源将形成全链条数据力合力,将海量数据转变为直接生产力,从而实现数据力的极大解放。

数据处理能力是数据力最主要的组成要素,数据处理能力的水平是判断数据力水平的重要标志。未来城市的核心竞争力关键取决于它的数据处理能力。在大数据时代,数据力和数据关系的相互作用以及数据处理能力的提升,将帮助我们实现把所知的未知变成所知的已知,并找到未知的未知,将之变成所知的未知,甚至是所知的已知。在大数据时代,我们最缺乏的不是数据技术,而是运用数据技术对数据有用性和有效性的认知和挖掘能力。这些能力包括数据采集能力、数据存储能力、数据关联分析能力、数据激活能力和数据预测能力。一个城市的竞争优势,不仅在于它天然的资源和独特的要素等显在优势,更重要的在于它的潜在的能力建设,尤其是数据处理能力,核心是创新。

从支持创新的基础环境看,更重要的是软环境,集中体现为营商环境,城市应抓好监管环境和商事环境两个方面:一方面,企业设立推行便利化、电子化,在更多领域实行企业开办注册形式审查,减少注册要件、压缩开办流程,实行企业注册登记全程电子化,加快拓展电子营业执照适用范围;另一方面,企业注销实行简易制、承诺制,进一步降低简易注销标准、放宽简易注销范围,推广投资人承诺书和信用倒查机制,加快工商、税务部门联合登记、信息共享和监管协同,大幅降低企业注销成本。

从支持创新的基础设施看,在互联网和数字经济快速发展大趋势下,信息通信基础设施投入对创新的影响越来越大。从实践看,近年来我国在电子商务、移动支付、共享经济等方面表现亮眼,但更多源于我国庞大的互联网用户基数和"流量变现"能力,很多模式都是复制或模仿美国互联网公司,在创新层面并没有太多突破。块数据城市建设要更加重视信息基础设施的战略地位,加快建设一批高速骨干线路,扩建一批宽带接入网络,升级一批应用基础设施,进一步提升信息基础设施整体水平和支撑能力。

从创新的主体看,小微企业是从事创新活动数量最多、机制最灵活、嗅觉最敏感的市场主体,尤其是科技型小微企业,很多是基于发明创造或专利产品而创办的,市场对小微企业的资源投入,一定程度上反映了市场对创新活动的资源投入,其中最重要的资源是金融资源。块数据城市是金融科技高度发达的城市,更多利用互联网、大数据、云计算等技术,改进小微企业融资审批技术,推动普惠金融业务可持续发展。

从创新的方式看,创新方式主要有三个类型:一是自身创新;二是融合创新;三是吸收创新。融合创新是我国的明显短板。块数据强调的是融合思维,融通发展可以发挥高校、科研院所、企业各自优势,加快创新成果产业化,提升创新成果"含金量"。但囿于体制机制存在的阻碍,融通的渠道还不够通畅、发展的动力还不够强劲。块数据城市建设需要大力推动基础研究和应用研究融通发展,促进创新资源开放共享,进一步提升创新的协同效率。

从创新的成效看,衡量知识技术产出成果主要关注知识产权收入占贸易比重、软件支出占 GDP 比重、论文引用数量。知识产权收入体现了科技成果的最终转换价值,这也是国家科技竞争力最直接的体现。软件是知识技术研发的重要成果载体,软件支出占 GDP 比重一定程度反映了知识技术研发的实际成效,体现了以信息行业为代表的许多科技领域最终转换价值。论文是否被引用,是衡量论文价值的最直接体现。

(三)数字经济成为城市发展新的增长极

只有用天蓝、地绿、水净来调色,为老百姓留住鸟语花香田园风光,城市才会因为有了生态美的支撑而更加闪亮。党的十九大报告指出,"我们要建设的现代化是人与自然和谐共生的现代化,既要创造更多物质财富和精神财富以满足人民日益增长的美好生活需要,也要提供更多优质生态产品以满足人民日益增长的优美生态环境需要"。绿色发展是绿色与发展的统一,是城市美好生活的一部分,是市民的热切期待和共同诉求,是块数据城市一以贯之的发展理念。

块数据经济是一种新的经济模式,具有资源数据化、消费协同、企业无边界、零边际成本、极致生产力等特征。块数据通过平台集聚各方需求,放大了创新、运营等各个方面的价值关联,实现了新科技革命和新产业变革的深度交叉和融合。块数据经济强调通过容错性创新试验,促进大数据全产业链的汇聚、融通和应用,并推动传统产业与大数据融合发展,引领经济社会发展高质量演进和系统性提升。以块数据为核心的数据驱动将解构和重构资源配置方式,从竞争逐利到合作共赢、从信息不对称到交互零成本、从集中化到平台化、从流程化到模块化、从重资产到轻资产、从点对点到多对多,试图完全"建立一种新的生产函数",

把从来没有的关于生产要素和生产条件的"新组合"引入生产体系，从根本上改变了传统生产力与生产关系，深刻地推动整个经济结构的变革和价值链重构。这种重构将进一步改变社会关系，实现效率与公平的高度统一，从共享经济迈向共享社会，实现共享城市。

（四）治理科技成为城市管理服务新模式

数据是一个国家的基础性战略资源，也是一种宝贵的城市治理资源。从全球范围看，"运用大数据推动经济发展、完善社会治理、提升政府服务和监管能力正成为趋势"。政府是城市数据最大的生产者和拥有者，数据治理已成为政府治理能力现代化的核心。

数据作为城市的重要资产，也是政府治理的重要手段。通过块上集聚形成一种具有内在关联性的数据，预示着广泛的公共需求和公共产品，蕴含着巨大的价值和能量。这些数据深刻地影响并改变着政府的治理理念、治理范式、治理内容和治理手段，将彻底颠覆传统的以信息控制与垄断来维护权威的治理模式，真正建立起一套"用数据说话、用数据决策、用数据管理和用数据创新"的全新机制，帮助政府最终把权力关进"笼子"，实现创建法治政府、创新政府、廉洁政府和服务型的目标。

一个城市数据治理的核心，不能停留在数据驱动决策、数据驱动管理、数据驱动服务的运作层面，更重要的价值是实现基于数据的城市治理。这个治理是一种极致扁平、开放共享、高效运作的政府治理，它应该包括但并不局限以下特征：

数据治理必须打破原有公权力对数据传播流向和内容的控制与垄断，极大地提升政府治理的"能见度"，构建一个政府和社会数据资源之间的全连接、全流程和全覆盖框架，打通政府部门、企事业单位之间的数据壁垒，实现合作开发和综合利用，有效促进各级政府数据治理能力提升。

数据治理必须为公众直接参与经济政治生活提供平台，政府权力逐渐流向社会。大数据与互联网、微信、微博等新媒体深度融合，可以突破时间和空间的限制，从更深层次、更广领域加强政府与民众的互动，形成多元协同治理的新格局。

数据治理以数据科学为基础，以统计软件和数学模型为分析工具，以数据的汇聚整合和关联分析为支撑捕捉现在和预测未来，不断提高监管和服务的针对性和有效性，尤其是对突发事件的预测和应急响应以及普遍的风险防范，从而实现政府决策的数据化、精准化和科学化。

数据治理在块数据思维引领下，在数据空间重新构建整个公共服务供给体系。这种基于数据消费、数据服务和数据福利的数据惠民，将推动整个数据应用领域的全面升级，倒逼政府职能转型、政府流程再造和政府服务能力提升。随着对公共服务长尾需求的不断挖掘，政府以定制化方式开发更多数据惠民产品，推动政府公共服务创新和价值再造，形成以人为本、惠及全民的数据化民生服务新体系。未来城市公共服务数据化的重点,不仅体现在公共事业、商事服务、市政管理和城乡环境方面的数据化,还体现在养老服务、劳动就业、社会保障以及文化教育、交通旅游、质量安全、消费维权和社区服务等领域的全面数据化。依托块数据的汇聚、融通和应用,政府将更加全面、更加精准、更加有效地洞察和满足人民群众日益增长的数据需求。

数据治理为技术反腐和廉洁政府建设提供机制和保障。贵阳40多个政府部门全面推进的"数据铁笼"工程正是数据治理在技术反腐与廉洁政府建设中的生动运用。"数据铁笼"是以权力运行和权力制约的信息化、数据化、自流程化和融合化为核心的自组织系统工程。它以"问题在哪里、数据在哪里、办法在哪里"为导向,建构了以开放共享的治理理念、规范透明的权力体系、跨界融合的平台支撑、持续改进的流程再造、精准有效的风险控制和多元治理的制度保障为主体的创新模式,真正实现了把权力关在数据的"笼子"里,确保"人在干、数在转、云在算"。

(五)利他主义数据文化成为新城市文明

大数据不仅是新的科技革命和产业变革的引爆点,更是一种新的世界观、新的价值观和新的方法论。从条数据到块数据的融合,从条时代向块时代的迈进,整个人类社会的思维模式和行为范式将产生根本性、颠覆性变革。块数据倡导开放、融合、共享的价值理念,数字社会的关系结构决定了其内在机理是去中心、扁平化、无边界，基本精神是开放、共享、合作、互利。这些特征奠定了这个社会"以人为本"的人文底色，也决定了这个时代"利他主义"的核心价值。巨大的合作剩余孕育出利他精神，利他主义可以让人们走出囚徒困境的泥淖。利己与利他是辩证统一的，要想利己必先利他，只有利他才能更好地利己[1]。

传统秩序是中心化、等级制、独占性的，新秩序将建构在去中心、扁平化、开放性基础之上，这决定了数据人的本质是共享利他。利他主义具有促使他人得益的行为倾向，是一种内化的精神需求，一种外化的自觉行动。大数据时代下，这种利他主义的最大公约数是促进数据权利、利用、保护与价值融为一体。利他主义的价值主张提升了人们让渡数权、共享数权的主观意愿，从而促进让渡行为、共享行为的正向转化。"人是人的作品，是文化、历史的产物"（费尔巴哈），人性总会打上时代的烙印，随着时代的洪流演化和发展，人性必然会带动法价值的演化和发展。数据人所代表的人性在大数据时代的变迁，最终必然带来法的安全、共享和利他价值的变迁。

人完全有可能也有能力摒弃恶的成分，不断摆脱人性中的"兽性"以提高善性，至少可以减少作恶的可能性和趋向。历史表明，随着社会的发展和文明程度的提高，人类野蛮、贪婪、自

---

1 诺贝尔经济学奖获得者、美国经济学家米尔顿·弗里德曼有过精辟的概述：不读《国富论》不知道怎样才叫"利己"，读了《道德情操论》才知道，"利他"才是问心无愧的"利己"。

私等成分越少,而利他的心理、内心的法律、共享的理念等则成为生活的主旋律,人类走上了一条利他性主导的发展道路。在人类社会中,人人都以利他为行为准则是一种理想状态。当数据资源产品极大丰富可按需分配时,人们的公平、共享观念将深入人心,数据劳动成为一种乐生的手段,利他主义将会大大增长。随着时代的变迁、社会的发展,利他的价值定会日益凸显,利他的文明之花必将绽放。

第四章

驭数之道

数化万物,智在融合

当前,融合已成大数据发展的显著特征。万物皆可数字化,融合催生无限可能。融合是大势所趋,融合是人心所向。只有融合,才能让数据释放价值、爆发力量,才能实现以信息化培育新动能,用新动能推动新发展。贵州加快大数据与实体经济、乡村振兴、服务民生、社会治理的深度融合,强化对大数据相关企业、高科技领域和各类人才的引进支持力度,把融合贯穿于发展大数据产业的全过程、各要素、各环节,做大做强数字经济,持续推动了经济从高速增长转向高质量发展。百舸争流,奋楫者先。贵州牢牢把握大数据发展的重要机遇,坚定不移实施大数据战略行动,做足"融合"文章,让"智慧树"根深叶茂,让"钻石矿"流光溢彩,奋力开创数字经济美好未来!

第一节 "数据铁笼"：
大数据吹响权力监督哨

2015年1月30日，贵阳规范制约权力实施"数据铁笼"行动计划新闻发布会召开，提出要"运用大数据编织制约权力的笼子"。贵阳全面推进"数据铁笼"建设，促进公权力运行监督从"制度铁笼"到"数据铁笼"的转变，构建"数据铁笼"工程建设"一个体系、两个标准、三个问题、四个关键、五个统一"的整体架构，建立权力运行和制约的新机制新模式，把权力关进数据的笼子里，让权力在阳光下运行。通过深入的理论和实践探索，逐渐形成了"数据铁笼"的贵阳方案，成为可供全国借鉴复制推广的经验模式，对促进国家治理能力和治理体系现代化具有重要意义。

（一）把权力关进数据的笼子里

"数据铁笼"是运用大数据思维和相关技术，将行政权力运行过程数据化、自动流程化、规范化,对权力清单、责任清单、"三重一大"事项清单、风险清单、行政业务流程等权力运行过程的环节实现监管、预警、分析、反馈、评价和展示,构建大数据监管技术反腐体系,减少和消除权力寻租空间。权力可视化、监督具体化、管理预判化,变人力监督为数据监督、事后监督为过程监督,贵阳打造的"数据铁笼",是促进党风廉政建设,提升政府治理能力,实现治理社会化、智能化的创新探索。

1. 大数据吹响权力"监督哨"

大数据时代到来,如何借助大数据制约和监督权力运行,成为大数据反腐创新亟须解决的关键问题。

"数据铁笼"是利用大数据技术实现反腐的应用创新,是以应用为导向实现政府治理能力提升、公共服务模式转型以及技术监督反腐体系完善的重要载体。把权力关进数据的笼子首先是权力数据化,具体表现为从权力运行到权力制约,从政务信息公开到数据开放共享,真正做到从科学确权、依法授权、廉洁用权、精准管权、多元督权的全过程处处留痕、处处跟踪、处处监督、处处预警、处处防范,实质就是通过对权力运行轨迹所产生的数据进行记录、融合分析,用大数据的方式管住人、事、权,实现把权力关进数据笼子。

贵阳"数据铁笼"工程建设正是以政府信息化系统和数据为基础,不改变原有系统的业务流程与工作模式,以行政权力为依据,建设实施依托"云上贵州"贵阳分平台,其数据支撑依托贵阳市人民政府数据共享交换平台,对相应的业务与权力事项进行监督;通过对权力行使行为进行留痕存证,严控违纪、违规、违法行为,有力支撑法律法规建立起来的"不敢腐"的威慑力;通过对权力行使流程进行建模分析,寻找潜在风险、填补监控盲区、构建防控机制,夯实巩固制度规章构建的"不能腐"的保障力;通过对权力行使的全领域、全环节、全周期监督评价,监督考评政府各部门每一个公职人员的工作成效,从根本上消除腐败动机,达到"不想腐"的行为习惯和自觉性。

2. "数据铁笼"工程体系架构

"数据铁笼"通过数据描述使权力运行具体化、精准化、可视化,及时发现和捕捉权力运行过程中的异常状态,最大限度堵塞漏洞,使监督执纪更加科学、精准、有效。贵阳"数据铁笼"工程建设,构建了"一个体系、两个标准、三个问题、四个关键、五个统一"的整体架构。

建立一个体系:权力运行和权力制约体系。"数据铁笼"工程体系分为子笼系统与总笼系统。"数据铁笼"子笼指市直各部门、各区(县)的"数据铁笼"监控平台,提供对部门内行政权力运行的数据融合、分析、监管、预警、反馈、评价和展示等功能应用,并与市级总笼相连实现相关数据交换。总笼是面向全市跨区域、跨部门、跨行业的大数据市级"数据铁笼"监控总平台,与市级各部门、各区(县)"数据铁笼"子笼相连,实现各级单位权力运行相关数据汇聚,并提供各子笼运行情况监测和对各级行政权力运行的数据融合、分析、监管、预警、反馈、评价和展示等功能应用。这两个层级的系统业务上为总分关系，架构上为两级级联，功能上互为补充（见图4-1）。

制定两个标准：权力数据化，数据标准化。"数据铁笼"工程建设的重要条件是权力数据化。权力数据化的基础是数据标准化。"数据铁笼"工程建设需要依赖两个标准：一是数据图层标准化；二是数据代码标准化。通过两个标准，推动数据汇聚、融合、开放和共享，实现"信息化、数据化、自流程化和融合化"的自组织运行。

解决三个问题：问题、数据、办法在哪里。"数据铁笼"工

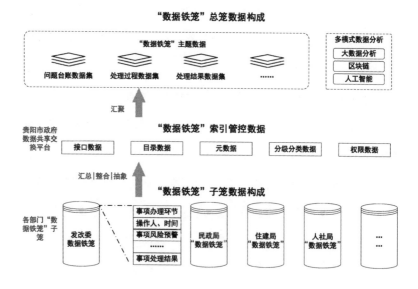

图 4-1 "数据铁笼"子笼与总笼数据关系图

程建设的关键是回答并解决好三个问题：一是问题在哪里，核心是全面梳理难点、痛点、风险点，找准问题本质；二是数据在哪里，核心是全面挖掘数据资源，强化数据关联分析；三是办法在哪里，核心是全面提升数据应用价值，提出权力风险预警预测及控制解决方案。

抓好四个关键：重大决策、行政审批、行政执法、党风廉政。"数据铁笼"工程建设的关键点，是对权力运行进行风险预警和控制。根据权力的风险点，建设过程中主要是重点抓好四个方面的风险预警控制系统：一是重大决策风险预警控制系统；二是行政审批风险预警控制系统；三是行政执法风险预警控制系统；四是党风廉政风险预警控制系统。针对这四类业务系统，"数据铁笼"建立行政风险点数据库、行政风险预警防控模型数据库、行政风险比对基准数据库和行政风险事件预警处置数据库，实现行政风险事件的自动提取、预警提醒、督办警告或控制限办，完成风险督察、风险处置和风险防控。

推进五个统一：一图一卡一机一库一平台。"数据铁笼"工程建设构建"一图、一卡、一机、一库、一平台"的融合支撑体系。一图就是重大决策、行政审批、行政执法、党风廉政大数据分析应用，统一以一张空间图为基础；一卡就是身份数据识别，以一卡为主、多卡融合为目标；一机就是以智能终端为载体；一库就是构建一个统一的共享交换数据库；一平台就是在七大模块基础上建立统一的"数据铁笼"可视化分析平台。

3. "数据铁笼"建设"四部曲"

信息化。政府各部门充分运用互联网、云计算和大数据等技术，推动政务管理和公共服务信息化；坚持依据公开、流程公开、过程公开和结果公开，做到行政决策过程、行政许可过程、行政执法过程和市场监管过程的全记录，形成层级监督、闭合监督、执行监督和社会监督，推动数据实现自动化采集、网络化传输、标准化处理和可视化运用。

数据化。政府各部门依据法律法规对行政职权及其依据、行使主体、运行流程、对应责任等进行全面梳理，对行政许可、行政服务和行政处罚自由裁量权等行政事项中的风险点进行全面清理，从群众关注度高、权力寻租空间大的热点业务着手，明确权力界限，排查风险类别，编制好"三清单一流程"，做到权力可分割、可度量、可计算、可重组、可规范，实现数据可公开，来源可追溯，去向可跟踪，责任可追究。

自流程化。政府各部门在信息化和数据化基础上，强化权力运行的数据关联分析，形成权力数据自动采集、自动存储、自动比对、自动激活、自动预警、自动推送的自组织系统；强化权力主体身份数据分析，建立个人廉政风险档案；强化权力主体行为及权力运行数据分析，实现权力痕迹全记录和施政行为全跟踪；强化权力主体和权力行为的数据关联分析，建立权力风险排查机制和廉政风险预警机制；强化权力主体思维数据分析，建立权力主体风险动机识别和权力风险来源追溯；强化权力主体风险预警数据分析，提出权力风险预测研判趋势和廉政风险防范解决方案。从身份数据、行为数据、关联数据、思维数据和预测数据的分析和研判过程看，用数据技术去分析人的行为，把握人的规律，预测人的未来，是自流程化的根本所在。

融合化。政府各部门加快政府信息公开和跨部门数据开放共享，重要领域政府数据集向社会开放，重要政府部门信息系统通过统一平台进行数据共享交换，实现政府人口基础信息库、法人单位信息资源库、自然资源和空间地理基础信息库与各领域各部门信息资源汇聚整合和关联应用，强化跨层级、跨区域、跨行业、跨部门数据比对和关联分析，依法推动权力运行和权力制约的公开透明，推动行政管理流程优化再造，推动行政管理数据融合和公共数据资源在开放中共享，在共享中提升，在提升中转化，在转化中再造，让"数据多跑路、百姓少跑腿"。

（二）"数据铁笼"的贵阳方案

"数据铁笼"工程建设是一场数据驱动的创新改革，是包括理念创新、科技创新、管理创新、服务创新、模式创新、制度创新在内的全面创新。贵阳通过"数据铁笼"建设，从尝试探索到试点建设，从示范应用到全面推广，形成了"数据铁笼"的贵阳方案，在监督执纪、交通执法、住建监管、健康医疗、脱贫攻坚等方面形成了典型的场景应用。

1. 监督执纪篇:"数据铁笼"严防纪检监察"灯下黑"

2015年11月,贵阳市纪委监察局作为贵阳"数据铁笼"建设第二批试点成员单位,较早启动了"数据铁笼"建设,探索用大数据技术强化纪检监察机关内部监督的新路,建立数据共享分析机制,实现权力风险点的预警和监督,解决"谁来监督监督者"的问题。对党风廉政建设中的风险点和异常行为,通过信息化系统向主体责任和监督责任担负对象推送各类信息、提供各类决策建议,有效解决权责不清、边界模糊、责任交叉、责任空档等问题,增强了反腐败工作的主动性、精准性和预判性。

科学严密的内部监督机制。根据数据统计分析,纪检监察干部违反工作纪律和廉洁纪律,突出表现为"不作为、慢作为、乱作为"。借助"数据铁笼"工程建设,建立更加科学严密的内部监督机制:一是对纪检干部精准画像、管控风险,解决好"谁来监督监督者"的问题;二是数据共享、流程再造,提高工作效能,实现从"管制风险"到"规制权力",再到"用好权力"的转变。

纪检监察部门实现三类监督。纪检干部行为监督,从纪检干部的守纪律、工作质量、工作效率进行全方位监督;纪检业务办理监督,主要包括信访监督系统、纪律审查监督系统、党风政风监督系统和巡视监督系统;公众服务监督,通过舆情分析、政务公开、意见建议采集、权力公示等功能,使纪检干部的行政权力能运行在公众监督的范围之内。

系统平台实施流程监控。纪检监察系统"数据铁笼"主要由纪检监察干部监督哨智能终端应用程序和大数据综合分析展示平台两个子系统构成。干部监督哨智能终端应用程序，可以实时采集干部日常行为数据，为回答纪检干部"是谁、在哪儿、在干什么、怎么干的"等问题提供数据支撑；大数据综合分析展示平台，运用大数据、云计算技术，采用管理专家设计的70余项干部考核评价指标，将数据升华到"干得如何、能干什么"的系统化层次，实现对纪检监察干部的精准画像、风险管控和效能提升。

2. 交通执法篇："数据铁笼"严控交警执法"开绿灯"

贵阳市公安交管局作为"数据铁笼"首批两家试点单位之一，早在2015年2月，就全面启动了"数据铁笼"行动计划。"数据铁笼"的实施强化权力监督制约，优化、细化、固化权力运行流程和办理环节，规范权力边界，扎牢制度笼条，断绝权力寻租，防控权力滥用。通过大数据把执法权力关进数据的笼子，使之成为规范行政执法的重要"利器"，切实管住人、事、权。贵阳市公安交管局在构建"数据铁笼"大数据平台项目上，主要从业务流程影像记录系统建设、窗口服务信息化平台系统建设、大数据融合平台建设三方面入手，涵盖了内部22个业务系统的数据融合及应用和业务流程影像记录系统。

数据化的绩效管理机制管住"人"。通过建立诚信效能执法系统和移动考勤系统，收集岗位信息、信用等级、时间轴和时间银行等基础信息，对机关、窗口、执勤各类民警在日常工作中生成的考勤数据进行全面精确系统的分析，然后将分析结果及时记录到系统中，同时将发现有违反工作纪律和规则的行为进行预警或异常信息推送，达到随时掌握、分析、提醒和永久记录。让民警的每项行动，都能实现可查、可控、可追溯。

数据化的业务制约模型管住"事"。 交管局开发了警务通系统以及相关业务制约模块。警务通系统设置了包括机动车信息、驾驶人信息、现场执法、强制措施、违法通知、违停告知、大型车管理、信息采集、未上传查询、法规查询、二维码、事故采集12个模块，建立了酒驾案件办理、小客车专段号牌管理等其他涉及交通安全管理权力风险的业务制约模块及三公经费等共性制约模块，让各业务流转环节的项目、内容和程序一目了然，减少人为因素影响，防止滥用自由裁量权行为的发生，基本实现了对重点环节的动态监督和适时预警功能，切实管住了事。

数据化的权力监督机制管住"权"。 交管局在梳理细化了涉及交通安全管理的10大类150余项权力，在建立20类重点权力的风险制约拓扑图的基础上，实现各类业务数据的全过程、全覆盖记录，将各项工作置于音视频系统的监控和记录之下。通过"舆论云"等方式，适时搜索和抓取与交通管理、执法及交警权力运行有关的舆情数据，有效整合成20余个更具运用和挖掘潜力的块数据系统。在此基础上，交管局借助"数据铁笼"大数据平台与移动端互联互通，通过使数据化流程再造，建立相应完善的业务系统，让数据记录更符合融合运用规则，从而实现权力运行风险实时预警、实时推送，使得权力运行可视化、权力监督具体化，切实管住了权。

3. 住建监管篇："数据铁笼"严查违法批建"通关费"

贵阳市住建局作为市直部门的首批试点单位，从2015年2月正式实施"数据铁笼"行动计划。住建局将质量安全监管、远程视频监控、建设工地环境监测、诚信体系、申诉纠正、业务联系等8个平台块数据进行关联分析，建立工作量、亲密度、偏离度、超期量等指标分析研判体系和工作人员风险评估机制，使执法由"自由"向"不自由"转变，管控腐败发生的利益点，切断"花钱过关"的利益输送通道。通过依据、流程、过程、结果四大公开，业务办理、行政调解、执法、市场行为四大记录，层级、闭合、执法、社会四大监督，实现住建系统行政行为、市场行为可查询、可追溯，实现标准透明、行为透明、程序透明、监督透明。

实现对行政行为全过程监督管理。住建局通过数据采集管理，搭建行政行为分析和监管平台，对现场全过程进行监督，使办理程序、执法行为更加科学规范。开发业务办理追踪系统，方便服务对象，办事群众通过扫描手机二维码，实时查询业务办理情况；办事企业通过下载软件，实时追踪办理全程。通过大数据分析比对，对业务办理中"不作为、乱作为""吃、拿、卡、要"和"冷、硬、横、推"等违纪违法行为进行监督，还通过采集诚信数据，搭建诚信数据平台，建立从业人员、服务企业、住建职能部门3个诚信评价体系，并将评价结果进行公示，应用在建筑市场、房地产市场的监督管理工作中，把权力关进数据的笼子。

全方位提升行政效能。在"数据铁笼"的运行下,住建局可以利用大数据对办事人员在收件、拒件以及最后审批通过中间的数据进行分析,如果过程中被拒绝的材料和第二次办理的材料中间没有什么原则性的区别,就可以判断出过程中出现个人干预的行为。通过大数据分析,住建局积极推进住建系统各部门间的信息共享与交换,连接和整合各部门的"信息孤岛",使管理者不仅能了解到过去发生了什么,更重要的是可以预测未来将会有什么样的变化,从而帮助管理者更准确、快速地制定出相应对策,进一步提升行政效能和服务质量。

研判外业工作人员工作效率和风险值。通过实施"数据铁笼",住建局为住建系统外业人员配备执法记录仪和执法终端,利用派单登记审批、GPS定位签到、执法问询记录、审核复查、拍照签字等对整个外业行为数据全面采集记录;对外业工作人员派单执行、现场服务、巡查次数、申诉纠正及工作量等关联数据进行融合,抓取服务超期率、偏离率、亲密度、异常率、工作量等数据信息的分析,从而建立预警处置、动态管理、检查评估为主要指标的保障机制;根据排查出来的风险点,设置职权的边界,分类制定防控措施;通过对外业人员是否按固化流程完成规定动作、是否按固化次数对项目巡查、落实申诉问题是否符合实际情况进行数据分析,得出外业工作人员的风险评价。

4. 健康医疗篇:"数据铁笼"严打医疗腐败"潜规则"

贵阳市卫健委对权力服务事项流程进行全面梳理,把握"痛点"，摸清"症结"，打造医疗系统"数据铁笼"，明确"1213+N"[1]的平台架构，建设卫生计生系统块数据中心，打破部门内部业务间、系统间、区域间的障碍，汇聚融通包括时间、空间、事件和人员、机构多维度的医疗卫生和人口健康管理大数据，形成卫生计生块数据；开发规范权力运行和高效服务民生的业务应用平台，规范化和信息化同步建设，用大数据监督医疗卫生领域权力运行，让医疗腐败行为无处遁形。

智能执法终端规范卫生监督执法行为。通过安装集成了日常监督执法、国抽双随机[2]任务和执法取证等功能模块的贵阳卫监APP应用，执法人员可实时向贵阳市卫生计生阳光服务平台和国家卫生和计生监督信息平台推送现场检查数据，现场打印执法文书，对卫生违法行为进行取证。这些措施提升了工作效益，全面推进卫生监督执法全过程记录，实现把执法权力关进"数据铁笼"里。

大数据预防体系促进医疗审批智能化。贵阳市卫健委通过"数据铁笼"建立规范、联动、预警、评价4大预防体系，实现医疗机构审批过程规范化；通过部门联动实现审批材料智能化，对审批过程进行风险评估和风险预警；通过数据融合关联分析实现

1　即构建1个块数据中心，开发"卫生监督""资金管理""医疗机构审批""医生护士注册""项目监管"等2大类17个业务应用，建立1份机构人员诚信档案，搭建公众、业务和监管3个门户，结合廉政风险点和服务症结点开发"N"个大数据碰撞制约模型。

2　指的是"随机抽取检查对象、随机选派执法检查人员"。

事前、事中、事后全程自动预警,实现让不规范状态和"伪"工作状态无所遁形。目前,贵阳市、县两级卫生、计生相关事项均集中在贵阳市卫生计生阳光服务平台,群众可以通过此接口办理业务,提高了办事效率和办事质量。

医疗数据共享推动层级联动业务协同。贵阳市卫健委以国家医疗卫生资源整合顶层设计规划为指导,出台《贵阳市健康医疗大数据应用发展条例》,推动市级区域人口健康信息平台建设。2018年12月20日,"贵阳市人口健康信息云"手机APP——"健康贵阳"互联网健康医疗应用程序正式向社会发布。该健康云平台已完成6个子平台、39个系统的开发建设,同时基于健康云为核心,卫健系统实现人口基本信息、基本公共卫生、妇幼保健信息、医疗系统等平台数据的融合。联通贵阳市、县、乡三级医疗机构信息系统,打通贵阳市范围内医疗数据通道。

健康医疗数据诚信档案优化诊疗流程。贵阳市通过立法推动医疗卫生、人社等部门应用健康医疗大数据,对医疗卫生机构的医疗服务价格、居民医疗负担控制、医保支付、药品耗材使用等进行实时监测。针对健康医疗卫生管理机构及行政人员和健康医疗卫生从业机构及从业人员的诚信建立评价体系,统一管理违法失信行为。

5. 脱贫攻坚篇:"数据铁笼"严抓扶贫领域"微腐败"

贵阳市农业农村局以权力配置体系为基础,以权力防控体系为目标,以权力监督体系为保障,建设"事人共管、经纬同构"

的"数据铁笼"系统工程。通过"数据铁笼"实现数据融合,对精准扶贫过程采用信息化、数据化、自动化监管方式,使各环节公开透明,形成对扶贫对象信息进行动态管理的"智能数据库",打造全领域、全天候扶贫责任监督模式的"数据机器人",建立涉农资金使用过程监管的"数据千里眼"。这些措施为贵阳进一步完成精准扶贫中精准识别对象、精准制定计划、精准开展培训、精准实施援助、精准实施扶持的"五个精准"目标提供技术支撑,从而解决精准扶贫要"扶持谁、谁来扶、怎么扶"的问题。

"智能数据库"实现扶贫对象信息动态管理。贵阳按照"信息到户、真实准确、动态调整、进出有序"的要求,运用"数据铁笼"加强扶贫对象信息管理,定期识别贫困对象、及时更新贫困户信息,实现精准识别有证可查;综合财政、扶贫、人社、国土、公安、统计、民政、教育等部门的数据,分析贫困户致贫原因,准确了解扶贫需求,确保扶贫政策与扶贫对象始终精准对接;同时按照扶贫对象、目标、任务、措施、时限、责任"六个明确"的要求,建立健全精准扶贫工作台账,做到户有卡、村有簿、乡有册、县有档,加强督促检查,精准谋划,对扶贫对象信息实施动态管理。

"数据机器人"实现扶贫责任主体精准监督。贵阳利用大数据技术整合监管方式,分三级预警,及时提醒待办业务,同时采取核查材料、明察暗访、深入项目、走访群众等方式,核实基础信息、保障依据、补助标准、发放情况等,对群众反映强烈的问题进行重点调查核实,积极预防扶贫领域违法违规行为;对精准扶贫项目的工作台账、进度计划、资金使用、责任主体等进行追踪监管,明确工作任务,压实工作责任,传导工作压力,保障扶贫政策和扶贫资金精准落地、落实到位,责任权限溯源可查。

"数据千里眼"实现涉农资金使用过程监管。贵阳涉农部门依托大数据技术和网络平台,一方面设置板块公开各类涉农补贴政策、补贴对象、补贴标准、补贴金额以及监管方案和程序,确保涉农资金安全、规范、有效运行;另一方面,运用大数据技术规范涉农资金管理、审批、使用等环节,尤其是规范村级涉农资金的审批和发放,对村、屯集体资金监管实行"公款公存公用",注重过程管控和投资绩效评价,不留空当、不缺空位、不出现死角,最大限度地发挥扶贫资金的社会和经济效益。

(三)"数据铁笼"的治理启示

国家治理现代化本质上是国家权力配置与运行的转型升级,要实现权力配置更加科学、权力运行更加有序、权力监督更加有效。贵阳编织"数据铁笼",依托大数据产业优势,使权力运行全程数据化,倒逼行政权力部门认真履职、规范执法、优化服务,努力提高政府效能,对探索强化党风廉政建设、推进行政权力法治化、破解为官不为现象和推动向服务型政府转变,和对实现国家治理体系和治理能力现代化具有重要意义。

1. "数据铁笼"推进主体和监督责任落实

贵阳将现代治理理念与云计算、大数据、人工智能等信息技术相结合,围绕监督执纪"四种形态"[1],利用"数据铁笼"自动生成主体责任、监督责任、作风监督以及民生项目"四本"台账,逐一厘清与行政权力相对应的责任事项、责任主体、责任方式,实现责任分解精准化、责任落实具体化、责任监察便捷化、责任追究链条化,解决以往责任分解不清、检查流于形式、追责缺乏依据的难题,把监督执纪问责做深做细做实,从而贯彻落实"两个责任",把党风廉政建设和反腐败斗争引入深处。

"数据铁笼"通过数据使履职轨迹留痕留印,变人为监督为数据监督、事后监督为过程监督、个体监督为整体监督,不仅压缩了权力寻租空间,有效解决了领导干部"不作为、慢作为、乱作为"等问题,进一步完善了行政监督体系,提升了政府管理效能,更有利于提高责任意识、压实责任内容,使责任落实明确具体,有利于循迹查责、依据追究,有效防止责任主体履职虚化和责任制"空转"。"数据铁笼"的有效运行,使得权力运行过程中每一个环节的风险都能够在过程中被及时发现、预警和分层次推

---

1 党的十九大报告明确提出,要"运用监督执纪'四种形态',抓早抓小、防微杜渐"。其中第一种指的是"党内关系要正常化,批评和自我批评要经常开展,让咬耳扯袖、红脸出汗成为常态",第二种指的是"党纪轻处分和组织处理要成为大多数",第三种指的是"对严重违纪的重处分、作出重大职务调整应当是少数",第四种指的是"严重违纪涉嫌违法立案审查的只能是极少数"。

送,这种"权力运行可视化,监督职能具体化"的大数据反腐的工作机制,使得党委的主体责任、纪委的监督责任真正落地生根,形成不敢腐的惩戒机制、不想腐的教育机制、不能腐的监督机制。

2."数据铁笼"推进行政权力运行法治化

行政权力运行流程再造是推进行政权力运行法治化的关键。实现行政权力运行流程再造,既要靠制度革命,又要靠技术革命;既要扎紧"制度铁笼",又要打造"数据铁笼"。行政权力运行流程再造通过"数据铁笼",以公众为出发点,以流程为中心,以"服务链"为纽带,基于数据治理理念,运用信息化、数据化、自流程化和融合化等信息技术手段,利用互联网扁平化、交互式、快捷性的特征,建构扁平化组织模式,塑造政府行政运行流程,从而推进行政权力运行法治化和法治政府建设,为全面推进依法治国提供保障。

"数据铁笼"对所有行使行政权力的单位和部门进行系统的梳理清查,在摸清行政权力底数的基础上,建立政府部门权力清单、责任清单、负面清单并实行动态管理。以法律法规范界定政府职能部门的法定权力和责任,使每一项权力行使都能够流程完整、环节清晰、公开透明。"数据铁笼"将政府职能、法律依据、实施主体、职责权限、管理流程、监督方式等事项以权力清单的形式向社会公开,完善党务、政务和各领域办事公开制度,推进决策公开、管理公开、服务公开、结果公开,让领导干部接受群众的公开监督,保证权力有效运行,从而提高政府治理社会化、智能化、专业化水平。为全面推进行政权力运行法治化，打造廉洁政府提供路径和保障。

3."数据铁笼"推进行政监督考评科学化

运用"数据铁笼"完善依法行政考核指标体系，抓住领导干部这个"关键少数"，将依法行政成效作为衡量政府领导班子和领导干部工作实绩的重要内容，纳入政府绩效考核体系，使之成为硬指标、硬约束。把积极行政、依法行政作为衡量干部德才素质的重要标准，把法治素养和依法办事能力作为行政人员年度考核的内容和任职、晋升的重要依据。发挥考核评价和选人用人的指挥棒作用，引导和督促各级政府及其行政人员把依法行政和好干部标准落到实处。通过"数据铁笼"形成"电子笔记"制度，建立个人执法诚信档案[1]和"时间银行"[2]，使行政人员每项行动都实现了可查、可控、可追溯，对行政执法能力、纪律、业绩等行为信息实时关联，使行政干部行为考核不再凭借笼统的印象、讲资格、论资历和受人情因素的影响，而是更直观地评价每位行政人员的工作状态。

---

1 基于考勤的表现，会形成一个个人诚信档案，信用要进行评级，最高级别是五颗星。诚信档案通过考勤管理、任务系统以及工作日志，将公务员的时间和工作装进了"数据笼子"，而业务系统则通过打通权力运行的各个环节，实现"雁过留声"。

2 贵阳根据"数据铁笼"创造性地提出"时间银行"概念，结合考勤系统，能精确地计算出执法人员的工作时长和加班时间，并可以利用累计的加班时间请休假。

"数据铁笼"运用数据分析、人工智能等信息技术进行建模，运用科学、客观的方法、标准和程序，对行政绩效信息进行收集、整理、归纳、总结的同时，进行整体评估，对公务人员履职效能、行政单位的领导班子、岗位配置是否符合要求等进行综合评价，并及时向相关部门和责任主体进行预警、反馈。通过"数据铁笼"构建科学的行政权力运行评价体系，从根本上解决了行政人员考核评价主观性、人情化等不合理现象，建立以数据为核心的科学高效、客观公正的行政干部考核评价机制。

4. "数据铁笼"推进服务型政府职能转型

贵阳牢牢抓住简政放权这个"牛鼻子"，以全面深化"放管服"改革为引领，创新公共服务供给制度，提高公共服务供给能力和供给效率，实现服务型政府转变，是各级政府推进行政体制改革的重点。政府充分运用大数据对社会问题或社会需求进行精准研判分析，让社会政策制定更加符合大多数人的公共利益，是建立服务型政府社会治理模式的必然要求。基于块数据理念建立的"数据铁笼"具有精准、高效和全面的关联分析功能，为建立精准、高效、多样化的现代智慧公共服务供给模式提供了强大的技术支撑，为创新公共服务供给方式、推动服务型政府建设提供了新路径。

通过"数据铁笼"实现政府职能部门数据融合和数据关联，从系统层面解决部门间业务协同问题，促进政府职能从"重审批向重服务"转变，提升政府职能部门"不见面办成事，就是最好的简政放权和服务公开"公信力形象,让"数据多跑路、百姓少跑腿",提升政府效能,推动服务型政府建设。逐步建立起"用数据说话、用数据决策、用数据管理、用数据创新"的治理机制,推进管理型政府向透明、高效、廉洁的现代服务型政府转变。

第二节　党建红云：
全面从严治党云端利器

中国共产党的领导是中国特色社会主义最本质的特征,是中国特色社会主义制度的最大优势。围绕新形势下加强党建工作的新要求,书信时代"把支部建在连队上",互联网时代"把支部建在网络上",移动互联网时代"把支部建在'云端'上"。2015年,贵阳市依托发展大数据产业的优势,突破传统信息化技术和手段对信息共享和价值提升的局限,启动大数据云平台"党建红云"工程建设,围绕"强化党员忠诚、纪实干部担当",探索大数据助推大党建的新途径。2016年5月,贵阳市"党建红云"平台上线运行,构建了以"一云两库六大应用"为核心的党建大数据云平台,获得了全国第四届基层党建创新最佳案例第一名。

（一）让党旗在"云端"高高飘扬

按照党中央、贵州省委的要求，2015年年初，贵阳市委对全市党建工作提出了充分利用大数据加快发展的产业优势，突破传统信息化技术和手段对信息共享和价值提升的局限，建设贵阳党建大数据云平台"党建红云"，提升党建工作科学化水平。通过汇集分散、孤立、实效性不强、没有形成有效关联和整合的各类党建工作条数据，形成相互关联的块数据，实现对党组织和党员干部"横到边、纵到底"的数据采集、分析、查询、追踪和应用，用大数据对党建工作的有效性和精准性进行分析研判，以解决贵阳党建工作中存在的思想建设方面党员队伍的"四个意识"还有差距，组织建设方面组织工作的方法手段不够科学，作风建设方面作风不深入、脱离群众，制度建设方面制度不完善、执行有偏差等突出问题，达到运用大数据推动组织工作创新，提高决策水平，强化权力监督，密切联系服务群众，加强党员教育管理，最终达到提高党的建设科学化水平，夯实党的执政根基的目的。

在"党建红云"工程的建设中，贵阳始终遵循大数据应用"四部曲"，分步推进工程建设：

以信息化为基础，建设完善"党建红云"六大应用系统。贵阳党建大数据云平台主要构架为："一云两库六大应用系统"。"一云"即贵阳"党建红云"；"两库"即党组织、党员基础数据库和行为数据库；"六大应用系统"即党建APP、干部管理系统、党务公开系统、党员干部教育系统、党员领导干部个人诚信系统、视频云服务系统。贵阳通过六大应用系统随时采集党组织和党员行为数据,做到以数据化为核心,让党建工作时时处处数据留痕;以自流程化管理为抓手,实现党建工作数据精准督导,以应用为目标,实现党建大数据融合分析。

以数据化为核心,让党建工作时时处处数据留痕。贵阳"党建红云"平台的后台数据主要来源于两个方面:一是基础数据库,包括全市党组织数据库、党员数据库、干部数据库、驻村干部数据库等,这些数据在初次录入后,用大数据手段进行自动更新,比如党员数据库,根据网上发展党员的动态情况,自动生成全市最新的党员数量,最终实现党员、党组织、领导干部等各类"党建红云"系统用户身份数据化;二是行为数据库,包括六大应用系统实时产生的行为数据,系统把日常的工作流程转化为计算机可以识别和分析的数据,时时处处留下痕迹。为确保数据安全,根据业务系统中数据的安全级别不同,把数据分别储存在组工网、电子政务外网和互联网上。

以自流程化为支撑,实现党员管理"人在干、云在算"。通过设定各应用系统的自流程化运行程序,系统后端实现数据关联化、预测数据化,通过云计算实现各类组织工作数据自流程化管理,自动预警、自动提醒、自动反馈。比如:在"两学一做"手机APP的"学习问答"模块,实现了对科处级以上党员干部"自动提醒",自登陆手机APP之日起,1个工作日不答题系统自动提醒本人,3个工作日不答题系统就提醒党支部书记,连续5个工作日不答题，系统自动在 APP 上公布名单。

以融合化为目标，实现大数据融合分析。以"1+3+N"（即"一个平台三个汇聚 N 个模型"）的模式，建好党建大数据融合分析平台。"一个平台"即"党建大数据融合分析平台"，通过跨平台数据共享，实现深挖数据潜在价值，寻找规律和异常点，着力解决组织工作"痛点"；"三个汇聚"：即做好组织系统内部的数据汇聚，做实全市"数据铁笼"及云平台产生的与党员干部相关的数据汇聚，做深党员领导干部在互联网中的参考数据汇聚；"N 个模型"即根据实际需要"建立 N 个大数据应用模型"：如"党员活力指数""基层党组织创新""远教站点运行"等数据分析模型，借助云计算深挖"党建红云"平台及共享平台上多种类型数据的价值，寻找数据背后的规律和异常，解决信息掌握不及时、政策文件不落地、工作效果不理想等问题，倒逼相关部门改进工作，使党建工作更加精准有效。

（二）"党建红云"平台系统功能

"党建红云"平台包含六大应用系统，即党建 APP、干部管理系统、党务公开系统、党员干部教育系统、党员领导干部个人诚信系统、视频云服务系统。围绕"强化党员忠诚、记实干部担当"，探索大数据助推大党建的新途径。

党建 APP。党建 APP，即贵阳"两学一做"学习教育云平台，自 2016 年 5 月 6 日上线以来主要实现"三导"功能：一是网上辅导，在党建APP上设置了"党的十九大""学习资料库"等模块，提供了丰富的图文、音频、视频等学习内容，全市有超过11万名党员通过党建APP进行网上学习；二是云端指导，通过开设的"创新型党组织""三会一课"等功能模块，实现对党组织、党员干部工作的有效指导；三是数据督导，主要通过"学习问答"模块实现。贵阳要求全市在职党员每个工作日通过"学习问答"模块进行在线学习，同时通过大数据自流程化对县（处）级以上的党员领导干部实行严格管理，推动党员教育融入日常、严在经常。

党务公开系统。按照党务公开规定，明确实施主体、公开内容、公开时限，解决党务公开没有统一平台，公开不及时、内容不完整等问题，做到应公开尽公开。系统通过统筹整合全市各级各部门党务公开信息，建立各级各部门之间信息互通和数据共享机制，保证数据的充分性、真实性和共通性，通过抓取各级党委、政府网站的群众留言，某时间段内各网络论坛讨论的热点话题以及某一地区党员、群众搜索的主要内容等，找出具体地区、具体部门、具体时间内群众最关注或最不满意的问题，判断当前和未来一个时期内党群干群关系的状况以及矛盾焦点，从而进行及时有效的化解，运用大数据手段推动甚至倒逼政府作风改进和职能转变，着力整治慵懒散奢等不良风气，提升基层组织联系群众、服务群众的能力。

党员干部管理系统。系统以"每日工作记实"为核心，建立机关干部日常管理、干部信息智能分析两大业务板块，实现全市党组织和党员信息实时查询、统计等，通过大数据应用强化机关党员干部的监督管理，提高选拔任用干部的科学化水平；机关干部日常管理模块以"工作记实"为核心，设置日常工作报告、会务管理、外出审批、请（休）假、教育培训等功能，记录采集机关干部工作情况，有效促进机关干部认真履职尽责，进一步规范会务管理，转变机关工作作风，提高机关工作效能，并为基于大数据的干部分析、考核提供数据依据；干部信息智能分析模块以"智能研判"为核心，设置干部个人信息预处理、个人成长经历量化分析、个人成长模式挖掘、群体潜在社交关系挖掘、组织机构自动生成及履历信息可视化等功能，运用相关数据挖掘算法及机器学习算法，对机关干部履历数据、工作记实数据、社交关系数据等进行综合分析和智能研判，从而全面了解干部、准确评价干部、合理选任干部，实现对领导班子配备、干部选拔任用的科学决策和风险管控，有效规避干部工作风险，为机关干部人事管理工作提供有力支撑。

党员干部教育系统。通过建立党员教育管理工作新机制，创新理念，整合资源，拓宽渠道，实现教育管理科学化、制度化和规范化，为广大党员提供多渠道的学习交流方式。在党员干部教育系统集成平台上，采集党员干部学习数据，了解全市党员干部参加理论学习和干部培训的频度、内容、覆盖面等，分析查找党员干部学习培训的薄弱环节，帮助各级各部门科学制定培训规划，对党员干部学习培训进行有效指导，不断帮助党员干部提高基础理论知识、业务水平和执行力。

党员领导干部个人诚信系统。系统针对党员领导干部个人设立电子诚信档案，包括公开和不公开两方面的信息，人员基本信息、工作岗位和职责等数据为原始公开信息，群众投诉、逾期还款、违纪违规等敏感信息为不公开信息，逐步实现与银行、法院、交通、工商、城管等执法部门个人征信信息共享。通过大数据采集，将党员领导干部在社会其他领域留痕的诚信记录关联至电子诚信档案，实现对党员领导干部的规范和约束，与评先选优、选拔任用等奖惩工作挂钩，探索有效的党内诚信管理监督机制。

视频云服务系统。系统以超大规模的智能分布并行处理技术、多媒体数据智能分析处理技术等先进技术为支撑，融合高度智能化网络服务集群，通过电脑、智能手机、平板、功能手机乃至有线电话等任意终端，让分散在贵阳各地区、各部门的党员可以在任意网络、任意时间段内参与多点连通的音视频互动沟通及会议交流、可视化工作协作、应急指挥协同、移动监督。

（三）全面提升党的"网络领导力"

贵阳"党建红云"平台的建设始终坚持问题导向，着力发现党的思想建设、组织建设、作风建设和制度建设中存在的"痛点"，把分散在各处的党建工作条数据汇集形成块数据，建立以块数据理论为支撑的党建大数据综合分析模型，通过大数据实现党的建设工作精准发力、决策参考智能研判、织密笼子管住权力、服务群众贴心及时，用大数据的思维方式和云计算的精准结果，创新开展组织和党建工作，不断提高全市党的建设科学化水平。

"党建红云"推动党建工作精准发力。截至2018年8月，贵阳全市已有113942名党员下载使用该APP，占已录入党员的61.9%。其中，机关（企事业单位）党员下载率为97.51%，参与每日"学习问答"率达85.4%，县级党员领导干部下载使用并参与"学习问答"率达100%。贵阳通过采集党员、党组织基础行为数据，分析不同类型的基层党组织和贵阳全市17万余名党员对中央、省、市方针、政策和重大决策关注的焦点和重点，综合研判基层党组织贯彻落实上级精神情况和党员干部的思想状况，为精准做好理想信念教育和思想政治工作提供参考；通过在党员干部教育系统集成平台上采集党员干部学习数据，判断全市党员干部参加理论学习和干部培训的频度、内容、覆盖面等，分析查找党员干部学习培训的薄弱环节，帮助科学制定培训规划，对党员干部学习培训进行有效指导，不断帮助党员干部加强基础理论知识、业务水平和执行力；通过对基层组织使用党建APP的"三会一课"模块组织开展网上组织生活的数据分析，研判基层组织作用发挥的情况，党员，特别是流动党员参加组织生活的情况，便于有针对性地对基层组织建设进行指导和管理。

"党建红云"实现决策参考智能研判。"党建红云"平台通过对有关网站、论坛、社区、贴吧等抓取的海量数据进行筛选、甄别、分析，发现党员、干部和群众关注的或不满意的问题，初步预判未来一段时间内的变化趋势，为超前谋划好党的建设工作、建立健全更为精准有效的组织工作制度提供较为准确的信息参考；通过对涵盖全市8000多个党组织和18万余名党员数据库、领导干部信息库的集成管理和滚动更新，以"智能研判"为核心，分析研判全市党员干部队伍组成和变化情况、基层组织的党员组成情况等，为进一步做好党员队伍、干部队伍、领导班子和基层组织建设提供科学依据。比如，党建APP"学习问答"的数据显示每日上午7点至9点是贵阳全市党员干部在线参加学习的峰值时段，反映出党员干部充分利用碎片化时间积极开展学习的主动性进一步增强。

"党建红云"织密数据笼子管住权力。 以"四位一体"干部管理确定的领导干部年度工作目标、岗位责任清单为基础，以"干部每日工作记实"为核心，系统真实记录采集干部日常工作状况，形成日常考核数据，融合领导班子和干部考核系统形成的半年考核以及年度考核数据，实现对干部的分析评估、跟踪调度和预警提醒，形成的综合数据结果作为启动正向激励保障机制或负向惩戒约束机制的依据。比如，通过对党员干部参加"两学一做"APP学习问答情况自动生成的党员干部行为数据，系统自动计算个人答题率，自动对58名连续5个工作日未答题的县级干部进行告诫提醒，实现数据督导精准到人。同时，系统自动计算个人答题率，纳入年度考核，实现对干部履职能力评估判断用数据说话，真正使管干部与促发展相结合，使干部能上与能下相结合，把好干部选出来、用出来、管出来。同时，通过党员领导干部电子诚信档案收集到的党员领导干部在社会活动各领域产生的诚信数据信息，实现对党员领导干部个人行为的记录，解决干部考核中缺乏立体化综合考核的问题，强化对领导干部德和廉方面的规范约束，探索党内诚信管理监督机制。

"党建红云"促进服务群众贴心及时。"贵阳党员志愿服务平台"帮助党员实现志愿服务与服务需求精准匹配，使有服务需求的困难群众能够及时得到党员志愿者的帮助，有效解决了"有需求没帮助，能帮助没对象"的供需矛盾；同时，进一步密切党群干群关系，使党员志愿者的志愿服务更加精准有效，使人民群众的满意度和幸福感得到提升。根据后台收集到的党员志愿服务行为数据，基层党组织能够找准开展工作的着力点和出发点。"驻村工作"模块能够解决以往驻村工作中"两头不见人""驻不下，干不好"等问题，实现用大数据推动驻村干部"真蹲实驻、真帮实促、真抓实干"；同时，"驻村辅导"功能可以提供网上涉农政策文件、项目等查询功能，并有辅导师在线答疑解惑，帮助驻村干部及时为村集体和村民提供帮助，帮助驻村干部成为农民群众眼中的"政策通"和"土专家"。该模块上线后，收录驻村干部上传工作记实条数，驻村干部走访群众人（次）数，出谋划策、协调项目次（个）数，解决困难、化解纠纷次数等数据并整合，后台自动形成"驻村工作时间轴"，真实反映了驻村干部开展工作的情况，用大数据实现精准管理；同时，系统根据每条问答的阅读量自动形成"热点问答"库，成为驻村干部帮村扶贫的"小助手"。

第三节　数治法云：贵阳政法大数据工程

党的十八大以来，党中央把政法工作摆到更加重要的位置来抓，作出一系列重大决策，实施一系列重大举措，维护了政治安全、社会安定、人民安宁，促进了经济社会持续健康发展。为贯彻落实中央、省、市政法工作战略部署，贵阳以提升治理体系和治理能力现代化为目标，全面构建"贵阳政法大数据工程"政法大脑、数治法云、政法大数据治理、政法大数据场景四大标志性项目，着力从政法工作协同机制创新、政法领域数据联通融合、政法工作能力提升三个方面实现新突破，全力打造贵阳政法大数据发展的升级版，把贵阳建成全国政法大数据建设应用的标杆城市，不断谱写贵阳政法事业发展新篇章。

（一）贵阳政法智能化建设基础优势

党的十八大以来，贵阳政法系统在大数据的建设和应用方面积极探索，相继建设了一批大数据应用系统，相关业务工作得到了有效提升，贵阳在政法大数据领域已逐渐成为领跑者、创新者和受益者。贵阳市委、市政府作出建设"贵阳政法大数据工程"的重大部署，对全市政法工作提出了更高目标、更高要求、更高标准。

1. 政法智能化建设的发展基础

网络基础。近年来，贵阳实施"全光网城市""无线覆盖·满格贵阳""农村通信提升"等行动计划，贵阳·贵安国家级互联网骨干直联点出省带宽达到9130Gbps，贵阳光纤覆盖家庭数达180.6万户，通信光缆长度达19.5万公里，20户以上自然村光纤覆盖率达到84.49%，4G覆盖率达到83%，成为全国首批5G应用示范城市；开展电子政务外网三期建设，完成市、县（区）骨干网络冗余线路改造，实现社区（乡、镇）双冗余全百兆接入，市区两级电子政务外网带宽提升至200M。这些基础设施建设，为"贵阳政法大数据工程"提供了强大基础支撑能力。

数据基础。从2018年开始，贵阳依托"云上贵州·贵阳平台"推动政府数据"块上汇聚"，构建了人口、法人、自然资源和空间地理、宏观经济、电子证照等五大基础数据库，数据共享交换平台的政府数据资源目录覆盖了贵阳全市54个市直部门和10个区（市、县）、4个开发区的1622个系统17595个数据项。五大基础数据库的建设和政府数据资源的交换共享，为"贵阳政法大数据工程"提供了大量数据支撑。

应用基础。目前，贵阳市直政法各部门已形成各类应用239个。其中，市法院79个，市检察院62个，市公安局47个，市司法局51个。同时，其他党政部门建设了"社会和云""数据铁笼""党建红云""大数据精准帮扶""大数据综合治税""公安块数据指挥中心"等应用，实施了经济运行监测、市场监测监管、信用信息共享、失信被执行人联合惩戒等一批大数据示范应用，覆盖了政用、民用、商用和基础设施等多个领域。特别是，2017年研发的政法大数据办案系统，打破了以往"侦查中心主义"局面，真正实现了公检法"一把尺子"办案。这些大数据应用的建设，为构建"贵阳政法大数据工程"多渠道数据来源体系、多场景社会治理系统提供了良好工作基础。

2. 政法智能化建设的制约因素

当前，贵阳政法大数据发展和应用主要存在"散""断""浅""缺""重"等几个方面的突出问题。一是"散"，缺乏统筹谋划，各种应用系统的建设和应用各自为战，数据分散，资源分割，没有统一的政法大数据平台；二是"断"，各部门应用系统使用的是互联网、政务网、专网等不同网络，在各自的"单行线"上运行，形成只能纵向运转、不能横向贯通的"信息孤岛"，没有形成纵向互联、横向互通的政法工作网络；三是"浅"，现有各业务系统数据利用效率低，在决策分析方面没有多维度数据支撑，导致数据决策处于"浅表层",没有深度的数据挖掘、数据分析、数据决策;四是"缺",目前建设了一批专项性的执法办案和公共服务平台,但仍然缺乏支持辅助决策、风险防控、治安防控、执法办案、公共服务、社会治理等方面的综合性共享工作平台;五是"重",各部门的应用系统相关功能存在一定程度的重复建设现象,导致基层单位特别是网格员数据重复采集、重复录入、重复劳动现象突出。

3. 政法智能化建设的优势条件

政治优势。中央、省委和市委高度重视大数据发展,对大数据在政法工作中的应用提出了明确要求,为"贵阳政法大数据工程"建设指明了方向。特别是贵阳市委、市政府出台了《关于实施"贵阳政法大数据工程"的指导意见》,成立"贵阳政法大数据工程"建设领导小组,为"贵阳政法大数据工程"的顺利推进提供了坚强的组织保障和政治保障。

制度优势。贵阳狠抓大数据立法与标准建设,颁布实施了《贵阳市政府数据共享开放条例》《贵阳市大数据安全管理条例》《贵阳市健康医疗大数据应用发展条例》,制定了《贵阳市政府数据资源管理办法》《贵阳市政府数据共享开放实施办法》《贵阳市政府数据共享开放考核暂行办法》等法规规章,发布了"人口基础数据""法人单位基础数据"等两项地方标准。国家技术标准创新基地(贵州大数据)贵阳区域分基地成立。这些改革创新举措,为"贵阳政法大数据工程"提供了管理制度与标准规范支撑。

安全优势。贵阳获批建设大数据及网络安全示范试点城市，初步建立大数据及网络安全防护体系，建设集战略、战役、战术靶场为一体，公共、专业、特种靶场相结合的国家级大数据安全靶场，全面提升网络安全攻防对抗能力；全面开展大数据及网络安全治理工作，按照等保2.0新标准，全面开展关键基础设施和重要信息系统等级保护工作，将全市移动互联、工控系统、物联系统、云平台纳入等级保护管理体系，为构建"贵阳政法大数据工程"提供了强大安全保障。

（二）贵阳政法大数据工程总体架构

"贵阳政法大数据工程"是一项复杂的系统工程，涵盖政法大脑、数治法云、政法大数据治理、政法大数据场景四大标志性项目。其中，政法大脑是"贵阳政法大数据工程"的"神经"，负责整体的智能预判、智能辅助、智能决策和智能调度；政法大数据办案是"贵阳政法大数据工程"的"血脉"，通过"一机一库一云一网一平台"实现政法数据在"云网端"的融会贯通；政法大数据治理是"贵阳政法大数据工程"的"肝脏"，负责净化政法数据，规范数据标准，提升数据质量；政法大数据场景是"贵阳政法大数据工程"的"肢体"，覆盖政法工作的方方面面，是政法大数据应用的主要场景。

1. 政法大脑

政法大脑是"贵阳政法大数据工程"的数据引擎和智能引擎，

是提升政法工作智能化水平、激发政法工作活力的神经中枢。政法大脑是利用人工智能等技术为政法工作构建的一个底层人工智能中枢平台,通过打通相关系统平台接口,对治理后的数据进行智能分析,向下挖掘数据全面特征,发现数据问题,溯源既有底层业务系统不足,建立倒逼机制,提高数据生产能力;向上支持工作决策、协同调度,利用智能分析结果防控各类风险、稳定社会大局、提升社会治理能力。政法大脑支持通过设计交互式互动界面,提供可视化分析结果供给上层应用平台作决策依据,不断增强政法工作对现代科技的适应力、掌控力和驾驭力,进而推动政法工作的数据化管理,实现更快、更主动地发现问题、研判问题、解决问题,最终促进政法工作的科学化、精细化和智能化。

政法大脑的核心是构建政法大数据智能辅助模型,由若干个子模型组成,包括但不限于智能侦查辅助模型、智能检察辅助模型、智能审判辅助模型、智能司法辅助模型等。政法大数据模型可为政法工作人员提供智能审查、辅助决策、智慧监管、安全预警等服务,实现政法工作由传统人工向智能机器转变,有效提升政法工作的科学化和智能化水平,促进阳光政法、透明政法。政法大数据模型的使用,可让政法工作人员将大量精力从简单、基础、重复的琐碎工作中解脱出来,更多地用于一些关键案件、关键事项、关键工作中,有效缓解案多人少的矛盾,提高工作效率和工作效能。

2. 数治法云

数治法云即政法大数据办案系统,是集成法、检、公、司等政法相关职能部门业务的共建共享共治的综合性治理平台,围绕政法各部门的整体工作,整合各类数据和信息资源,研发支持移动办公的"云上政法"APP,搭建统一的政法数据库,构建分布式的政法云,铺设内外联动的政法网,建设"一站式"智能化服务政法大数据平台,实现政法大数据的资源共享、综合应用、精准监督、辅助决策。

一机:"云上政法"APP客户端。"云上政法"APP是面向政法工作人员和市民开发的可安装在智能终端上的政法智能助手,它整合了政法机关范围内包括公安机关、检察机关、审判机关、司法机关等相关机构事务,提供相应的移动办公、案件办理、信息查询等服务。"云上政法"APP同时支持社会治安管理,为特殊人群带来便捷的信息服务,成为可移动的宣传政法政策的主平台、发布政法信息的主窗口、推介政法形象的主渠道和引导政法舆论的主阵地。"云上政法"APP的使用,既能较好地满足政法工作人员外出办公的现实需求,也能及时反映民众的真实利益诉求,为党委和政府科学决策提供坚实的民意支撑和技术支撑。

一库:政法数据库。"贵阳政法大数据工程"的数据中枢,由政法知识库、法律法规库、司法案例库等若干个子库组成。政法数据库可随时随地提供对法律、证据、案例等相关知识的综合查询、检索服务,并对查询结果加以智能排序后,以文字、语音等友好的人机交互形式呈现给查询人员。政法数据库需按照规定和流程与各级政法数据库系统以及"数据铁笼""党建红云"等其他相关数据库系统联动，并预留规范接口，推进全市政法数据资源整合和共享。

一云：政法云。政法云即政法块数据云平台，其核心定位是要实现政法大数据的"聚"和"通"，核心功能是要满足政法大数据的有序汇聚和安全存储。政法云建设充分运用虚拟化、分布式等云计算方法整合政府和社会的计算资源、存储资源等基础资源，存储来自市直政法相关部门提供的数据，提供数据集成、数据共享、数据交换服务，为"贵阳政法大数据工程"的重点领域和七大领域应用提供资源支撑。

一网：政法网。强化5G建设、构建全连接的政法专网，为政法工作开辟安全稳定的"网络高速公路"，实现政法大数据的"纵向运转、横向贯通"。政法网整合已有的政务内网和政务外网，通过政务外网实现政法大数据中心与市、区、县三级政法机关以及乡镇街道等基层单位的互联互通；通过政务内网实现政法大数据中心与市直政法各部门之间的互联互通；通过网络资源整合为政法云的数据联通、算力整合提供网络支撑。

一平台：政法大数据平台。依托政法云的数据、算力等资源，打造全方位的政法大数据平台。它承载了政法大数据的数据采集、数据存储、数据治理、数据分析、数据服务等功能，将综合执法和司法行政等通用业务与个性化业务相结合，采用大数据、区块链、人工智能等新一代信息技术，为执法、司法、监督、维稳、反恐等政法工作提供数据支撑，让政法工作在质量、效率、动力变革中实现跨越式发展。

3. 政法大数据治理

政法大数据治理体系在国内外信息化规划及数据治理标准和规范的指导下，从规范、流程、制度、平台和工具等多个角度构建大数据治理体系，实现对多源异构数据的统一接入、统一编目、统一标准，推进数据治理体系的实施，最终实现贵阳政法系统数据资源的可控、可用、可共享，为"贵阳政法大数据工程"的顺利推进提供数据资源保障。

一套规范：政法大数据治理规范—建立数据治理规范体系，推动统一标准化管理。按照"贵阳政法大数据工程"建设的总体要求，遵循可操作、可预见、可扩充原则，贵阳建立涵盖数据采集、归集、整合、共享、开放、应用的治理规范体系；建立数据质量管理规范，设计多维数据质量评价规则，实时或定期开展数据质量评估分析，及时发现和改进数据质量问题，确保数据的准确性、完整性、时效性。

一套目录：政法大数据资源目录—摸清数据家底，了解数据应用现状。从梳理政法业务、满足跨部门综合应用需要着手，贵阳市直政法各部门全面梳理数据共享需求，明确数据共享责任，建立数据共享需求管理的长效动态更新机制，形成政法数据库表目录，构建政法大数据资源目录体系。

一套标准：政法大数据数据标准—制定数据标准，统一业务协同体系。贵阳以业务系统的数据项和库表字段梳理为基础，制定核心基础数据标准和指标数据标准，规范数据的业务定义、业务规则、统一口径、数据类型和数据长度等。依托贵阳政法云实现政法大数据的集中存储，将分散在不同单位、不同信息系统中的数据整合汇聚后形成统一的数据资源池，保障数据实时更新。

一套机制：政法大数据共享机制——完善交换机制，促进数据共享开放。贵阳遵循按需共享、最小够用、便捷高效、安全可控原则，明确数据共享方式，完善交换共享的管理规范和技术规范，确保各项数据实时交换、同步更新、有序共享、稳步开放。

一个平台：政法大数据治理平台——贵阳引入"数据湖治理"的理念，构建"一站式"的政法大数据治理平台，提供标准的元数据管理、数据标准管理、数据质量管理、数据安全管理等功能；通过平台实现对政法大数据的统一管理，支持资产搜索、资产关联、数据血缘、数据分类管理、数据全局视图预览等。

4. 政法大数据场景

政法大数据场景应用主要围绕决策支持、风险防控、治安防控、执法办案、公共服务、内部管理、市域治理方面，构建政法大数据七大领域应用，全面推进贵阳政法和基层治理的信息化基础设施建设、资源整合、业务应用等工作，实现政法工作的科学化、精细化和智能化，统筹政法系统资源，形成问题联治、工作联动、平安联创的良好局面。

"政法大数据＋决策支持"。贵阳建设政法大数据决策支持平台，对接市直政法各部门、其他政府部门和社会机构等数据资源,对全市的重点人员、重点群体和重点领域相关的人、事、地、物及其特定行为进行关联分析,实现大数据引领下的维稳态势感知、治安态势感知、舆情态势感知及风险预警,总揽市直政法各部门业务,为领导准确把握政法工作面临的形势、运行态势,科学调配资源,动态调整措施提供决策支持,增强领导决策的科学性、准确性和高效性。

"政法大数据+风险防控"。贵阳建设政法大数据风险防控平台,对接市直政法各部门、其他政府部门和社会机构的数据资源,利用大数据智能分析技术,精准实时感知全市邪教、涉恐、民族宗教(涉疆涉藏、非法宗教)等政治领域的风险,精准实时感知信访和舆情中的风险隐患,创新排查、化解、稳控、处置各类风险的业务协同新机制,增强风险防控的敏锐性、前瞻性、主动性,创新运用防控、打击、教育转化等风险化解手段,确保将矛盾消灭于萌芽、风险化解于源头,实现"数据维稳""数据反邪",全面提升维护省会城市社会大局稳定的能力。

"政法大数据+治安防控"。贵阳建设政法大数据治安防控平台,汇聚市直政法各部门、其他政府部门和社会机构的数据资源,利用大数据分析挖掘技术,对重点场所的安全防控态势、重点行业及人员动态、特殊人群的动态进行综合分析评价,全面掌握相关要素信息,及时发现重点场所问题,摸清重点行业和特殊人员的底数和管控状态,完善统筹指挥调度、部门联动、社会协同、区域协作等机制,深入开展扫黑除恶专项斗争,实现治安防控的精准管理、动态管理、科学管理。

"政法大数据+执法办案"。贵阳市直政法各部门统一使用省级执法办案业务平台，平台实现由抓人破案向证据定案、人力跑腿向网上传输、人工审查向智能审查、制度约束向数据监督的"四个转变"。

"政法大数据+公共服务"。贵阳建立政法大数据公共服务平台，作为市直政法各部门的工作门户，实现政法政务公开，进行舆论宣传引导，及时公布政法"放管服"措施，收集群众反馈意见；有效整合市直政法部门各类事项申办受理业务并统一业务入口，实现贵阳市政法公共服务事项"一网通办"。"让数据多跑路、让百姓少跑腿"，为人民群众提供更优质、更高效、更便捷的政法公共服务。

"政法大数据+内部管理"。贵阳建设政法大数据内部管理平台，推动信息化、大数据等现代化管理手段同内部管理工作的深度融合，提升政法队伍管理科学化水平，为推动政法干部调优配强提供数据支撑；充分发挥目标考核表彰先进、激励后进、督促落实的作用，增强各"战区"目标责任意识；检查监督"贵阳政法大数据工程"重大项目建设程序，防范廉政风险；建立第三方征信管理，鼓励公平竞争，维护政法机关合法权益。

"政法大数据+市域治理"。贵阳以政治强引领、以法治强保障、以德治强教化、以自治强活力、以智治强支撑，加快推进市域社会治理现代化。通过整合工作机构，实现"综治服务中心"

的实体化;通过优化工作机制,实现综治工作的高效化;通过加强实有人口管理,实现基层治理的精准化;通过夯实网格保障体系,实现末梢阵地治理的精细化。

(三)司法科技推动司法治理现代化

党的十九届四中全会精神和习近平总书记关于网络强国的重要思想和全面依法治国新理念新思想新战略,都要求充分发挥数字技术对法治中国建设的支撑和驱动作用,助推国家治理体系和治理能力现代化。现代科技已经成为推动新一轮司法改革的重要力量,对法制观念、法律制度、法律运行机制和法学研究方法等方面产生了深远影响。贵阳政法大数据工程是促进审判体系和审判能力现代化的先行探索,是推动国家治理体系和治理能力现代化的创新实践。

贵阳政法大数据工程提高了办案效率。诉讼效率是维护司法公正的重要尺度,政法大数据工程打通公检法网络壁垒,统一数据标准,优化案件办理流程,实现电子卷宗在政法各机关之间可自流程化推送、同步、读取、共享和使用,变人力跑腿为网上传输。电子卷宗的网上阅卷、网上评判、网上流转,有效缓解了案多人少的矛盾,初步实现规范办案、高效衔接和业务协同,切实提高了办案效率。

贵阳政法大数据工程强化了权力监督。对容易滋生执法司法腐败的重点领域和关键环节,办案机关借助数治法云系统案件自流程化监督功能，将执法办案的标准固化到日常监督管理中，通过案件的闭环流转，变人工监督为数据监督、事后监督为过程监督、粗放监督为精准监督，实现对权力运行的全程、实时、自动监督管理，让违规办案等行为无处遁形，有效杜绝因个人原因造成的随意性办案和权力寻租等现象的发生，促使办案人员牢固树立程序公正与实体公正并重的理念，执法司法行为更加规范。

贵阳政法大数据工程倒逼了改革落实。数治法云的运行使用，促使办案机关树立证据意识、程序意识、人权意识，依法全面客观地收集证据，确保侦查、审查起诉的案件事实证据经得起法律检验；能够切实发挥审判程序应有的制约、把关作用，形成一种倒逼机制，更好地落实公检法三机关"分工负责、互相配合、互相制约"的诉讼原则，保证庭审在查明事实、认定证据、保护诉讼、公正裁判中发挥决定性作用。

贵阳政法大数据工程维护了司法公正。数治法云的运行使用，打破了长期以来侦查决定起诉、起诉决定审判的"侦查中心主义"的局面，倒逼侦查机关在证据规格和标准上把"破案"与"庭审"的要求结合起来，依法规范地收集、固定、保存、移送证据，确保侦查、审查起诉的案件事实证据经得起庭审标准的检验。从源头上防止事实不清、证据不足的案件进入审判程序，有效防止冤假错案，提升司法公正，实现党的领导和依法治国的有机统一。

第四节　智慧警务：
贵阳公安"块数据大脑"

　　2016年3月，首个国家级大数据综合试验区落户贵州，贵阳公安局抢抓发展机遇，打破壁垒，使分散在各个警种、各个部门间的条数据形成块数据融合应用，深入挖掘数据资源内在价值，建成了全国第一家块数据指挥中心。"人在干、云在算，四两拨千斤"的大数据现代警务思维，在贵阳公安局块数据指挥中心体现得淋漓尽致。在这里，一块总面积达127平方米的LED大屏幕，成为汇集公安、政府、社会、互联网等58类460万亿条数据资源的开放式超级"数据航母云平台"。在块数据指挥中心这个"最强大脑"的统筹下，数据型指挥研判、网格化动态布警、多警联勤联值、巡处合一的现代警务运行模式成为守护平安贵阳的利器。

（一）贵阳智慧警务"1461"总体布局

基于对"科技是核心战斗力"这一时代命题的思考和判断，贵阳公安抢抓国家大数据综合试验区落户贵州为全省公安信息化发展提供的重大机遇，坚持融合式发展思路和扁平化服务导向，积极整合公安数据资源，以"一个核心、四轮驱动、六项支撑、一网考评"的"1461"建设总体布局为载体，以"块数据指挥中心"建设为核心，将大数据应用拓展延伸到公安机关打防管控的各项工作中。

以"块数据指挥中心"为核心，打造贵阳公安一体化实战指挥平台。统筹指挥调度手段和情报信息资源，通过块数据的形成支撑全市应急和公安指挥调度的纵向贯通、横向合成，提高城市公共安全和维稳处突的实战能力，形成政府应急指挥调度与公安预警指挥决策合署体系，实现指挥调度的"时空化、实战化、一体化、扁平化、可视化、标准化"，全面打造"采集责任明确、数据动态鲜活、信息互通共享、业务流程科学、警务协作高效、信息深度应用、指挥通信扁平、技术设施先进、安全保障可靠"的实战指挥平台。

以"接警出警规范化、侦查破案专业化、社区民警专职化、社会治理多元化"为四轮驱动，形成整体高效运转合力。以5分钟出警距离为半径，科学划分网格化巡区，确保实时动态备勤，实行"有警出警，无警巡逻"；建立集刑侦、技侦、网侦、图侦、情报"五位一体"的合成作战室以及贵阳公安机关侦办处置重特大案（事）件专业人才库，提升公安机关深度打击、合成打击、规模打击的水平，实现侦查破案专业化；一个社区根据辖区人口数量配备相应数量的专职社区民警，配备并使用移动警务终端设备，广泛采集、录入、维护、更新情报信息，全面落实社区民警专职化；健全完善"警务联席会、警民议事会"两会工作长效机制，组织引导发动社会团体及社会志愿者积极参与社会面防控工作，实现社会治理多元化。

以"新发展理念、问题导向、执法数据铁笼、队伍管理数据铁笼、维稳反恐专班机制、深化公安行政改革"为六项支撑，提升全警执法能力和执法公信力。以"创新、协调、绿色、开放、共享"五大发展理念，引领思想变革、提升工作效能，运用模糊警种、管辖、打防概念，将大数据文化和信息化应用延伸到打、防、管、控、建当中，实现被动、粗放、单一的工作模式向主动、精准、合成的运行机制转变；坚持问题导向，以专项行动或专项斗争方式解决突出问题；运用大数据手段，将执法流程再造，对执法办案各个环节进行监督，用执法"数据铁笼"规范警务运行流程；运用队伍管理"数据铁笼"，实现对全市公安机关和民警执行制度纪律的动态管理监督，实现对各类队伍管理风险隐患的分析预警、排查提醒和监督治理；完善安保、维稳、反恐三个专班运作机制，用大数据固化工作流程，实现及时预警、科学用警、集约用警、精准用警；围绕消防、户籍、交管、出入境等公安行政管理工作，深化公安行政改革，释放改革活力和红利，为推动警务机制改革奠定坚实基础。

以"一网考评"为导向，打造实力公安、实效警务、实干警队。按照项目责任制分解任务指标，设置项目责任人和责任部门，责任人亲自部署、沟通协调、全程过问、督导落实；依托大数据，建立网上考核平台，建立"两严一降"升级版建设标准目标体系，通过项目化、系统化、标准化管理，实现网上对各单位、各部门和具体人的考评，激励个人及部门进一步增强创先争优、增比进位意识，切实提升警队综合实力。

（二）块数据打造智慧公安"最强大脑"

贵阳公安坚持战斗力标准，统筹指挥调度手段和情报信息资源，建立块数据指挥中心，形成了大数据引领下的"形势分析、情报研判、预知预警、指挥调度、治安管控、合成作战、精准打防"的一体化、扁平化、可视化警务实战运作模式，从根本上重构警务工作模式，变经验型警务为数据型警务，提升城市公共安全和维稳处突的实战能力，打造了守护平安贵阳的"最强大脑"。

1. 天网巡查：立体感知一体化布局

贵阳公安通过天网工程，构建了全方位、全维度、多层次感知社会稳定和治安态势的立体化网络，实现对贵阳时空内人、事、物的全息刻画、特定行为的关联分析、时空轨迹的精准掌控，解决对实有人口的全域识别掌握、重点高危人员的全域预警管控问题。目前，块数据指挥中心已汇聚"天网"高清视频资源20000路，社会视频资源36500余路,公安内部视频资源5000余路,铺设长度达10000多公里的光纤基础网,基本实现了"点上覆盖、面上成网、外围成圈、覆盖城乡"的可视化立体感知体系。

"天网"视频专网。贵阳公安以全域覆盖的"天网"视频专网为依托,以"万物互联+""人像识别"等信息前端感知网为支撑,布建了全方位、多层次、自动化的信息感知网络,确保了信息数据全面性、鲜活性和精准性,完善了城市报警与监控系统,为保持社会治安、打击犯罪提供了有力的工具。天网工程[1]通过在交通要道、治安卡口、公共聚集场所、宾馆、学校、医院以及治安复杂场所安装视频监控设备,利用视频专网、互联网、移动网络把一定区域内所有视频监控点图像传播到块数据指挥中心监控平台,并对刑事案件、治安案件、交通违章、城管违章等图像信息进行分类,为强化城市综合管理、预防打击犯罪和突发性治安灾害事故提供可靠的影像资料。

社会视频监控专网。贵阳公安对金融、电力、医院、大中小学校、楼宇、商场、服务业、复杂场所、消防设施、道路交通、煤矿、非煤矿山、建筑施工、剧毒化学品、烟花爆竹、城市燃气、油气管网、特种设备、民爆物品、运输物流、旅游、冶金、建材仓库等重点单位、场所建立视频监控网络,对各单位自行投资建

---

1 天网工程是为满足城市治安防控和城市管理需要,利用图像采集、传输、控制、显示和控制软件等设备组成,对固定区域进行实时监控和信息记录的视频监控系统。

设符合技术接入标准的视频监控进行整合，依托大数据，统一标准、统一管理、统一维护、统一接入块数据指挥中心监控平台。

人像大数据系统。贵阳公安积极推进"大数据＋人工智能"战略，创新运用人像识别技术建设"人像大数据系统"，对多类特殊人群的人脸建立了特征库，并在车站机场等人流密集场所设置了上万个视频采集点，对潜在的案件风险实现提前预警和干预，犯罪嫌疑人一旦进入贵阳就会被"人像大数据系统"捕捉。

2. 块上集聚：数据资源一体化融合

块数据指挥中心通过同步实时整合市公安内部、各市直部门、社会网络、公共服务机构等各类数据信息资源，形成集存储、网络、计算等资源于一体的块数据核心资源池，并集中进行数据处理、流转、共享、分析及展现等功能，打破了警种壁垒、数据壁垒，实现了多警种部门整体联动，形成了数据、资源、线索的叠加效应。

布建一张采集网。贵阳公安为每一位民警配备移动警务终端设备，实现"一点登录、全网关联、一人采集、全警应用"，可实现现场处警、现场采集、现场核对、现场录入、现场传输，对以往手工填写、回所上报、疲于奔命的传统模式进行了颠覆；通过在小区安装"智慧门禁"，全面收集居民小区进出人员信息，提高居民小区各类案件的可防、可控、可追溯，为出租房屋管理、打击传销等违法犯罪活动提供可靠的分析依据；建设实有人口管理平台，采用多种技术手段自动获取实有人口相关数据资源，减轻社区民警日常采集工作量,将社区民警从原有的大量采集工作转变为数据资源核实及日常管理工作中;同时将全市所有社会视频监控探头、街面55个接处警网格、11个环筑安保卡口高效整合到一个指挥平台上,真正实现了全景式信息录入。

打造一个云平台。 贵阳公安与阿里云合作打造"块数据中心云平台",通过多层虚拟技术,实现系统之间的硬件共享,甚至可与各地的"云计算中心"平台的硬件资源共享,减少初期投资和资源闲置浪费,并且可根据资源分配策略,自动配置、动态调整资源,实现云平台与指挥调度、侦查打击、重点人员等治安要素动态管控一体化运作。

合成一片数据云。 块数据指挥中心实现公安专业数据、政府各部门管理数据、公共服务机构业务数据、互联网数据的集成应用,为侦察打击、社会面管控等大数据实战应用提供有力数据支撑。目前,块数据指挥中心已汇聚公安数据、政务数据、社会资源数据、互联网数据等数据资源87类16609亿条。其中,公安内部数据25类16572亿条、政府数据16类12亿条,社会资源数据5亿条,互联网数据20亿条,数据量达到1105T,并完成了数据的清洗、转换、入库。

建立一个信任根。 贵阳公安根据各侦察警种需要,按照"谁使用,谁审批,谁负责"的原则,搭建技侦对外数据共享平台,通过网络边界,实时共享话单、开户、寄递等信息资源;同时将各警种独有数据与技侦数据结合,通过构建合理分析模型,在公安网部署对外服务支撑平台，探索"获取—服务—反哺"的警种合作新模式，主要为国保、禁毒、刑侦、治安等部门提供服务；并加快消除虚假身份造成的管理漏洞，形成整个公安信息化数据资源共享，以及社会各部门之间的数据资源共享的格局。

3. **智能调度：扁平指挥一体化建设**

块数据指挥中心通过合成化作战，统筹各方面资源，发挥各部门优势，调动各警种力量和手段，汇聚成强大的侦破合力，并实施"点对点"的扁平化指挥，由指挥中心直接下达指令，调度一线警力，避免了因指挥层级过多而容易造成的指令传递偏差，大大缩短了指挥时间，为快速处置警情争取了主动。

联勤联动，合成作战。贵阳公安充分整合各警种信息资源、警力资源、技术资源、装备资源，彻底打破警种壁垒、区域壁垒、调度壁垒，做到上下联动、警种协同、专业揉合、技术支撑、资源共享，实现了警力资源的最大共享、警力联动的最强合力和侦查破案的最猛攻击；通过对"情报指挥一体化大厅"的标准化、规范化建设，建立以公安指挥中心牵头，政府其他职能部门、公安各专业警种参与的合成作战机制，设置刑侦、国保、禁毒、技侦、网安、治安、交警、消防等警种及水、电、煤气、卫生、民政等单位联勤联动席位，采取"常态情况网上信息推送、重大事件集中联合作战"模式，实现警情、舆情、敌情、社情、公共安全同步监测处置；同时搭建有组织警务协同工作平台，实现门户统一、单点登录、信息共享、任务派发、业务协同及专案工作群等功能。

扁平化指挥、菜单式派警。贵阳公安依托网格化接出警工作机制,建设扁平化指挥调度系统。在纵向上,建立市局、分局、派出所三级指挥体系,分别对市局的一级重大警情、二级次重大警情、三级一般警情进行主导指挥,通过分级指挥,有效解决市局指挥压力大的问题;在横向上,实现各级指挥体系可以通过无线、短信、视频、系统派单等方式对各级的业务警种、街面警力、社区警力进行高效的调度。系统可纵向贯通各级公安机关及事发现场、横向联接主要业务警种,实现跨地区、跨层级、一对一、一对多、便捷、高效、统一的"一张图、一键通、菜单式"扁平化指挥调度,提高公安机关警务工作效率、协同实战能力。

4. 精准打防:情指互动一体化运行

在各类基础数据资源整合、治理的基础上,贵阳公安立足大数据情报研判主导警务工作,建立高效、智能化的情报研判体系,实时对当前治安态势、突发事件应急、大型活动安保、重要专案打击等各项工作进行自动分析推演,真正做到以静制动、动在敌前、前端防范、前端控制,全面提升对国家安全、公共安全、社会稳定的预知预判能力,实现事前预警研判,指导指挥开展行动;事中实时研判,为指挥调度决策提供方向;事后时空分析,为勤务的动态调整提供引领。

情报分析,预警研判。块数据指挥中心运用大数据建设完善贵阳关键基础设施安全态势感知系统、网安大数据情报预警系统、网络安全案事件处置系统以及网络犯罪侦查大数据战力系统,实现对贵阳关键信息基础设施的实时安全监测、网络安全态势感知、网络舆情引导管控、人员落地查证、案事件追踪溯源等实战应用,解决对虚拟社会的管控和预测、预警、预防等问题,对关键信息系统的持续全面监测及案件的追踪溯源提供有力的技术支撑;并依托阿里大数据云平台开展"重点人员管控""全息档案""人车物时空轨迹分析""对象行为分析""涉事人群识别""人员亲密度分析""人员伴随分析""人员关系网络分析"等大数据分析应用,实现对突发警情的预警研判和应急处置。

智能侦查,精准打防。块数据指挥中心建设智能笔录系统,解决现有笔录信息数据图片存放方式、民警个人保存等方式,依托统一的笔录管理平台实现笔录信息关键字提取、自动比对、分析等应用;建设现场勘查 APP 应用,便于民警快速、准确、及时收集各类案件现场信息,并与案件相关信息进行管理分析,提高案件侦破效率;建设大数据摸排组合分析系统,充分利用日常侦查破案中的涉案人员、事件、物品的相关性原理,通过简单的图形化组合方式搭建碰撞模型,实现资源的过滤查询、条件碰撞、交集比对、时空分析、频次分析、数据合并、分类统计、条件过滤等碰撞处理,有效改变以往仅靠人海战术、圈地碰撞的单一碰撞方式,逐渐形成了丰富多样的网上碰撞新思路,最终为民警开展深层次、精细化的专业分析应用和最终决策行动提供情报支持。

（三）块数据大脑倒逼警务机制改革

"块数据大脑"以块数据为支撑，实现了对贵阳时空内人、事、物的全息刻画、特定行为的关联分析、时空轨迹的精准掌控，变被动应对为主动预警，变事后处置为事前预防，形成了一整套"智能化""自流程化"的闭环管理机制，打造了打、防、管、控一体化作战平台，实现执法办案全要素网上记载、全流程网上流转和全过程网上监督，全面推动了贵阳公安工作的质量变革、效率变革、动力变革。

重塑警务组织，推动警务机构扁平化。块数据指挥中心积极探索现代信息技术与勤务机制的有机融合，着力构建"条块分割、合成作战；指挥长负责、情指一体化"的硬件环境，高效支撑警情受理、指挥调度及合成作战等业务顺利开展，形成情报主导下的"资源整合、手段集成、责任共担"的合成作战体系，以网格化接处警为撬点，健全完善了扁平化指挥、网格化动态布警、多警联勤联值、巡处合一的现代警务运行模式，推动了警务组织结构扁平化。贵阳全市公安民警主动履职能力显著提升，"两抢"发案从2012年日均28起降至2018年日均1.2起以下，成为全国第一家"两抢""八类案件"破案率均达到90%以上和命案100%全破的省会城市。

优化警力配置，推动警力供给均衡化。警力不足一直是我国治安公共服务供给中的难题，巨量的流动人口、犯罪案件的复杂性和高智商化、社会转型期的突出矛盾、民众日益提高的治安公共服务需求等进一步加剧了警力资源的供需缺口，而模糊的治安公共职能定位、结构配置的不合理又造成了警力不足与警力浪费并存的格局。块数据指挥中心通过大数据的落地应用，形成了一整套规范化、标准化、导航式的"自流程化"闭环管理机制，实现科学用警，提高警力效率，释放部分警力更多投入到社区基层基础管理服务。民警的工作效能呈几何级数增长，逐步形成集约型、效能型、智能型警力资源配置格局，初步实现了警力的无增长改善。全市人民群众安全感满意度连续三年保持在95%以上。

再造警务流程，推动警务处理智能化。块数据指挥中心以大数据的共建、共享、共用为切入点，解构和重塑各类警务应用，将原来分散在各层级、各部门、各应用系统中的业务流和信息流，整合成首尾相接、完整连贯的数据警务流程，构建起覆盖广泛、实时更新、智能决策、无缝隙共享、自流程化的公安大数据综合运用平台，实现整个警务机制的流程再造；同时开展各类创新型业务应用系统建设及各类研判分析模型的大数据分析应用，满足民警在统一平台上，实现全网搜索、全网查询、全网比对、全网研判、全网实战，从根本上改变了以往传统工作模式，牢牢掌握了工作主动权，倒逼全警大数据应用意识和能力水平的提升。

强化警务监督，推动警务执行规范化。"块数据大脑"从信息上报、研判评估、指挥调度、现场处置、事后反馈、数据校验、责任倒查等环节入手，编牢了队伍管理和执法规范化"两个'数据铁笼'"，倒逼警务机制改革，真正形成了良性循环的警务工作模式。目前,"块数据大脑"已将全市公安队伍管理的221个风险点和执法办案的139个风险点纳入数据监督范围,监管发现的问题总数达66498条,预警推送异常信息达15549条,督促整改次数64526人/次。通过对工作各环节中发现的漏洞和不足,数据自动生成并推送相关责任部门、岗位乃至具体责任人进行提醒、催促、督导、问责,倒逼各项工作规范常态运作。

贵阳实有人口服务管理平台

"贵阳实有人口服务管理平台"为从根本上解决实有人口管理的痛点问题,应用"数据监督数据、数据核查数据、数据产生数据"科学原理,依托市局块数据指挥中心强大的数据支撑,解决实有人口自流程采集录入、动态维护更新,创新实有人口管理新模式。平台通过"标准地址"和"身份证号"两个信任根,进行各类人口关联信息的广泛注入、专业清洗以及深度融合,运用二、三维实景影像地图完整显示数据的立体形态,进行空间数据查询及图形结果呈现。做到了对实有人口的精准定位、精确管控,形成了房屋与数据、数据与数据之间的互联互通,发挥了大数据应用的最佳实效,真正达到"以房管人"的效果。让实有人口管理从以前的"脚板警务"变成了"数字警务",大大减少了民警的工作量,提升了工作的针对性。

第五节　禁毒新路：
打响一场大数据禁毒人民战争

禁毒，是一场国家行动，也是一场人民战争，事关国家安危、民族兴衰、人民福祉，厉行禁毒是中国共产党和人民政府的一贯立场和主张。贵阳是全国毒品流转的一个地缘节点，毗邻云南，是"金三角"毒品运往四川、重庆、湖南、湖北、广西、广东等地区地下贩运通道上的一个枢纽大城市，毒品地下运输必然带动地下毒品消费，这使贵阳成为毒品过境、中转、集散和消费叠加之地，禁毒形势异常严峻。贵阳始终保持对毒品违法犯罪高压严打态势，主动破题、主动求变、主动创新，启动了"向毒品说'不'，打一场禁毒人民战争"的总体部署，运用大数据推动毒品问题源头治理、精准治理、综合治理、示范治理，最大限度遏制毒品来源、遏制吸毒人员滋生、遏制毒品社会危害，探索出了新形势下遏制毒情形势、创新毒品治理的禁毒新路。

（一）新形态毒品犯罪发展趋势

当前，禁毒形势依然严峻。传统毒品尚未禁绝，新型毒品又如潮水而至，同时，随着互联网、移动支付的发展，利用互联网贩毒活动日益猖獗。在互联网的掩护下，贩毒隐蔽性不断增强、查处难度进一步增大。更加令人忧虑的是，吸毒人员呈现出低龄化、多元化趋势，给禁毒工作带来一些新的挑战，要以全新的视野深化对毒情形势的认识，以全新的措施深化对毒品突出问题的治理，全面推动新时代禁毒工作实现新发展。

涉互联网毒品犯罪呈现增长态势。互联网和快递物流业的迅猛发展，使毒品的传播与交易呈现出不同以往的科技化特点，为毒品滥用者提供了更为便利隐蔽的生产贩运方式，间接丰富了毒品滥用的形式和环境，增强了毒品亚文化[1]的传播，成为毒品交易的"市场"，教唆制毒的"课堂"，聚众吸毒的"俱乐部"。犯罪分子在制毒方式、运毒方式、藏毒手法、交易方式、付款方式、分销网络等环节利用新科技不断更新手段，利用私密型社交媒体进行信息沟通，通过远程支付和快递系统完成交易，成功实现了"人货分离"和"人钱分流"，这对于办案人员传统"人赃俱获"的侦办思维提出了挑战。

新型合成毒品伪装渗透防不胜防。为了增强毒品的隐蔽性、

---

1 毒品亚文化与20世纪60年代的西方摇滚精神密不可分，相当一部分摇滚精神是叛逆的，部分年轻人蔑视所谓的传统与主流的精神文化，在与主流三观相悖的路上寻觅感官及精神的极致体验。

诱惑性，犯罪分子通过改变包装形态，为毒品披上了新的外衣，以食品形式生产销售"咔哇潮饮""彩虹烟""咖啡包""小树枝""小熊饼干""跳跳糖"等新型合成毒品[1]，花样不断翻新，具有极强的伪装性、迷惑性和时尚性，令人防不胜防。新型合成毒品的"娱乐性"的假象在很大程度上掩盖了其"毒"的本质，很多人往往会在他人的诱惑或者自身好奇心的驱使下去尝试，这也是新型毒品迅速蔓延的原因。

毒品向低龄化大众化农村化蔓延。据《2018中国禁毒形势报告》，截至2018年年底，全国现有吸毒人员240.4万名，其中，35岁以上114.5万名，占47.6%；18岁到35岁125万名，占52%；18岁以下1万名，占0.4%。吸毒人员低龄化特征明显，青少年群体由于本身具有生理和心理上的双重脆弱性特征，对毒品成瘾性、危害性缺乏正确的认知，个体禁毒意识不强，加之不良群体诱导，青少年参与吸毒、贩毒等现象不断出现，给青少年的健康成长带来了极为不利的影响。同时，随着禁毒力度的不断加大，使得犯罪分子不断将吸毒目标群体瞄准城镇乡村等禁毒力量稍显薄弱的地区，农村青少年由于学校、家庭、经济等原因过早辍学，成为贩毒人员优先坑骗的对象，致使毒品问题不断向农村蔓延扩展。

---

1 新型合成毒品，又称第三代毒品，是相对于以海洛因、大麻等为代表的第一代传统毒品和以冰毒、摇头丸等为代表的第二代传统合成毒品而言的，即新精神活性物质，又称实验室毒品，是不法分子为逃避打击而对管制毒品进行化学结构修饰，或全新设计和筛选而获得的毒品类似物，具有与管制毒品相似或更强的危害性。

(二)"大数据+禁毒"的贵阳模式

近年来,面对日趋严峻的毒情形势,贵阳始终保持对毒品违法犯罪高压严打态势,主动破题、主动求变、主动创新,启动了"向毒品说'不',打一场禁毒人民战争"的总体部署,运用大数据推动毒品问题源头治理、精准治理、综合治理、示范治理,最大限度遏制毒品来源、遏制吸毒人员滋生、遏制毒品社会危害,探索出了新形势下遏制毒情形势、创新毒品治理的禁毒新路。

1."双逢双查,超前防控"源头治理

源头治理是毒品治理的治本之策。传统的毒品打击模式侧重考核"缴毒量、破案数"等核心指标,客观上容易造成"养窝子""割韭菜"的弊端,导致毒品打击陷入"越打越多、越禁越多"的怪圈。为走出这一困境,贵阳立足问题导向和思路创新,科学探索提出了"打源头、控环节"的禁毒工作理念,实行"逢吸毒必查毒源、逢贩毒必查上下线"的"双逢双查"工作制度,深入开展毒品预防教育工作,从供给和需求两方面入手,堵住毒品犯罪源头。

双逢双查,堵源截流。在确定涉毒嫌疑人的基础上,贵阳通过禁毒情报研判系统分析排查、情报综合应用平台及禁毒信息系统比对、详细讯(询)问嫌疑人及同案人员、走访社区和亲友等多种方式进行顺线深挖细查,查明毒源及上下线,最大限度地打击毒品贩运源头、遏制毒品供应,最大限度地发现毒品交易、消费环节、控制毒品非法流通,最大限度地排查涉毒人员、纳入戒

治管控、减少毒品需求,力争查一个、带一串、打一伙、挖一窝;同时将"双逢双查"工作纳入公安机关禁毒人民战争专项考核项目,倒逼"打源头、控环节"的要求落实。

关口前移,超前防控。贵阳把抓好青少年和中小学生的毒品预防教育作为重中之重,实现普通中小学校、中等职业学校和高等学校的毒品预防教育全覆盖,并按照集声、光、电一体现代化禁毒展览馆的定位,打造"全国毒品预防教育(贵阳)基地";建设中小学生心理健康云平台系统,开展中小学德育安全网格化工作;实行信息周报、月考核制度,线上线下相结合,实现中小学生安全排查日常化,建立重点学生预警、干预机制以及特殊群体学生关注关爱体系,实现预防关口前移。紧紧围绕流动人口群体、社会闲散人员、涉毒高危行业从业人员等易染毒群体深入开展禁毒宣传教育工作。

2."数据禁毒,智能戒管"精准治理

贵阳按照"一网汇聚、多点支撑、全程跟踪、精准管控"的思路,把数据禁毒系统作为推动禁毒人民战争升级发展的突破口,不断提升贵阳精准化禁毒的能力和水平,是新时代禁毒创新"贵阳模式"的积极尝试,"数据禁毒"已经成为贵阳打响一场禁毒人民战争的响亮名片。

信息精准:涉毒信息全面采集。数据禁毒系统整合了公安机关办案部门、社区(乡、镇)、社会化戒毒康复站、助业安置机构、维持治疗门诊、病残收治中心(特殊病区)、戒毒场所等"七

大数据源"的吸毒人员信息,并明确各数据源单位采集吸毒人员信息的内容和数据推送工作流程,建立一对一的基础数据库,有效掌握吸毒人员全面情况。贵阳还制定了《禁毒人民战争基础数据规范》,设定了129类、1053项基础数据采集标准。工作人员通过数据禁毒系统可以将吸毒人员基本身份、家庭生活、就业收入、生理心理、戒毒经历、吸毒原因、吸毒情况、现实状况等基础信息和执行社区戒毒康复过程的各项工作记录,以及对其服务救助、就业扶持、维持治疗、查获处置、收戒收治等动态信息全面录入系统,为多维度分析吸毒人员信息奠定了坚实基础。

管控精准:"动态不明"变"处处留痕"。贵阳成立禁毒大数据合成作战室,深度融合禁毒、技侦、网安等大数据资源,构建"精准禁毒"模式,实现对禁毒工作的"一网统筹"。禁毒大数据合成作战室依托数据禁毒系统,通过人脸识别、高压缩存储、无线传输等技术手段,对涉毒重点人员吃、住、行、消、乐以及相关活动等海量数据进行深度挖掘、比对碰撞,精准掌握吸毒人员活动轨迹,对吸毒人员进入公共场所、高危场所、驾车等高危情境进行实时预警、实时监控、实时调度处置,为排除可能存在的公共安全隐患提供数据支撑。同时,工作人员常态开展多情报线索研判,充分运用技侦现有快递数据资源,开展涉毒人员数据与寄递数据比对碰撞工作,加大对物流寄递涉毒研判工作,加大网络涉毒打击力度,并通过网络监管每一支药品的流向情况,遇到问题时可以迅速追溯流向和召回产品等,实现了对贵阳辖区医疗机构特殊药品标准化、制度化、规范化管理。

帮扶精准："千人一面"变"一人一策"。在社区戒毒康复方面，数据禁毒系统以数据信息手段再造社区戒毒康复工作的全过程，自动跟踪记录涵盖社区戒毒康复人员定期访谈、定期吸毒检测、定期报告、定期评估和动态情况维护、药物维持治疗转介情况、戒断解除等定期需要完成的"规定动作"，并根据工作需要，动态建立并采录生理档案、心理档案、就业档案、入组档案、病残收治中心档案、监管场所档案等。在差异化管控方面，系统以自组织化的方式将获取到的社区戒毒康复人员积分关联信息自动换算成与复吸风险程度、管控难易程度等因素划分不同的管控层级，根据管控等级的不同对社区戒毒康复对象采取差异化的管控措施。在精准干预帮教方面，系统以对其个体差异进行分类判定，辅以人工干预措施为每一个社区戒毒康复人员定制个性化戒毒康复方案，为实施精准戒毒提供有力支撑。系统可将吸毒人员的合理需求、行为异动等信息及时推送到社区戒毒康复工作小组，使之能够根据吸毒人员需求或者工作需要及时开展心理干预、进行帮教谈话、提供疾病诊疗、给予就业指导等帮教工作，初步实现了对管控对象的精细化管理、精准化服务。

考核精准：倒逼线下责任落实。工作人员对吸毒人员各项基础、动态数据进行全时空、全方位分析研判，参照《2018年度贵阳市禁毒人民战争考评细则》，根据社区戒毒康复工作记录，实时统计分析考评各项指标数据，确保精准戒毒的措施得到有效落实。

为提高管控真实性，嵌入"活体检测"技术，系统要求工作人员在与管控对象面对面访谈的过程中实时拍摄现场照片以印证工作的真实性。同时实现纸质办公向数据办公的转变，定期考评向实时问效的转变，实现对工作人员履职尽责情况的全方位考核问效，有效增强了管理帮教工作的针对性、实效性，促进了戒断巩固成效的不断提升，为逐步减少吸毒人员存量起到了积极的促进作用。

3."条专块统，全民禁毒"综合治理

长期以来，禁毒工作主要依靠各级禁毒委员会，以公安、司法机关专业管理为主，在禁毒统筹力度和社会有效参与层面还存在很多不足。为此，贵阳在禁毒领域积极探索，落实党委、政府"块统"之责和成员单位"条专"之责，形成"党委领导、政府负责、部门联动、社会参与"的"条专块统"格局。

"书记抓、抓书记"工作领导机制。 由贵阳市委直接统筹推动，市四套班子领导密集开展禁毒工作调研，解决制约禁毒工作发展的体制性、机制性、保障性问题。各区（市、县）禁毒委均由党委书记担任第一主任，从市到村层层建立完善禁毒工作机构，禁毒委领导体制、议事规则等得到加强。同时，贵阳建立以毒品价格、青少年吸毒人员新增率、收戒管控率、群众满意度为核心指标的禁毒工作考评体系，对区县党政主要领导、分管领导和公安机关、禁毒办负责人进行捆绑考核，强化守土有责、守土尽责。

"专班推进、全民禁毒"治理格局。 为提高禁毒队伍专业水平，贵阳研究制定下发了《贵阳市公安局关于落实禁毒人民战争的责任分解方案》，明确了禁毒人民战争中各警种、各层级的职责和任务，由相关警种牵头成立了禁毒、技侦、网安、场所、查缉、筑网底、宣传、戒毒等8个工作专班，全覆盖、全天候、立体式、常态化牵头打击整治毒品犯罪，建立"专业警种抓毒枭、基层所队打零包"的格局；同时组建了以人民群众为主体，覆盖各层级、各领域、各行业的禁毒情报信息员队伍，实现了将禁毒工作纳入网格化管理，形成业主委员会、网格长、楼栋长、单元长"一委三长"参与禁毒人民战争的长效机制；通过政府购买公共服务的形式，把禁毒宣传预防教育、戒毒治疗、体能康复、心理矫治、教育培训、就业安置等项目交给社会力量承担，充分发动广大人民参与禁毒战争。

4. "阳光工程，无毒社区"示范治理

吸毒人员离开戒毒所后如何回归社会，是禁毒工作中的一大难点，贵阳积极整合资源，深入推进吸毒人员就业安置"阳光工程"，打造"阳光品牌"，有效解决了吸毒人员回归社会的问题，形成具有贵阳特色的禁毒示范引领效应。贵阳按照社区、社团、社会"三社联动"理念，出台《关于推进禁毒工作社会化的实施意见》，加快社会组织孵化，打造了筑城阳光禁毒志愿者协会、"阳光妈妈"禁毒志愿者协会、阳光成瘾公益中心等一批禁毒公益组织。在此基础上，贵阳通过以"就业安置"为核心，以"阳光组织""阳光企业"为载体，探索出一条集"生理脱毒、身心康复、就业安

置、融入社会"于一体的社区戒毒、社区康复新途径,让曾经的"瘾君子"有业可就、有事可干、困有所帮、病有所医,可以像普通人一样在阳光下正常地生活和工作。与此同时,为筑牢禁毒工作基层网底,不断扩大"无毒害"创建覆盖面,贵阳积极创建"无毒"社区和"控复吸"示范社区,积极探索总结先进工作经验、思路和方法,引领、带动"控复吸"创建活动的广泛、深入、持续、健康发展,推进禁毒人民战争各项工作在基层得到有效落实。

(三)禁毒示范城市的创建路径

2018年1月18日,国家禁毒委把贵阳纳入全国首批109个禁毒示范城市创建名单,对推动新时代禁毒工作提出了更高要求。贵阳始终以高标准、高要求、高规格推进创建示范城市活动,始终遵循党委领导、政府负责、部门齐抓、社会参与、法制保障的毒品问题治理体制,坚持全覆盖预防、全网络管控、全链条打击、全环节监管、全方位检测,在多个领域、多个方面开展创建工作,进一步推进毒品治理,深化禁毒人民战争。

1. 全覆盖毒品预防形成浓厚氛围

贵阳在全市范围内营造"声势浩大,铺天盖地,激动人心"的创建全国禁毒示范城市氛围,提高全民识毒、防毒和拒毒的意识,巩固齐抓共管、全民禁毒的大宣传格局,进一步提高广大人民群众对禁毒知识的知晓率和对禁毒工作的满意度,努力从源头上防范新吸毒人员滋生,有效遏制毒品危害;将校园作为青少年毒品预防教育的主阵地，在全国率先将禁毒知识纳入中考及年级期末考试内容，重新编印了小学、初中、高中三个阶段呈螺旋式上升的禁毒教材，开发了"毒品预防"测评训练功能模块，线上线下的预防教育得到有机融合；把辍学、失学留守儿童和外出务工青少年作为农村禁毒工作的重点，通过学校专题教育、家校联合、上门发放禁毒宣传对联或年画、签订禁毒责任书等形式开展毒品预防教育；大力发动机关、社会团体、企业、人民群众积极参与禁毒工作，融合生态文明建设、乡村振兴、脱贫攻坚、"三下乡"等主题宣传和禁毒史实、事件、民俗、家风家训等优秀传统文化，通过开展丰富多彩的活动，在社会面形成了浓厚的禁毒宣传教育氛围，推动"健康人生、绿色无毒"理念深入人心。目前，贵阳组织举办闲散青少年、重点行业场所、干部职工、辖区居民等禁毒培训1791场次，全市共开展创建宣传活动8830场次，制作宣传标语、挂图等10万余条，展板2万余块，禁毒黑板报1.8万余期，利用公交出租车、户外LED屏、楼宇电梯，以及电影院滚动播放禁毒宣传标语和公益片38万余次，2.5万余台网吧电脑屏保设置了禁毒警示标语，受众人数达1000万余人（次），引起了社会各界的良好反响。

2. 全网络戒毒管控全面优化升级

贵阳通过开展全网络戒毒管控工作，深入实施社区戒毒社区康复工程，加强社会吸毒人员风险分类评估管控，全面推行吸毒人员网格化服务管理，打造多渠道解决吸毒人员就业的阳光工程

"升级版",健全吸毒人员立体化查控机制,大力推进社会化戒毒康复站规范化建设,升级改造数据禁毒应用平台,加快推进禁毒工作社会化进程,实现"科学戒管、长期联动"机制在戒毒场所和社会化戒毒康复站全覆盖。贵阳颁布实施了全国省会城市首部地方性禁毒法规—《贵阳市社区戒毒康复条例》,首创推出的"数据禁毒应用平台"优化升级到2.0版本,"复吸风险分析预警"模型上线运行,对吸毒人员社会支持系统、家庭支持系统和生理心理因素各类指标以及运算程序进行优化完善,提升预警精准性和干预实效性,最大限度降低复吸风险,延长其戒毒操守期。全市阳光驿站(社会化戒毒康复站)从34个增加到149个,示范站点从5个增加到60个。全市建成7个新型戒毒所、1600余个阳光助业驿站、37个"阳光工程"集中安置点、17个戒毒药物维持治疗门诊、1个自愿戒毒医疗机构。全市孵化引入筑城阳光志愿者协会、阳光春天社工服务社、春阳社工服务中心等80余家社会组织参与禁毒工作,将社区戒毒社区康复工作交由专业的社会组织负责推进落实,禁毒工作的社会化、专业化和科学化水平不断提高。

3. 全链条缉毒打击不断纵深推进

贵阳以构建全链条缉毒打击体系为支撑,在全市范围组织开展以打击制毒犯罪、打击贩毒犯罪和管控制毒物品、管控高危吸毒人员以及收戒收治病残吸毒人员为重点的"两打两控一收治"专项行动;坚持大数据引领,准确把握毒品犯罪规律特点,探索建立适应毒情形势的精准打防机制;整合情报、技侦、网安等各警种情报信息和数据资源，实现禁毒数据跨警种、跨系统的自流程化情报信息指挥体系，建立完善禁毒情报、失踪吸毒人员排查、物流寄递业毒品查缉、在所吸毒人员常态研判、外来人员涉毒违法犯罪打击等实战化机制；在重点查缉区域、线路上设立视频监控点、信息采集点，充分借助大数据、物联网的理念和手段，推行"网上作战""天网查缉"等缉毒侦查新模式；创新"公安管人、医院治病"的"公卫合作、警医联勤"模式，建立了贵阳市病残

贵阳市数据禁毒系统实现精准戒管

禁毒辅警能精准掌握戒毒康复人员信息、动态，得益于贵阳市数据禁毒系统的开发与使用。数据禁毒系统实时掌握戒毒康复人员在时间维度、空间维度与戒毒行为相关的动态轨迹，分析戒毒康复人员的生理、心理、行为、家庭、就业、社交圈子等状况，建立戒毒康复人员危害可能性分析模型，动态评估戒毒康复人员复吸原因、危害可能性，并采用积分管理和分类分级管控的办法，自动列出预警清单，发送管控指令，变事后处置为过程管控，靶向解决戒毒有效性问题，达到有效管控的目的。引入大数据手段，使贵阳市在"消减吸毒人员存量，减少吸毒人员增量"和"减少毒品供应，减少毒品需求，减少毒品危害"等方面的管控能力得到有效提升。

吸毒人员收治中心,有效解决了病残吸毒人员家属不管、场所不收、群众不满的"老大难"问题。

4. 全环节禁毒监管强化堵源截流

为严防制毒物品流入非法渠道,严防发生制造毒品及制造制毒物品犯罪活动,贵阳对制毒物品实施严格的全环节管控,对从事易制毒化学品、化工原料及成品研发、生产、加工、存储、销售和进出口、使用的企事业单位全面开展摸底排查,实时掌握高危企业、公司、人员、制毒化学品和制毒设备品种及分布等动态信息,将排查涉及制毒物品(非列管)的企事业单位全部录入"国家制毒化学品和制毒设备排查管控系统"进行数据化运用,全面掌握制毒物品的库存数量、现实状态、流向动向等情况,并发动、组织企事业单位进行内部安全管理教育。贵阳还成立了全省首家易制毒化学品行业自律协会,进一步完善了全环节禁毒监管体系。示范创建以来,共开展制毒物品和易制毒化学品检查3214次,涉及企事业单位873家,责令整改、处罚396家,全年未发生易制毒化学品非法流失案件。

5. 全方位毒情监测巩固禁毒成效

贵阳不断健全完善毒情监测体系,更加全面、科学、准确地评价毒品治理效果,进一步巩固深化禁毒工作成效,有效遏制毒品问题的发展蔓延,实现了毒品形势的根本好转;不断推进禁毒大数据建设,提高禁毒数据整合与应用水平,巩固完善禁毒情报分析研判机制,为精准指导禁毒工作深入开展提供有力支撑。对贵阳教育宣传效果和吸毒人员增幅情况进行监测，为实现"控增量、减存量"的目标夯实基础；对重点行业场所从业人员、社区戒毒社区康复人员进行毛发抽样检毒，实现对毒品泛滥程度的有效监控；对吸毒人员肇事肇祸、漏管失控、毒驾等情况以及社会面吸毒人员占人口比率、社区戒毒社区康复执行率、戒断三年巩固率、吸毒人员入所收戒率和吸毒人员引发的刑事、治安案件情况进行监测，降低了吸毒人员肇事、肇祸风险；对涉毒行为活跃程度和缉毒执法能力与质量进行监测，有效控制外流贩毒活动，提升了应用禁毒情报破获毒品案件的效能。2018年，贵阳共依法核查注销617名贵阳户籍吸毒人员持有的机动车驾驶证，未发生因"毒驾"引发肇事、肇祸案事件。

贵阳市VR线上禁毒教育展览馆

贵阳VR线上禁毒教育展览馆是面向贵阳辐射全省、全国的专业性禁毒教育展馆，通过VR线上技术让百姓可以足不出户、身临其境地参观禁毒展馆，展馆内共分为"毒品历史沿革""吸毒人生路""毒品认知窗""青少年新型毒品认知专区""禁毒人民战争"五大板块。展馆内大量运用虚拟现实、声、光、电、多媒体等手段，通过动画、图片、文字、模型，强化观众互动及参与体验，达到禁毒宣传警示和预防教育作用，让大家了解毒品危害，坚决抵制毒品。

第六节　网络扶贫：
"大数据+大扶贫"的贵州样板

千百年来，困囿八山一水一分田的贵州是全国贫困人口多、贫困面积大、贫困程度深的省份。作为全国扶贫攻坚的主阵地和主战场，贵州充分利用了大数据先行优势，牢牢扣准脱贫攻坚这一时代主题，将高新科技领域的创新发展与实现贵州贫困地区跨越发展紧密结合，运用大数据支撑大扶贫，利用大数据技术手段落实精准扶贫、精准脱贫基本方略，强化"大数据+产业扶贫"、"大数据+应用扶贫"、"大数据+民生扶贫"，实现了云上"绣花"拔穷根，山中算数真脱贫。贵州在脱贫攻坚主战场上开展了一系列的探索和实践，逐步探索出了一条"大数据+大扶贫"的融合发展道路，为全国提供了"大数据+扶贫"的"贵州样板"。前世界银行行长金墉在贵州调研时说："从决战脱贫攻坚到发展数字经济，贵州有许多成功范例，我们要将贵州可复制的、可借鉴的发展模式推广到其他国家和地区,造福更多的人,推动全球减贫和发展事业取得更大成就。"

(一)脱贫攻坚看贵州

"没有比人更高的山,没有比脚更长的路。"扶贫不走寻常路,脱贫不是空承诺。面对155万还没有摆脱贫困农民群众,"贫困不除、愧对历史,群众不富、寝食难安,小康不达、誓不罢休!"这是贵州各级党员干部对贫困发出的战书,也是对全省各族群众的庄严承诺。2020年是决战决胜脱贫攻坚、全面建成小康社会收官之年,是从消除绝对贫困转向解决相对贫困的关键之年。"行至半山不停步,船到中流当奋楫",围绕决胜之年的工作要求,贵州迎难而上,坚持大数据引领大扶贫,以开局就是决战、起步就要冲刺的劲头打响"脱贫战",吹响全国脱贫攻坚主战场上的"冲锋号"。

1. 脱贫攻坚的主阵地和主战场

经过近几年的持续攻坚,贵州贫困人口总量大幅减少,贫困发生率从"十二五"末的14.3%下降到2018年年底的4.3%,脱贫攻坚战取得决定性进展,进一步增强了贵州打赢脱贫攻坚战的信心决心。但是,作为深度贫困地区,贵州仍然面临着巨大的困难和挑战。

从贫困人口总量上看,除已摘帽退出的15个县外,全省仍有51个贫困县需要在2019—2020两年脱贫摘帽,还有2760个贫村、155万贫困人口需要脱贫出列。这其中,深度贫困地区尚有贫困人口91万,占58.7%,老弱病残等特殊贫困群众52.57万,占33.92%。这些群众致贫原因复杂,生产生活条件相对较差,以往的普惠式扶贫政策效应递减,这是贵州下一步工作的难中之难、坚中之坚。

从贫困人口分布上看,深度贫困地区脱贫难度比较大,贵州深度贫困地区集中分布在西北部高寒山区、西南部石漠化山区和东南部深山区,在16个深度贫困县中,11个位于滇黔桂石漠化区,3个位于乌蒙山区,2个位于武陵山区;有2760个深度贫困村,95%以上集中在高寒山区、石漠化山区及森林覆盖率高的山区,资源禀赋较差,贫困群众增收渠道窄、持续增收难度大。

从贫困人口内生动力上看,剩下的贫困人口中,因病、因残占比大,劳动力资源开发难度较大;少数贫困户"等靠要"思想仍然存在,发展意愿不强,甚至有争戴"贫困帽"现象,需要进一步激发其自主脱贫动力。同时,深度贫困地区建档立卡贫困人口中,少数民族人口占71.58%,部分少数民族群众,尤其是部分妇女不懂汉话、不识汉字,学习掌握劳动技能的能力不足,教育、文化、人力资源开发等难度较大,脱贫任务艰巨。

从扶贫效果上看,贵州由于基础设施、民生保障方面历史欠账较多,脱贫基础薄弱,"两不愁三保障"目标的实现过程中还存在一些薄弱环节,在产业、住房、饮水安全、人居环境以及就学、就业、就医等方面,还有很多需要加快补齐的短板。特别是在农业产业发展上，贫困地区缺乏新型经营主体带动，产销对接不充分，利益联结不完善，对贫困群众带动不足。

2. 精准扶贫路上的"五大难"

贫困人口精准识别难。由于任务重、工作量大、时间紧迫，工作人员在对贫困户真实情况进行调研、数据信息的及时录入等方面还存在一定难度。由于国家制定的扶贫项目的数据统计专业性强，部分工作人员在实际操作中不能正确运用。贵州采用"四看法"指标进行贫困户识别，与传统"大水漫灌"的识别方法相比，有一定的进步性，但是在实际扶贫工作中，"四看法"中的指标偏向定性，缺少细化的定量指标，且贫困户民主评议中难以排除人为因素，以上都会造成贫困人口数据的失真，直接影响到精准帮扶的效果。

帮扶人与扶贫需求精准对接难。各贫困户、贫困村的致贫因素各异、扶贫需求各不相同，先确定帮扶关系，再进行致贫因素分析和扶贫需求调查，容易导致帮扶资源供给与扶贫对象、扶贫需求难以实现最优匹配。拥有资源多的帮扶单位或帮扶人能为与其结对的贫困村或贫困户提供较好的帮扶资源，而资源稀少的帮扶单位或帮扶责任人，在规定时间内帮助贫困村和贫困人口脱贫却困难重重。因此，一些贫困地区出现由主要领导挂点的贫困村基础设施资金投入较多，而一些非主要领导挂点的贫困村扶贫资金的投入则远远不够的现象。

扶贫数据动态管理难。在实际工作中，数据的动态管理受到数据的维护成本影响。由于数据维护的项目众多,如贫困户的致贫因素、脱贫度、帮扶干部的监督、返贫趋势以及概率等,基本数据库建设和动态数据库维护等都存在维护成本高、工作量大、需要的人力资源多的难题,不利于实现数据的动态和精准管理。如果对贵州几百万贫困人口的基本概况、收入支出、医疗健康、受教育程度全部进行登记,工作量巨大,而且存在对已脱贫人口因为一些突发因素可能随时返贫不能及时识别的问题。

扶贫工作实时监测难。 扶贫工作需要监测的指标有3项一级指标、15项二级指标和37项三级指标,采用综合指数法,通过脱贫攻坚计划完成率、专家评分、上级评分和问卷调查将37项三级指标指数化,加权得出15项二级指标指数,然后加权计算得到3项一级指标指数,最后加权得到脱贫攻坚成效指数。这些没有信息系统支撑,不可能精准到位,且各自地区的数据缺乏沟通和共享,很难将贫困地区气候、主要收入来源、健康及医疗保障等全部纳入数据管理,缺乏全面高效的数据分析和决策,无法科学地进行扶贫效果监测并提供修改建议。

社会扶贫精准落实难。 社会扶贫是构建"三位一体"大扶贫格局的重要一翼,社会组织作为社会扶贫的主体受制于专业能力有限,内部管理机制不完善,缺乏高水平的理事会构建经验,在决策时缺乏专业性,对帮扶工作仅停留在对贫困户的物质帮扶上,在立足村情和贫困户实际有针对性地开展项目扶持、技术援助、人员培训等方面缺乏有效支持。而且,近年来社会组织本身侵吞善款事件频发，这主要因为不少社会组织缺乏内部和外部监督机制，组织运行不透明，财务信息不公开。

3."大数据＋大扶贫"的模式路径

扶贫攻坚贵在"精准"、重在"精准"、成败在"精准"，切忌"大水漫灌"。在推进中，贵州坚持以大数据为引领、弯道取直，大扶贫作兜底、不拖后腿，积极探索用数据甄别、数据决策、数据管理、数据考核的精准扶贫方式，突出精准性、体现有效性、打造示范性。

打通扶贫数据"任督二脉"。 贵州统筹推进各部门数据管理及共享权利义务，依托政府数据共享交换平台，大力推进扶贫领域基础数据资源建设及与各部门信息系统的跨部门、跨区域共享。在依法加强安全保障和隐私保护前提下，贵州按照"扶贫＋"的思路，强化与相关职能部门间的统筹配合，建立数据动态交换机制，完成扶贫大数据平台的横向数据连接、传输和整合，将大数据融入脱贫攻坚全过程，实现部门数据的互通互联、资源共享；在确保数据与贫困对象信息安全的前提下，实现大数据向各级扶贫部门授权开放，向社会有限度开放，打通扶贫系统与其他系统的网络连接，共享气候、水质、土质、经济、生产等资源，促进脱贫攻坚问题精准施策。

绘制全省扶贫"一张图"。 贵州统一了全省的大数据扶贫系统平台，建立各扶贫系统间的数据共享机制，在深度贫困地区，推广应用升级版的大数据精准扶贫系统平台。由贵州省扶贫开发领导办公室牵头,工信部、农业农村部、科技部、财政部等配合,协同做好"精准扶贫大数据支撑平台"的推广应用、下级用户账户分配和管理、平台APP端的下载安装指导、使用答疑等工作,避免出现多系统、多部门管理精准扶贫系统情况,确保基层帮扶干部能用会用,充分发挥精准大数据平台功能;构建省级大数据处理和云管理中心;充分利用云平台基础资源,遵循"统一网络平台、统一安全体系、统一运维管理"的一体化项目建设原则,将扶贫对象的脱贫返贫情况及时通过大数据管理好,实现扶贫数据的实时观测、分析和对比,让扶贫工作变得更加透明、高效、精准和全面。同时,贵州敦促标准委加快调研,率先试点、及时反馈,制定公平合理、标准统一的大数据精准扶贫地方标准。

打好精准扶贫"组合拳"。 贵州做好村级示范,完善系统功能、不断提升"扶贫云"系统实用价值,发挥大数据扶贫功能,提升扶贫绩效;改善扶贫信息系统的逻辑错误筛查功能,及时对错误信息进行预警,提高"扶贫云"系统智能化水平,减少人工干预,解决工作中人为操作带来的干扰及错误;加强扶贫子系统开发设计。在省级扶贫系统基础上,按照统一平台、统一标准、统一数据的要求,贵州开发建设具有自身特色的子扶贫云和精准扶贫个案管理相关系统,激发更广泛的扶贫工作创新,保证数据的统一性、完整性、灵活性,强化特色扶贫工作和个案扶贫措施应用;依托省级"扶贫云"系统建设,建好地方特色的大数据精准扶贫监测公共数据平台,实现扶贫开发工作的精准识别、精准帮扶、精准管理、精准考核，倒逼精准扶贫政策的全面落实，为精准扶贫绩效考核提供科学决策支撑。

（二）云上绣花拔穷根

贵州精准扶贫围绕"扶持谁、谁来扶、怎么扶、如何退"四个问题，以大数据开启"云"上扶贫密码，建成"贵州扶贫云"系统，真正实现了对全省扶贫工作的精准管理、动态管理和科学管理。

1. 贫困画像，精准识别

从2014年起，贵州利用新一代信息技术，逐步建立起了农村建档立卡贫困人口信息系统，精准识别贫困人口782.08万人。2015年12月25日，"扶贫云"在"云上贵州"平台应运而生，按照"军事化作战"的原则，用"一张图"的形式，将贫困区域、贫困人口、扶贫项目，通过GPS定位在"图"上，省、市、县、乡、村五级都可以通过PC端、移动端，实现挂图分析、挂图指挥、挂图作战。近几年，为有效解决基层跨部门、跨系统重复填报数据的问题，贵州通过"云上贵州"平台接口，建立大扶贫数据交换机制，以签订数据保密协议、数据传输协议的方式，打通公安、卫健、教育、人社、住建、民政、水利、国土、工商等17个部门相关数据，形成部门互通、上下联动的"大扶贫大数据"。"扶贫云"通过数据清洗比对、模糊匹配、智能分析，对全省建档立卡贫困户中拥有机动车、商品房和企业情况的已经做到了实时更新和自动预警。运用大数据的方式，按照"一看房，二看粮，三看劳动力强不强，四看有没有上学郎"的"四看法"，为每一位贫困户建立了相应的"贫困指数"，甄别出最贫困的乡、最贫困的村、最贫困的户，使贫困深度看得见、摸得着，扶贫工作实现了由定性到定量的精准转变。截至2019年10月底，识别准确率从2017年的95.98%提高到了99.17%。

2. 瞄准靶心，精准施策

精准识别的目的是为了精准帮扶脱贫。"扶贫云"把帮扶干部与贫困户联系起来，通过"责任链"监控，把结对帮扶落到实处。通过对数据的提取分析，"扶贫云"还能展示贫困人口的致贫原因，包括：因病、因残、因学、因灾、缺土地、缺水、缺技术、缺劳力、缺资金、交通条件落后、自身发展动力不足等，通过致贫原因分析；同时依据农业、商务、民政等部门数据综合分析，对帮扶点产业发展进行科学分析和合理规划，帮助扶贫干部为贫困群众量身打造、精准制定及适时调整帮扶措施，把产业脱贫、搬迁脱贫、生态脱贫、教育脱贫、保障脱贫等任务，落实到每一个贫困户。比如，制定精准帮扶策略，帮扶干部可以通过平台提供的帮扶对象的致贫原因，精准分析后提出准确的帮扶对策，引导贫困群众开展针对性的种植养殖、发展农村电商等，从而推动帮扶点产业发展、促进贫困群众增收。再如，平台对因病返贫的对象实时推送，方便帮扶干部及时掌握情况主动帮扶，充分用活"五步工作法"（政策设计，工作部署，干部培训，监督检查，追责问责），全面聚集"八要素"（产业选择、培训农民、技术服务、资金筹措、组织方式、产销对接、利益联结、基层党建），深入推进农村产业革命，大力推行电商扶贫，打通扶贫"最后一公里"。

3. 筑牢防线，精准帮扶

通过大数据技术，掌握贫困人口信息、致贫原因、脱贫成效等情况后，"扶贫云"将围绕帮扶结对情况、帮扶计划制定、帮扶计划落实情况、帮扶措施情况，针对省、市州、县、镇、村，分别监测结对、帮扶计划、帮扶项目落实情况，识别出已落实、未落实的贫困人口分布，关联显示帮扶的人或单位等相关信息；通过分析帮扶情况，清晰了解省、市州、县、镇、村贫困人口的实际帮扶情况，协助全省各地切实做到退贫不返贫。在决战脱贫攻坚、决胜全面小康的关键时刻，贵州"扶贫云"深挖大数据"钻石矿"，一手抓深度贫困地区脱贫攻坚，一手抓脱贫成果巩固提升，聚焦补齐"两不愁三保障"短板，运用大数据追溯技术，对计划脱贫人口进行预脱贫标识，落实帮扶举措，实行脱贫跟踪管理。截至目前（2020年），全省脱贫准确率从2017年的95.74%提高到了100%。

4. 数据留痕，精准监管

通过贵州"扶贫云"手机APP，人们不仅能看到与贫困户结对的帮扶干部信息，对帮扶干部监督管理，还能查询并上传该贫困户在教育、医疗、危房改造等方面的相关信息。贵州"扶贫云"

在全国率先开发疑似漏评采集、入户核查、计划脱贫标识、帮扶措施覆盖分析等特有功能,通过运用多项特色功能并进行数据综合分析,2018年共帮助全省各地标识计划脱贫36万余户、140万余人,针对帮扶措施落实情况预警33万余次,下发通报6次,为全省各地特别是18个县高质量完成减贫任务如期摘帽提供了有力支撑。如今,在每天更新全国扶贫开发系统贵州业务数据的基础上,贵州扶贫云通过"数据自动比对端口"等多种方式,实现各部门数据比对和分析,把扶贫项目的分布状况、实施进度、资金报账等信息,以工作流的形式直观呈现,实现了从项目申报、立项批复、资金划拨、实施监督、检查验收全过程的精准监管、动态监管。数据显示,党的十八大以来,贵州累计选派驻村干部29.84万人,驻村工作队5.52万个,第一书记3.28万人,且随着"扶贫云"的开发运用,第一书记与选派驻村干部人数都呈逐年减少趋势,有效实现了数据管理的科学工作模式。

5. 持续跟踪,精准脱贫

近年来,贵州依托大数据精准扶贫云系统,通过大数据可视化掌握全省未脱贫地区的网商发展情况,大力改善适合网商发展的贫困地区交通及基础网络设施,统筹支持物流、快递公司分支机构或服务站点入驻乡、镇、村,大力推动电商安家贫困地区,培养本地运营商;依托现有产业,搭乘互联网快车,运用大数据技术精准对接网销渠道,整合社会力量帮助贫困地区农畜特色产品、民俗文化产品等电商发展,增加既有产业附加值实现增收;

支持农产品溯源体系建设、QS和"三品一标"认证等供应链监管服务，有效解决了互联网销售的营销信用问题，提升了贵州扶贫品牌形象；将大数据、互联网与农业、服务业等产业充分融合发展，调整全省贫困地区产业结构，实现资源优化配置与产业升级；积极推进电子政务、电子村务、便民服务、电子农务、网上培训等，让贫困地区群众享受远程办事及高效率服务；通过"大数据＋互联网"整合各方人力、财力、物力资源，通过互联网"众筹扶贫"等方式，引导鼓励社会各方力量支持扶贫。

（三）山中算数真脱贫

2018年7月，习近平总书记对贵州毕节试验区工作作出的重要指示，要着眼长远、提前谋划，做好同2020年后乡村振兴战略的衔接。2019年6月，中共中央办公厅、国务院办公厅印发的《数字乡村发展战略纲要》，纲要明确提出，数字乡村建设既是乡村振兴的战略方向，也是建设数字中国的重要内容。作为国家大数据（贵州）综合试验区、全国脱贫攻坚主战场，贵州引入大数据为大乡村发展注入新动能。近年来，贵州通过不断探索，深入实施"大扶贫、大数据、大生态"三大战略行动，用大数据支撑大扶贫，发挥大数据先行优势，将高新科技领域的创新发展与实现贵州贫困地区跨越发展紧密结合，实现了"大数据＋大扶贫"的高度统一融合，促进农业全面升级、农村全面进步、农民全面发展。

1. "大数据＋产业振兴"

乡村振兴，产业兴旺是基石。农业是乡村产业的重点，农业产业体系越健全，农民增收渠道就越通畅。贵州加快构建大数据、云计算、互联网、物联网技术为一体的现代农业发展模式，实现了对现代农业生产的实时监控、精准管理、远程控制与智能决策；加快实现贫困农户建档立卡数据与农业生产数据的共享互联，做好精准脱贫识别；建设农业产业脱贫攻坚大数据库和大数据平台，构建"天空地人"四位一体的农业大数据可持续采集更新体系；夯实农业大数据基础，实现农业生产数据的关联整合、时空分析与智能决策，优化农业产业布局，深入推进农业结构调整。贵州将物联网作为实施"互联网＋现代农业"行动的一项根本性措施，加快推广应用，充分发挥其在节水、节药、节肥、节劳动力等方面的作用，提高土地产出率、资源利用率和劳动生产率，促进农业生产管理向智能化、精准化、网络化方向转变。同时，贵州还加快建立适合全省农业产业发展的数据标准化体系，构建农业数据指标、样本标准、采集方法、分析模型、发布制度等标准体系；积极开展农业部门数据开放、数据质量、数据交易等关键共性标准的制定和实施，带动农业物联网基地建设规模化。在推进农产品质量安全可追溯方面，贵州充分运用大数据技术，聚焦茶叶、蔬菜、水果、禽蛋等贵州特色农业产业，实现农产品产地、生产单位、产品检测等信息的追溯查询，打通农产品生产、加工、流通等环节，形成生产有记录、信息可查询、质量有保障、责任可追究的农产品质量安全追溯体系，最终实现农产品的安全风险管理。

2. "大数据+生态振兴"

生态宜居，是广大人民群众美好生活的民生需求。改善农村人居环境，让居民望得见山、看得见水、记得住乡愁，是建设生态宜居的美丽乡村应有之义。贵州践行习近平总书记"绿水青山就是金山银山"的发展理念，贯彻落实《关于全面推行河长制的意见》政策，先行先试，构建省、市、县、乡、村五级河长体系，结合大数据技术开发"河长云"平台。平台内容包括河长台账、巡河统计、巡河动态和任务管理四大部分，采用"互联网+河长制"思维，在"一张图、一个库、一个APP"的基础上建立起全方位河长体系，并制定"一河一策"行动指南，对日常巡河、问题督办、情况通报、考核问责等各项工作进行数据化管理，聚集了水务、环保、国土、气象、公安、住建等部门数据，实现了信息的实时共享。人们在平台上可以对巡河全过程监督，随机点开一条河流，与河流相关的各级河长姓名、河流治理和护河情况等各类信息就立即呈现。同时，"河长云"平台依托生态"数据铁笼"，充分发挥群众监督和法纪监督的作用，汇集民意调查热线、领导信箱、网站、手机APP、微信、QQ等各种渠道，建立跨区域的河湖保护协同监管机制，打造线上线下一体化监管模式，提高河长制工作监管效能；整合地区河长办、纪检监察部门以及全社会力量，守护水生态安全，打好污染防治攻坚战,共同保护绿水青山。

3."大数据+文化振兴"

既要"面子"也要"里子",既要壮大经济,更要激活文化、提振精神。乡村优秀文化与乡村优美环境结合起来,还能成为珍贵的乡村旅游资源。早在2011年,贵州就制定印发了《贵州省编制乡村旅游扶贫规划行动计划规范(试行)》等文件,鼓励贫困村庄发展旅游业。2017年,贵州省扶贫办与省旅发委共同印发了《关于依托"扶贫云"做好旅游精准扶贫大数据工作的通知》,开发了"贵州旅游精准扶贫云系统",建立了全省乡村旅游发展和乡村旅游扶贫综合信息精准管理的统一平台,对全省贫困村寨旅游总人数、总收入、游客关注度、资源禀赋和旅游适宜从业人口进行了全面摸底调查,有效提高旅游数据的准确性;按照旅游业助推脱贫攻坚要求,组建县、乡、村旅游精准扶贫信息队伍,新增村级信息员,并指导其加入省、州、县旅游扶贫云系统工作群,关注工作动态。各乡镇严格梳理旅游工程项目、乡村旅游服务业、参加旅游企业工作及新兴产业合作社、旅游企业帮扶等信息,精准识别带动的贫困受益人口,为旅游扶贫工作开展提供翔实的数据支撑;逐步完善乡村景区门禁系统,配套安装景区摄像头,加快推动数据收集、数据挖掘、融合应用,实现旅游产业监管、旅游产品推广、个性化服务预订等功能,构建起服务单位与游客之间的互动网络,满足游客"吃、住、行、游、购、娱"六大需要,实现乡村旅游发展、旅游扶贫工作的精准监测统计和调度管理。

4. "大数据+人才振兴"

农村经济社会发展，说到底，还是人，提升乡村教育质量才能为乡村振兴输送高素质人才。贵州率先推动"精准扶贫云"与"教育云"融合，基本实现了教育扶贫数据与多部门数据的实时共享。教育精准扶贫系统以扶贫部门确认的贫困人口数据为基准，将其与学籍数据、高考招生录取数据进行对比和关联性分析，自动在入学前将贫困学生名单推送给各相关学校，实现了贫困家庭子女高中、大专院校免学费的零申请、零证明、零跑腿。此外，通过高校与企业合作模式，贵州对各区县的贫困人口进行专业化培训，提高贫困人口的教育水平。2018年5月，贵州省大数据发展管理局和省教育厅与阿里云计算有限公司共同签署相关合作协议，为贵阳、遵义、安顺地区记录在档的大数据相关专业的在校贫困学生提供免费培训。同时，贵州省大数据发展管理局与省教育厅依据发展及需求情况，共同开设了云计算和大数据培训班，让贫困学生掌握多项云计算使用技能及大数据前沿技术。2018年6月，通过"教学点数字教育资源全覆盖"项目建设，贵州边远山区1791个教学点基本实现了设备配置、资源配送和教学应用"三到位"，率先在全国完成省级全员培训，有效地解决了长期以来教学点师资短缺和水平不高的实际困难，让优质教育资源实现精准覆盖、精准推送、精准支持，提高了教学质量，受到教育部点名表扬。

5. "大数据+组织振兴"

乡村振兴关键在党，农村基层党组织强不强，基层党组织书记行不行,直接影响乡村振兴战略的实施效果。贵州充分发掘大数据手段在党建工作中的潜力,扎实推进党建信息化向智慧化转型,着力加强智慧党建的阵地建设、设施建设和内容建设,开发了"贵州党建云平台",在党建模式、教育渠道、联系群众、信息送达等方面都呈现出数字化的新特点。该系统涵盖了"一云两库五平台",即云基础平台,党员、党组织数据库和行为数据库,宣传平台、教育平台、管理平台、服务平台、资源平台,实现省、市、县、乡、村、党员六级互联互通,集宣传展示、学习教育、互动交流、综合服务、办公管理五大功能于一体,对基层党员干部进行远程工作指导和监督,打通党建服务群众"最后一公里",还可随时进行"两学一做"学习教育,解决基层党员干部集中学习不便的问题,具有党建新模式、教育新渠道、联系群众新平台、扶贫新手段、信息送达新通道"五新"特点,可实现对党组织和党员的全覆盖。

第五章

云上筑梦
数字贵州的愿景与展望

"把握好数字化、网络化、智能化发展机遇,处理好大数据发展在法律、安全、政府治理等方面挑战",是习近平总书记在2019数博会上对贵州大数据发展的期待和要求。贵州始终坚持创新发展,顺应融合趋势,不断开创大数据发展的美好未来,让经济发展更加充满活力,让人们生活更加充满智慧,让人类文明更加辉煌灿烂。无论是主动求变抑或被动应变,面对数字革命,"变"是唯一的方法论。新中国成立70年来,特别是党的十八大以来,贵州与全国一道,经济社会发展实现了历史性跨越,城乡面貌发生了翻天覆地的变化,可以说是"中国之治"的一个缩影。

第一节 数权法引领未来法治

当今世界,人类正面临前所未有的挑战,核战争、网络战、金融战、生物战、非主权力量等形式多样的全球问题层出不穷。全球问题的应对之道是全球治理,人类命运共同体是中国着眼于世界前途、人类发展和全球治理提出的"中国方案"。国际法律共同体是人类命运共同体的法治支撑,是存在于相互依存的国际社会中的一种共同规则体系,能够同时扩大各国利益交汇点,形成利益共同体,落实国际行为体的共同责任。数权法是国际法律共同体的重要组成部分,是对技术、法律和人类发展大趋势的审视。数权法的提出,是中国法律崛起并走近世界舞台中央的重要标志,是数字文明时代参与全球治理的强大法理重器。

(一)从数据时代迈向数权时代

在大数据时代,数据的实时流动、共享构成了一个数据化的生态圈，数据力与数据关系影响着社会关系，数据权利化思潮空前活跃。随着时代发展和科技进步，数据被赋予了新的内涵和外延。人作为客体被接入互联网，成为一个不断采集数据并向云端传输数据的节点，开启了人的数据化。时代的发展和技术的进步不断要求承认新的权利以满足社会的需要。面对日益高涨的数据化浪潮，要实现数据的全面保护，社会需要构建一个以数权为基点的权利保障体系。数据权、共享权、数据主权等构成了大数据时代的新权益，这些权益具有被列入法律权利清单的资格。从某种意义上说，数权的产生也是社会发展到数字社会这一阶段给法律带来的成长机会。

数据权。 大数据正朝着资源化、资产化、资本化趋势推进，数据创新与数据增值日渐成为经济增长与社会发展的主要动力。与此同时，由于数据被非法采集、窃取、买卖、滥用等侵权或犯罪行为频发，加大法律制度对数据的合法保护与开发利用，不仅是世界各国立法的主要内容，也成为中外学者以"数据权"为命名的研究热点。数据权作为数字社会形态下的一种独立的权利，大致可以分为个人数据权、企业数据权和政府数据权等。对数据的保护是一个宏观的概念，可分为私权视野下的数据权利和公权视野下的数据权力：其一，指向私权利，即以个人利益为中心构建的数据权利，包括数据人格权、数据财产权和数据隐私权等；其二，指向公权力，即以公共利益为中心构建的数据权力。法治的核心是规范公权、保障私权，维护正义、引领风尚。数据权利与数据权力作为传统私权利与公权力在数字空间的延伸，两者的冲突更为频繁。当前，数据权利与数据权力正处于快速成长时期，但从长远来看，数据权利的扩散和数据权力的衰退是必然趋势。

共享权。当物的成本下降甚至接近零成本时，物的占有将变得不再必要。对于富足而零边际成本的数据资源来说更是如此，其天然的可分割性、可复制性、多元主体性等特性决定了"数尽其用"基本原则的前提是共享，倡导"一数多权"的共享则成为一种必然趋势。从长远看，稀缺的资源也会变得富足，传统意义上的资源稀缺将被交互共享打破。美国经济学家、思想家杰里米·里夫金认为，"未来社会可能不再是简单地交换价值，而是实现价值共享。过去所有的东西如果不交换就没有价值，但是未来不是交换而是共享。"共享的理念早已渗透在对物或数的利用当中，成为一种基本的、常态化的利用方式。共享权是数权的本质，是基于利他而形成的权利，其实现方式是公益数权与用益数权。共享权使数据所有权和使用权的分离成为可能，形成了一种"不求所有、但求所用"的共享发展模式。但数据共享和隐私保护之间却天然地存在利益冲突，共享权与隐私权之间的博弈日趋加剧，其原因在于公共利益与个人利益的博弈、财产利益与人格利益的分歧。因此，要想充分挖掘数据资源的价值，必须实现共享权与隐私权的平衡。可以预见的是，共享是新一轮科技革命和产业变革的关键力量，基于共享，人类文明必将走向更高阶段，人类将进入一个由共享权建构的秩序之中。

数据主权。数据具有无国界、共享性的基本特征。随着人类活动空间的拓展,数据空间成为继陆、海、空、天等自然空间之后人类创建的第五大主权领域空间。一个国家拥有数据的规模、活性及解释运用的能力将成为综合国力的重要组成部分。在此背景下,主权概念开始与地理要素脱离,数据主权成为新的概念分支并占据主权体系版图核心。数据主权是国家主权的重要组成部分,是国家主权在数字化、全球化发展趋势下新的表现形式,是国家主权在数据空间的表现和自然延伸,是各国在大数据时代维护国家主权,反对数据垄断和霸权主义的关键领域。如果说,数据力是衡量国家综合国力及国际竞争力的主要标志,那么,数据主权将成为保障国家核心利益的前提和基础。围绕对数据的管理和控制,各国纷纷开始构建本国的数据主权制度。例如,我国在坚持尊重网络主权原则的基础上制定《中华人民共和国网络安全法》,明确了关键信息基础设施中个人信息和重要数据境内存储的要求;欧盟实施《一般数据保护条例》,延伸了对数据的域外管辖权;美国出台《澄清域外合法使用数据法案》,赋予了执法机构对域外数据的索取权;俄罗斯通过《主权互联网法》,确立俄网的"自主可控"网络主权。澳大利亚、巴西、加拿大、印度、韩国等也制定了类似的法律。数据主权已成为全球博弈与国际竞争的新尺度。

进入数权时代,原有的隐私保护法律制度已难以协调数据主体保护诉求与数据处理者利用需求之间的利益冲突。这就需要将数权视作一种新型权利予以保护，并在此基础上构建数权制度以健全数权法律保护制度。这也是推动大数据时代在法律指引下健康发展的合理选择。以权利为核心的前信息时代的法律保护并没有完全过时，仍是必要的积累，我们应在做好补课的同时，适应大数据时代的要求，从多元、动态的视角做好数权法律保护的整体制度建构。

（二）数权、数权制度和数权法

从认识大数据的第一天开始，我们往往把它看成一种新能源、新技术、新组织方式，或者把它看成一种正在改变未来的新力量，希望通过数据的跨界、融合、开放、共享创造出更多价值。但是，开放数据和数据流动又往往带来了更多的风险，个人信息的过度收集和滥用对数据主体的隐私，企业、社会乃至国家的安全提出了巨大挑战，从而引发人们对数据共享、隐私保护与社会公正的广泛关注和深层忧虑，并成为全球数据治理的一大难题。这个难题引发了我们更深层次的思考，我们试图提出一个"数据人"的理论假设来破解这一难题。我们把基于"数据人"而衍生的权利称为数权；把基于数权而建构的秩序，称为数权制度；把基于数权制度而形成的法律规范，称为数权法，从而建构一个"数权—数权制度—数权法"的法律架构。

人权、物权、数权是人类未来生活的三项基本权利。从法律上证明"我的和你的"，是权利关系的首要问题。这其中涉及数权,也涉及人权。经过几百年的发展,人类社会正进入大数据时代,"数据人"将从假设变成现实,数据关系反映在个人生活、企业运作和国家安全等方方面面。一个新的既有别于传统的物,又超越了传统的人的东西开始进入法律关系的视野,这就是"数"。数因时代而生,时代又被数创造。它跳出了传统法律意义上的权利义务关系,体现出一种跨界和融合的特征。它不再是传统的"反对所有占有者占有它的权利"。数据的流动和共享,正成为这个时代的本质。更为重要的是,基于保护人类固有尊严的原则,数权是人权层面上一项新的基本权利。按照GDPR(《一般数据保护条例》)的表述,自然人在个人数据处理方面获得保护是一项基本权利。这一精神激励我们透过"人权论""物权论"的语境去探讨数权的基础理论,并通过对人权、物权的观照,揭示数权在法哲学上的正当性依据,进一步说明数权、数权制度和数权法创设的可能性、必要性和必然性。这里所说的数权,突破了人格学说、隐私学说、物权学说、债权学说、知识产权学说对数据保护的局限,成为数据语境下的新权益。这种新权益包括数据主权、个人数据权和数据共享权。数权与人权、物权构成人类未来生活的三项基本权利。

数权是人格权和财产权的综合体。数据既具有人格属性,又具有财产属性,但同时又与人格权、财产权有所不同。数据人格权的核心价值是维护数据主体——人的尊严。大数据时代,个人会在各式各样的数据系统中留下"数据脚印",通过关联分析可以还原一个人的特征，形成"数据人"。承认数据人格权就是强调数据主体依法享有自由不受剥夺、名誉不受侮辱、隐私不被窥探、信息不被滥用等权利。同时，"数据有价"已成为全社会的共识，因而有必要赋予数据财产权并依法保护。数据财产作为新的财产客体，应当具备确定性、可控制性、独立性、价值性和稀缺性这五个法律特征。数据人格权和数据财产权共同构成数权的两大核心权利。

数权的主体是特定权利人，数权的客体是特定数据集。 在具体的数权法律关系中，权利人是指特定的权利人。数权拥有不同的权利形态，如数据采集权、数据可携权、数据使用权、数据收益权、数据修改权等。因此，需要结合具体的数权形态和规定内容确定具体的数权人。对于数权的客体而言，单一独立存在的数据不具有任何价值，只有按一定的规则组合成具有独立价值的数据集才有特定的价值，不能将数据集中的单个数据作为分别的数权客体对待。因此，数权的客体是特定的数据集。

数权突破了"一物一权"和"物必有体"的局限，往往表现为一数多权。 "一物一权"是物权支配性的本质特征。物的形态随着科技的进步逐渐丰富，伴随物权类型的不断增加，所有权的权能分离日趋复杂化。"一物一权"在现实中受到了"一物多权""多物一权"的冲击。人类对物的利用程度和形式不断变化，"一物多权""多物一权"在审判实践中也取得法律上的一些间接默认与模糊许可。随着时代发展和科技进步，当物的成本下降甚至接近零成本时，物的独享变得不再必要。对于富足而零边际成本的数据资源来说更是如此，其天然的非物权客体性和多元主体性决定了"数尽其用"的基本原则。

数权具有私权属性、公权属性和主权属性。数权天然地具有一种利他的、共享之权的属性，是私权和公权冲突与博弈中的一种存在。数权一旦从自然权利上升为一种共有和"公意"，那么，它就必然超越它本身的形态，而成为一种社会权利。大数据时代，人们都作为一种数据人而存在的话，那么，这个由数据人组成的主权者群体，必然需要一种制度，保证人人都能以数据公民的自由形式和在私有权利确获保障的过程中重新获得因放弃自然权利而失去的那些东西。亦如 GDPR 中所述，"保护个人数据的权利不是一项绝对权利，应考虑其在社会的作用并应当根据比例性原则与其他基本权利保持平衡。"换句话说，保护数据主体权利的同时仍应为技术创新和产业发展留下空间，这也恰恰是民法"物尽其用"的精髓所在。既然数据已经成为数字经济的关键生产要素，那么我们就需要明确数据所有权和使用权如何分离。数据权利、数据权属是核心问题，是一个比数权保护本身更重要的问题。在民法的眼睛里，每个人都是国家本身，这就是界定数权非常重要的一个哲学框架。个人的主权，社会的主权，互联网企业巨头的主权，以及国家的数据主权，都应该是同样的一种善，但它们也会发生冲突，在西方政治思想史上把它们视为同等重要，但是更重要的是法律人会捍卫的个人主权。

数权制度的五个基本维度。法律制度是社会理想与社会现实这两者的协调者,或者说它处于规范和现实之间难以明确界定的居间区。数权制度更是如此,其意义不仅在于维护和实现正义,而且还须致力于创造秩序,即通过数权关系和数权规则结合而成的且能对数权关系实现有效的组合、调节和保护的制度安排,最大程度降低数据交易费用,提高数据资源配置效率。这就要求我们围绕数权构建一套制度体系与运行规则,包括数权法定制度、数据所有权制度、公益数权制度、用益数权制度和共享制度。这五大维度的核心,则是基于安全、风险防范等价值目标而确立的个人数据保护制度。但个人数据保护不能仅限于考虑私权的保护,需要超越"同意"或"知情"模式,兼顾对产业发展和社会公正更加开放、包容和友好的态度,保持规则的动态和弹性,更好(但不是更多)地通过自下而上、分布式的规则产生机制,建立起更加符合特定价值目标的配套制度,形成更加符合现实需要的数据保护规制和法律体系。

共享权是数权的本质。重混是人类未来生活的时代特征。而重混对权力结构和权利结构的冲击使人们不得不重新审视社会,以及重构新的数字秩序。数权是数字秩序内在活力的源泉,数权的主张是推动秩序重构的重要力量。这种力量标志着传统权力的衰退、新型权利的扩展和个人主权的让渡。利他主义越来越成为人类未来共同生活的共识。个人的"自然权利"是法治社会的基石。但我们总是要在保护不可剥夺的个人权利的同时,更进一步探索在一种主权性的集体"公意"的至高无上性中探寻数字社会生活的终极规范。数权作为基于"数据人"假设的未来之权，它也具有这样一种"公意"。当"数据人"走下经济的象牙塔，共享成为数字秩序的核心时，数权的本质才能得到彰显。

数权法是调整数据权属、数据权利、数据利用和数据保护的法律规范。 数据确权是数权保护的逻辑起点，是建立数据规则的前提条件。数据权利是数权立法的重要组成部分，一部没有权利内容的法律无法激起人们对它的渴望。在立法中，立法者应当赋予数据主体相应的权利，如数据知情权、数据更正权、数据被遗忘权、数据采集权、数据可携带权、数据使用权、数据收益权、数据共享权、数据救济权等。法律中不仅要有数据的所有权人控制、使用、收益等权利的规定，也要有他人利用数据的权利的规定，如用益数权、公益数权、共享权等。数据的价值在于利用，在坚持数尽其用原则的前提下，开发数据政用、商用、民用价值，催生全治理链、全产业链、全服务链"三链融合"的数据利用模式。保护责任是法律、法规、规章必不可少的重要组成部分，如果一部法律缺乏保护责任的规定，该法律所规定的权利和义务就是一些形同虚设的规则。数据采集、存储、传输、使用等环节都需要强化安全治理，防止数据被攻击、泄露、窃取、篡改和非法使用。此外，数据事关国家安全和公共利益，需要在国家层面对数据主权加以保护。

数权法重构数字文明新秩序。 数字文明时代是一个基于大数据、物联网、人工智能、量子信息、区块链等新兴技术的智能化时代。这个时代，数权思潮空前活跃，数据的实时流动、共享构成一个数据化的生态圈，整个社会生产关系被打上了数据关系的烙印，政治、经济、文化、科技等得以全面改造，这将引发整个社会发展模式和利益分配模式前所未有的变革和重构。表面看来，现有法律体系外部框架的搭建已经取得非凡成就，从《查士丁尼国法大全》《拿破仑法典》到《德国民法典》等立法创制，法律制度在芸芸众生眼里已相当完备，似乎已完备到可以满足人类对有秩序、有组织的生活需要，满足人类重复令其满意的经验或安排的欲望以及对某些情形作出调适性反应的冲动。然而，面对基于甚至是18世纪的法律和21世纪的现实的矛盾，在涉及民法、经济法、行政法、刑法、诉讼法、国际法等诸多领域，数权法究竟如何跨界，这基本上还处于一个三岔口的状态。但无论如何，数权法是数据有序流通之必需、数据再利用之前提、个人隐私与数据利用之平衡，是构造数字世界空间这个"方圆"世界的基本材料。数权法将是数字文明时代规则的新坐标、治理的新范式和文明的新起点，必将重构数字文明新秩序。

数权法是工业文明迈向数字文明的重要基石。从农业文明到工业文明再到数字文明，法律将实现从"人法"到"物法"再到"数法"的跃迁。数字文明为数权法的创生提供了价值原点与革新动力，数权法也为数字文明的制度和秩序的维系提供了存在依据。数权法的意蕴凝结在数字文明的秩序范式之中，并成为维系这一文明秩序的规范基础。从这个意义上,数权法是文明跃迁的产物,也将是人类从工业文明向数字文明迈进的基石。

(三)数权法重构数字文明新秩序

进入数字时代,以互联网、大数据、区块链、人工智能等为代表的数字科技成为这个时代的标识,中国也正在加速建设成为"数字中国"。数字科技与人类生产、生活、生存深度融合,数字科技的广泛使用已经成为人类发展须臾不可或缺的一部分。当今社会的法治和国家治理、社会治理也在智能化的时代背景中呈现出其专属的智能化发展路径。如果说,人类社会还将发生一场巨大的社会革命,那将不是打碎旧的国家机器的暴力革命,而是规制数字帝国的法治革命。随着以数字科技为代表的第四次工业革命和经济社会的急剧变革,新兴人权大量涌现,数权是其中最显赫、最重要的新兴权利,而"数权""数权制度""数权法"等数权体系的提出,显得格外耀眼。

数权法是国际法律共同体的重要组成部分。数化万物的大背景下,人机物三元世界一切皆可数据表达,出现了"数据人"的人格模式假设。围绕"数据人"将会产生一系列传统法律难以规制的法定权利和法律关系,如数据权、共享权、数据主权等。因此,需要构建新的法律规范来调整数字文明时代的数据权属、数据权利、数据利用和数据保护,这种新的法律规范我们称为"数权法"。数权法的提出,正是从法律视角给我们提供了一个重构世界秩序的法治化解决方案。

数权法是对数字文明时代"三大趋势"的研判。一是技术发展的大趋势。自世界上第一台通用电子计算机诞生,以电子技术、计算技术、软件技术为重要标志,人类进入信息技术1.0时代。随后经过20年的技术进步和生态演化,以互联网技术为重要标志,Facebook等国际性互联网平台诞生,全球信息网络互联互通,人类进入信息技术2.0时代,世界变成"鸡犬之声相闻"的地球村。技术的进化始终向前,人工智能、量子信息、5G通信、物联网、区块链等新一代技术迅速发展,以数字孪生为重要标志,人类进入信息技术3.0时代,人类正在经历着从物质空间向数字空间的迁移。在可预见的未来,物质空间与数字空间逐步融合,数字化、网络化、智能化将逐步成为人类生存的新特征,数字化生存成为最重要的生存方式,这是数权法研究的"技术脉络"。二是法律经历的大趋势。法律的发展是社会的自觉状态,纵观世界法制史,法律经历了族群法、城邦法、国家法、国际团体法的发展过程。未来,法律将会出现由国家之法到跨国家之法再到超国家之法的过程,呈现出法律的全球化日趋统一、私法自治、成文法与判例法相互融合等重要趋势,最终形成"全球法+国家法"的多元法律格局,这是数权法研究的"基本判断"。三是人类发展的大趋势。法律诞生至今,权利的主体仍是"自然人",也许在不久的将来,人类社会很可能就会由"自然人""机器人""基因人"共同组成,共生共存。我们把"自然人""机器人""基因人"统称为"数据人",基于"数据人"建构了一套"数权—数权制度—数权法"的法理架构,这是数权法研究的"理论基础"。

"中国的法律要走向世界,最有可能的是数字经济方面的法律"。21世纪初最大的国际政治变化是中国的持续和平发展。对于一个国家来说,真正的和平是为世界提供一种文明。数权法是人类迈向数字文明的新秩序,是时代进化的产物。它开辟了全新的法学研究领域,对于促进中国法学与世界法学的双向对话,促进双边和多边法学文化等领域交流具有重要意义。"数权—数权制度—数权法"体系为我们重新审视这个世界提供了一个全新的视角,这是一把我们所有人都期待的钥匙,它将打开数字文明的未来之门。

第二节 数据治理与数据安全

大数据安全是国家大数据战略的重要组成部分,建立健全大数据安全保障体系对于推进大数据产业发展与应用至关重要。为贯彻落实习近平总书记关于"战略清晰、技术先进、产业领先、攻防兼备"网络强国战略目标和保障国家数据安全的要求,贵阳坚持在国家大数据综合试验区的建设上先行先试,提出大数据安全"1+1+3+N"的总体思路,大胆探索,以大数据及网络安全攻防演练为切入点,以国家大数据安全靶场为抓手,以大数据安全产业示范区为载体,以大数据及网络安全示范城市为战略目标,用过人的胆魄把中央有关决策部署变成真正的贵阳行动,不断全面提升大数据及网络安全防护能力和水平,为大数据及网络空间安全治理和保障国家数据安全提供贵阳方案。

（一）数据共享开放与数据安全立法

开放共享与安全保障是大数据发展进程中的"两大关键"。开放共享是数据的本质，安全是数据的基础，没有安全就没有开放共享，缺乏数据流通和安全保障都不可能实现数据产业的发展。确保数据安全是贯穿数据共享开放全过程的前提，促进数据流通是发挥数字效能的最佳途径。只有找到数据开放需求、隐私保护和安全保障需求之间的最佳平衡点，实现数据开放与数据安全的同步与平衡，才能促进大数据产业健康发展，推动经济高质量发展。

以"聚通用"为突破口推进政务数据共享开放。 贵州开展大数据战略行动以来，先后推出"七+N朵云"建设、政务数据"聚通用"三年会战、"一云一网一平台"建设等重大举措，推行三级"云长制"，"云上贵州"成为全国第一个省级政务数据共享开放平台，政务数据共享开放走在全国前列。

数据汇聚成为全国样板。贵州省市两级政府736个非涉密应用系统接入"云上贵州"平台，数据集聚量从2015年的10TB增长到2019年9月的1316TB。国家电子政务云南方节点建成。国家发展改革委、国家信息中心对贵州政府数据汇聚模式充分肯定，将其作为国家电子政务云建设的经验借鉴。

数据开放水平领跑全国。贵州获批建设国家公共信息资源开放试点省，省市县数据资源目录100%上架，2019年2月已开放67家省直部门1915个数据资源，其中1223个可通过API接口直接调用,可机读数据占比达96.75%。中国网络空间研究院编写的《中国互联网发展报告2018》蓝皮书显示,贵州政府部门开放数量及可机读数据数量占比均名列第一。

在全国率先探索数据共享交换新机制。贵州建立贵州省政务数据调度中心,统一调度政府数据实现共享互通。贵州省政府数据共享交换平台率先接入国家平台,形成了"上联国家、下通市州、横接厅局"数据共享交换体系,已接入8个国家部委18个接口数据。"贵州省政务信息系统整合共享应用"被中央网信办、国家发展改革委评为"数字中国建设"年度最佳实践。

全国首个市、区两级政府一体化数据开放平台——贵阳市人民政府数据开放平台[1]于2017年1月8日正式上线。该平台在国内率先实现"主题、行业、领域、服务、部门"5种数据分类,设置了"统计、交通、旅游、气象、商贸、医疗、教育"等多个重点领域专题,并提出20余个指标项的开放元数据标准。平台向社会免费开放覆盖51家市直部门及13个区县(开发区)11730576条数据,2973个数据集,550余万条数据,481个API。本着"一集中五统一"的原则,贵阳依托市级统一平台建设区县二级子站,实现区县既有标准统一又有区域特色,围绕"四个中心",基于"CBA"技术,构建平台、业务、数据、管理、安全"五位一体"的系统架构,积极探索"主动开放+依申请开放+契约式开放+

---

1 贵阳市政府数据开放平台域名为 www.gyopendata.gov.cn。

孵化式开放"的数据开放模式,建成有数据、有技术、有特色、有关联、有交互的全市政府数据开放平台和"全域覆盖、上下联动、公平共享、安全可控"的市区两级一体化政府数据开放体系。

贵州省人民政府数据开放平台[1]于2016年9月30日上线,该平台具备国有自主知识产权,致力于向公众用户提供权威、可靠的政府绿色开放数据,使公众用户或社会企业能够方便快捷地使用政府绿色数据资源。贵州省人民政府数据开放平台采用云技术架构,与传统系统架构相比更加灵活、可靠、稳定,同时采用SLB负载均衡、CDN静态缓存、MQ消息队列处理、碎片化分布式存储等先进云架构体系,能够有效避免传统架构设计的弊端,让平台实现安全可靠运行。同时,针对不同群体提供多样化的数据开放形式,从简单的文件下载,到技术要求较复杂的接口程序调用,开放平台考虑到用户群体的需求,满足并提供各类群体真正需要、方便的绿色政府开放数据。截至2019年12月31日,贵州省人民政府数据开放平台访问次数为592399次,下载调用次数为194923次,平台用户数为5648个,开放数据接口数量为1380个。

全国首部政府数据共享开放地方性法规。2017年3月30日,《贵阳市政府数据共享开放条例》[2]经贵州省十二届人大常委会第

---

1 贵州省政府数据开放平台域名为http://data.guizhou.gov.cn。
2 2017年5月12日,《人民日报》就《贵阳市政府数据共享开放条例》的实施刊登题为"立法,让政府数据走出高阁"的通讯,称"贵阳出台国家首部大数据地方法规促进共享开放"。

二十七次会议批准,自2017年5月1日起施行。这是全国首部政府数据共享开放地方性法规,也是我国首部设区的市关于大数据方面的地方性法规。共享开放法律法规作为政府数据共享开放最权威和最直接的依据,在推动政府数据资源优化配置和增值利用、不断提升政府治理能力和公共服务水平等方面具有极大的促进作用,也为落实国家大数据战略、建设国家大数据(贵州)综合试验区、扩大贵阳优势,推动当地及全国大数据发展具有重要的推动作用和示范意义。

全国首部大数据安全管理地方法规。2018年6月5日,贵阳市第十四届人民代表大会常务委员会第十三次会议通过,2018年8月2日,贵州省第十三届人民代表大会常务委员会第四次会议批准,历时600天,经过12轮反复论证修订的《贵阳市大数据安全管理条例》(以下简称《条例》)于2018年8月16日公布,2018年10月1日施行。《条例》包括总则、安全保障、监测预警与应急处置、监督检查、法律责任、附则六章,共三十七条。作为全国首部大数据安全管理的地方法规,《条例》对大数据安全的监管职责进行了细化,明确了防范数据泄露、窃取、非法使用等风险的安全保障措施。

数据安全已成为大数据时代最为紧迫的核心问题,但关于数据安全的立法进程相对滞后。2018年9月,《数据安全法》被列入十三届全国人大常委会立法规划,但从审议议程看却排在第62位。2018年5月,欧盟全面实施GDPR,特别是欧盟通过高标准的个人数据保护规范抢占了全球数据保护规则的制定权,进而影响着全球数据立法,并对欧盟之外的国家数据产业产生巨大的制约效应。同时,虽然我国在2017年6月颁布实施《中华人民共和国网络安全法》,调整和规范了网络运行安全和网络信息安全,但主要侧重于物理层和网络层的安全保护,并未针对数据采集、存储、流通、应用、销毁等环节的数据安全进行保障,不能完全满足大数据时代数据安全管理保障的需求。

2018年全国"两会",作为国内较早开展大数据领域理论研究的专家,全国政协委员、大数据战略重点实验室主任连玉明教授,建议国家相关机构加快数据安全立法进程,并提交了《关于加快数据安全立法的建议》(第1325号)的政协提案,强调数据安全立法应当着重把握五个方面的重点问题:加强数据安全立法的组织领导;强化数据安全立法的理论研究和调查研究;把握数据安全立法的重点;鼓励条件成熟的地方在立法权限范围内先行先试,大胆探索,勇于创新;加强数据安全宣传教育。数据安全已成为大数据时代最为紧迫的核心问题,且数据安全法立法进程相对滞后,建议加快立法进程,牢牢把握国家数据主权,推动构建网络空间命运共同体。

经公安部、中央网信办给予《中华人民共和国公安部关于政协十三届全国委员会第一次会议第1325号提案的答复意见》(以下简称《意见》),《意见》从加紧完善数据安全保护法律政策、依法开展数据保护专项行动、加快健全数据安全标准体系、组织开展数据安全宣传教育等予以答复,并在下一步工作中表示,"加快推进数据安全立法研究,组织专业研究力量加强数据安全和数据保护理论研究,探索数据共享、流通、交易、存储等数据安全保护基本制度,争取尽快将数据安全纳入立法范畴,加强数据安全的顶层设计"。2018年9月7日,十三届全国人大常委会立法规划公布,《数据安全法》列入第一类项目:条件比较成熟、任期内拟提请审议的法律草案(共69件)第62件。

2019年全国"两会"期间,连玉明委员再次聚焦数据安全领域,提交《关于加快〈数据安全法〉立法进程》的提案,提案指出要进一步加快《数据安全法》立法进程,强化数据安全国际话语权。他认为应尽早推进五个方面的工作:加大数权、数权制度和数权法理论研究的力度;加紧组织起草《数据安全法(草案)》;开展《数据安全法》立法协商;提早、提前纳入审议议程,加快立法进程;强化《数据安全法》的国际话语权,抢占中国数据安全规则制定权。连玉明委员特别强调,《数据安全法》应致力于维护国家安全,成为我国在数据安全领域的基本法;以此为基础,强化数据跨境管辖权,守住国家数据主权,牢牢把握数据安全规则制定权和国际话语权,为推进互联网全球治理法治化贡献中国智慧,提供中国方案,推动构建网络空间命运共同体。

(二)全国首个国家大数据安全靶场

我国的网络规模和用户规模均居世界第一,但核心技术与关键资源依赖国外产品情况严重,网络攻击、信息窃取、病毒传播等事件呈多发态势。国家大数据安全靶场是贵阳利用国家大数据(贵州)综合试验区的定位优势与实践基础,探索构建数据安全治理生态的试验田,是集战略、战役、战术于一体,公共、专业与特种靶场相结合的国家级大数据安全靶标系统,为国家网络攻防实战能力提升、技术与产品的测试验证创新等方面提供良好平台,对于推动大数据安全示范,提升我国网络空间安全水平,保障大数据产业发展具有现实意义和长远意义。

贵阳国家大数据安全靶场按照"前瞻设计、世界一流,攻防一体、创新发展,数安为重、产业增值,服务社会、保障民生,贵阳引领、辐射全国"的思路,依托科研院所和行业龙头企业,建设国家公共靶场、贵阳城市靶场、军民融合靶场、关键基础设施专业靶场和新兴网络靶场五大靶场;重点打造攻防演练实战、攻防武器试验、技术与产品验证、人才实训四个基地和应用场景仿真、渗透攻击能力、对抗反制能力、安全靶场运营四个中心;开发部署"攻防演练导调与指挥系统""攻防态势与进度可视化系统""活体网络靶标系统"等大数据及网络安全靶场构建系统,形成靶场评估、仿真、灾备、同步、研发、分析、试验、感知、认证、审查十大评估能力。最终建成集战略(国家级)、战役(特定区域、特定种类)、战术(特定目标)于一体,公共、专业与特种靶场相结合的国际领先的国家大数据及网络安全靶场(见图5-1)。

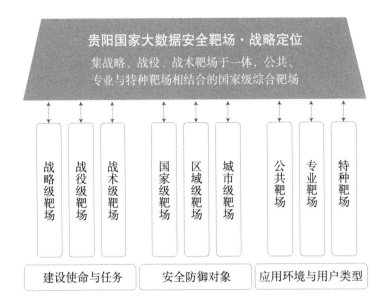

图 5-1 贵阳国家大数据安全靶场战略定位示意图

以"五大靶场"为设施层,搭建网络攻防基础平台。贵阳国家大数据安全靶场以国家公共靶场为核心,以贵阳城市靶场、军民融合靶场、基础设施靶场、新兴网络靶场为重点,通过虚拟及仿真技术,模拟构建特定的网络环境或以真实网络环境为靶场目标,为国家公共安全、城市整体网络安全、军民融合、关键信息基础设施、新兴网络等领域提供安全检测与技术检验的专业靶场。

以"四个基地"为功能层,打造综合应用试验场地。大数据安全靶场以技术产品验证基地、攻防武器试验基地、攻防演练实战基地、安全人才实训基地,为大数据安全软件、装备与产品提供安全监测、风险与效能评估服务。"四大基地"通过开放课题、联合攻关等多种方式,开展安全性检测分析、风险与效能评估、指挥系统与可视化、存储系统与数据处理及其标准等大数据安全核心技术攻关,实现技术与产品验证;通过实施大数据与网络安全技能测评环境构建与测评业务,实现开展大数据及网络安全人才实训与培养;通过搭建网络攻防演练的基础环境,制定完善攻防演练方案和应急预案设计以及现场导控等,确保攻防演练活动顺利进行,护航大数据产业发展,保障国家网络空间安全。

以"四个中心"为能力层,构建运营防御能力体系。大数据安全靶场搭建了应用仿真中心、渗透攻击能力中心、对抗反制能力中心、安全靶场运营中心四个中心,以现实产品、技术应用为基础,通过利用高度仿真或模拟仿真技术,根据靶场任务要求构建大数据及网络安全产品、关键信息基础设施、新兴网络应用系统等,为研究、检测、验证提供环境支持、技术支持,提升靶场的模拟仿真能力、攻击对抗能力与运营管理能力。

安全是信息化的基础,网络攻防演练是检验和提升信息安全防护能力的重要路径。贵阳作为大数据的发展策源地、要素集聚区和探索筑梦场,于2016年开启了全国网络攻防实网实战的先河,之后每年利用一周左右的时间,集中全国的优秀攻防队伍、领先安全厂商及相关资源,在经开区展开大数据及网络安全攻击与防护的实网应急演练活动,最终在保障能力、安全人才、安全产业等多方面形成一系列实用价值高、示范意义大、影响辐射广的运用成果。同时,常态化的实网攻防演练,自上而下地唤醒并不断强化大数据时代的网络安全意识和防御能力,勾勒贵阳大数据安全地图与贵阳安全指数,初步建立起可借鉴、可复制、可推广的安全可控检测模式和跨区域的网络安全联动机制,为各大城市应对大面积网络攻击提供参考借鉴,进而为国家应对国际网络攻击、保护网络空间安全摸索和积累经验。

攻防演练1.0:开启城市真实网络攻防演练先河。2016年12月23日至28日,在公安部的指导下,贵阳首次举办了以"数谷论道·数安为基"为主题的"2016贵阳大数据与网络安全攻防演练"活动,在全国引起广泛关注。贵阳开启的是以一个城市范围内的真实网络环境、真实业务系统为测试目标,针对大数据产业特定环境的网络实战演练。在此次演练中,贵阳将目标主要限定在市行政辖区范围内的网站、在线信息系统、工控系统及其他专用系统,统一由活动指挥部办公室与公安、工信、通信管理等相关部门确定攻击目标,并且所有纳入安全演练范围的测试目标必须获得公安机关授权。活动遵循安全可控、真实对抗、虚实结合、以点带面、迭代演进、引爆影响和产业沉淀原则,在高度管控、严格限制的前提下,旨在以发现、暴露和解决问题为切入点,检验大数据与网络安全的防护水平、应急处置能力,唤醒数据时代的全社会网络安全防护意识。

攻防演练2.0:开启关键信息基础设施渗透测试。2017年11月21日至28日,以"共建安全生态、共享数据未来"为主题的"2017贵阳大数据及网络安全攻防演练"活动在贵阳大数据安全产业示范区举行。相对于首次演练，此次演练活动突出了"攻防演练走出去"和"智能攻防"两大特色，凸显了演练规模更大、层次更高、目标针对性强、检测程度深、强度大以及异地攻防等特点。在内容、技术、平台、模式、环境五个方面进行全面推进攻防演练迭代升级，形成了立足贵阳、覆盖全省、辐射全国的跨区联动的攻防演练机制。

攻防演练3.0：开启全国放管服云平台安全检测。2018年11月21日至27日，"2018贵阳大数据及网络安全攻防演练"在贵阳国家大数据安全靶场成功举办。活动是以"构建安全生态·护航数字经济"为主题，重点聚焦"放管服"改革下的政务服务云平台及业务系统的安全检测，着力提升"互联网+政务服务"整体安全态势感知和风险防范能力，是对2016年、2017年攻防演练活动的进一步迭代升级。

攻防演练4.0：实施"五跨"合成式体系精英对抗演练。2019年5月16日，"2019贵阳大数据及网络安全精英对抗演练"在贵阳大数据安全产业示范区启动。本次演练以"共筑数据安全·服务数字经济"为主题，为期11天，共有3个检测集团、16支精英战队、10名精英极客，共计117名队员参加。本次演练活动进一步升级为精英对抗演练，呈现三大特色亮点，一是全国首次实施"五跨"的合成式体系对抗，采用集团式协同对抗、团队攻防对抗、极客精英对抗的合成式对抗模式，着力提升网络对抗中统筹指挥、联合作战、协同防御、应急响应等能力，推动演练升级为跨层级、跨地域、跨系统、跨部门、跨业务的国家级活动，提升贵阳大数据及网络安全精英对抗演练活动的影响力；二是全国首次工业互联网实网演练，首次将全国最大的工业互联网实网平台作为靶标进行安全检测，形成对工业互联网网络、平台、系统、设备的实时监测和安全检测能力，实现重点行业工业互联网整体安全态势感知和风险防范；三是全国首次发布大数据安全产业蓝皮书，对近三年贵阳大数据及网络安全产业实战与理论进行系统总结，形成拥有贵阳特色的大数据及网络安全产业发展理论体系。

（三）贵阳大数据安全产业示范区

为形成完整的大数据及网络安全产业生态体系，贵阳聚集相关资源要素、引进行业内具有明显竞争优势和示范带动效应的大数据安全及相关领域龙头企业，集中力量攻破技术瓶颈，以构建完整的大数据及网络安全产业生态体系为目标，打造涵盖安全产品提供、安全测评、安全认证、安全运维、态势感知、威胁情报分析等环节的完整产业链条，集聚大数据及网络安全软件、安全装备、安全服务、安全行业应用四大产业，打造技术与产品先进可控、特色突出、示范引领、辐射全国的大数据及网络安全产业集群，助推大数据安全产品及技术在经济社会各领域应用，为全面构建大数据及网络安全保障体系贡献"经开力量"，为打造"中国数谷"构筑坚实的网络安全屏障。

核心链：大数据安全软件产业。 贵阳立足前沿安全趋势的动态追踪、网络安全漏洞挖掘研究、恶意软件逆向分析研究、网络攻防渗透等安全威胁，以大数据安全软件为重点，围绕安全防护、安全检测、数据安全、云安全、安全监测，开发基础管理类[1]、数据存储类[2]、互联互通类[3]、细分行业应用类安防软件[4]，并为用户提供相关解决方案和后续服务，打造涵盖云安全、数据安全、基于大数据安全分析、移动端安全等安全产品在内的大数据安全软件产业集群，形成一批自主创新、技术先进，满足重大应用需求的产品、解决方案和服务。

补充链：大数据安全装备产业。 在全新的移动互联和大数据时代，网络设备作为互联网中的关键网元[5]，其能从微观的角度反映整体的网络安全态势，没有网络设备的安全就没有网络安全。

---

1. 基础管理类安防软件主要实现安防设备接入管理、用户权限、数据采集、预案管理等，同时提供流媒体转发以及视频存储等基础服务，该软件为安防系统的基础平台，是安防系统赖以运行的最基础的平台软件。
2. 数据存储类安防软件主要实现多种数据的融合存储功能，如非结构化的视频流、图片数据以及半结构化和结构化数据，可提供检索数据精准快速定位功能。
3. 互联互通类安防软件主要实现不同平台之间的互联互通，如基于GB/T 28181—2016标准的互联，独立运行的软件一般以跨域联网网关的形态出现。此外，互联互通安防软件还支持非标准的接口协议，如SDK、CGI等。
4. 细分行业应用类安防软件是以细分行业需求为参考，通过视频智能分析，个性化行业应用，数据精细管理实现数据为行业服务。
5. 网元是网络管理中可以监视和管理的最小单位，其由一个或多个机盘或机框组成，能够独立完成一定的传输功能。

大数据安全装备是大数据安全服务的基石，发展安全基础硬件和安全平台产业能有效支撑安全服务产业发展，丰富大数据安全服务内容和类型，提升服务能力，抢占大数据安全产业链高端环节。贵阳经开区加快建设贵阳大数据安全产业示范区，依托自身电子信息产业基础，以大数据安全装备为补充，围绕 VPN 数据分析设备、数据加密系统，培育覆盖网络安全设备、大数据安全硬件、安全终端、安全芯片和电子元器件等业态，发展大数据安全装备产业，引进相关大数据安全装备生产研发企业，促进大数据安全装备产业规模发展，形成了以中国航天科工十院为龙头引领的大数据安全装备产业集群雏形。

延伸链：大数据安全服务产业。贵阳依托已有的信息服务产业基础，以大数据安全服务为延伸，扶持本地有成长潜力的企业，面向企业、银行和政府机构等单位，提供安全运维、风险评估、安全应用服务、规划咨询、测评认证、安全系统整改、教育培训、容灾备份、攻防演练、人员能力培养和安全大数据交易等服务，发展大数据安全服务产业，提升整个产业的"软实力"。通过大数据服务公司之间的相互协作，建立产业链各环节良性互动机制，依托公共大数据国家重点实验室和大数据技术国家工程实验室，提升关键技术创新突破能力，实现产业链全线升级，有效避开贵阳电子信息制造产业基础薄弱、高端人才缺乏等不足，也顺应信息安全产业以解决方案和安全服务为主的发展趋势。

拓展链："大数据安全 + 衍生业态"。贵阳以大数据安全应用为突破和牵引,自主研发和引进吸收并重,发展"大数据安全+衍生业态",加快形成安全可控的大数据产品体系,推进大数据安全在工业、军民融合、金融、物流、政府、通信等领域应用,促进大数据在创新创业、政府管理和民生服务等方面广泛深入应用,使技术融合、业务融合和数据融合能力显著提升,实现跨层级、跨地域、跨系统、跨部门、跨业务的协同管理和服务,形成数据驱动创新发展的安全新模式。例如,在"大数据安全+交通"领域,推出"客安邦"智慧客运安全运营平台;在"大数据安全+医疗"领域,推行"互联网+医疗"大数据平台;在"大数据安全+食品"领域,依托"食品安全云"推出食品安全溯源检测平台。

贵阳围绕"关后门""堵漏洞""防断供"这三大类信息安全和产业安全的相关问题全面发展大数据安全产业。目前,贵阳大数据安全产业示范区已入驻企业机构46家,快速聚集了大数据安全产业的发展合力,形成了以"国家信息安全技术研究中心、国家信息安全工程技术研究中心、贵阳大数据及网络安全技术创新中心"为技术创新引领,以"中国网络安全审查技术与认证中心"为质量认证评价、以贵阳"大数据及网络安全应用示范中心"为安全应用推广、以"贵州强盛信安企业管理咨询服务中心"为管理咨询服务的一体化安全产业发展体系,为构建大数据安全软件、大数据安全装备、大数据安全服务、"大数据安全+衍生业态"四大产业集群的健康发展奠定了坚实的基础。

（四）大数据及网络安全示范城市

安全作为大数据产业及信息技术产业的制动阀，是贵阳发展大数据的基石。为此，贵阳把大数据安全放在重中之重的位置，创全国先例，以城市整体系统思考大数据安全的发展之路，形成了"1+1+3+N"的大数据及网络安全示范城市顶层设计。同时，贵阳坚持审慎监管和保护创新并重，加强关键行业和领域重要信息的保护，建立健全数据安全标准体系和安全评估体系，不断提升城市大数据及网络态势感知能力，探索数据安全立法，开启数据伦理研究，形成了一套完整的城市大数据及网络安全建设的新范式。

贵阳发展大数据安全，以总体国家安全观和网络安全观为指导，以大数据及网络安全靶场建设为抓手，以大数据及网络安全监管保护中心、技术创新中心和应用示范中心建设为重点，围绕提升安全监管与保护能力、技术创新能力和产业支撑能力，聚焦核心任务，推进重大工程，逐步构建起全市大数据及网络安全保障体系，形成了大数据安全发展"1+1+3+N"总体思路，初步建成国家级大数据及网络安全示范试点城市。

"1"即大数据及网络安全示范城市。 贵阳大数据安全工作的核心是建设大数据及网络安全示范城市。贵阳以加强大数据及网络安全保障为基础，先行先试，探索城市总体大数据及网络安全保障，通过对全市关键信息基础设施和重要信息系统开展大数据安全保卫工作，及时识别数据安全风险。贵阳各政府部门强化保障支撑机制，形成了市级统筹、部门支持的工作推进机制，整合资源、科学投入、降低成本、提高效率。同时，为确保安全工作落实到位，贵阳建立了大数据安全责任管理体制，各个单位的一把手是本单位数据与网络安全的第一责任人，当发生数据安全事件时，要向第一责任人和分管责任人追责。

"1"即大数据安全靶场。自2016年以来，贵阳连续三年开展大数据安全攻防演练，并同步启动"国家级大数据安全靶场"建设，2016年12月，完成全国首次城市真实攻防演练；2017年11月，完成全国首次跨城真实攻防演练，同年12月，靶场规划方案在北京通过评审；2018年3月，完成靶场建设工程立项，2018年5月25日，全国第一个"大数据安全综合靶场"一期在贵阳建成。未来，贵阳国家大数据安全靶场将成为可常态演练的实战靶场，对网络基础设施、大数据中心、工业控制系统、重要信息系统、重要公众服务平台及网站系统、云计算平台、物联网平台等保护对象进行安全检测，同步开展大数据安全攻防演习、技术检验和产品测试。

"3"即大数据及网络安全监管保护中心、技术创新中心和应用示范中心三个中心。一是大数据及网络安全监管保护中心，负责大数据安全统筹、组织和监察管理，开展对大数据安全、知识产权等案件的侦办；二是建立大数据及网络安全技术创新中心，依托国家级大数据安全技术实验室、大数据安全联合研发中心，与北京邮电大学、贵州大学共同成立了大数据及网络安全技术创新中心,实现大数据安全技术自主创新;三是协同建立大数据及网络安全应用示范中心,以国家级大数据安全技术实验室及大数据安全技术创新中心为研发基地,建立大数据及网络安全应用示范中心,将研究成果转化为产品,推动大数据及网络安全技术的应用及推广。

"N"即"N"个平台。以大数据安全综合防护平台建设为主体,建立"N"个由省、市公安机关、地方政府及重要行业部门建立的安全技术监管、防护、应急平台,实现公安机关、地方政府、行业部门纵横相连的立体化管控。

贵阳国家大数据安全靶场五大靶场

国家公共靶场:以当前典型大数据中心为原型,为超大规模、大规模和中小规模的攻防演练环境,以及重大网络安全事件复盘推演、网络安全人才技能培训、高级研修、专题研讨等提供环境支撑。

贵阳城市靶场:以贵阳真实网络环境及目标为靶场环境,摸清贵阳城市网络安全底数,感知网络空间安全态势,为保障贵阳大数据中心安全提供支持和保障,服务贵阳建设全国首个"大数据安全示范试点城市"。

军民融合靶场:为网络安全与地方网络攻防新技术的融合提供环境支持,包括特定环境下按照网安相关单位的特殊需求构建军民一体、虚实结合的网络环境,为网安与地方信息安全新技术的研究、验证提供环境支持。

基础设施靶场:按照国家电力、银行、通信、气象、交通等国家典型关键基础设施的网络特点,构建虚实一体、以实为主的专业靶场。一方面为贵阳大数据安全靶场常态化网络攻防对抗提供重要设施专业靶场环境支撑,另一方面也能够为检测现有关键基础设施网络环境安全底数,研究与验证专业网络安全对抗新技术等提供支持。

新兴网络靶场:依托当前及未来网络新技术,如下一代移动通信、物联网技术和量子技术等,构建具有一定前瞻性试验性质的虚实一体网络靶场,为预研未来网络安全新态势、新技术等提供环境和设备支持。

第三节　治理科技与中国之治

党的十九届四中全会专题研究坚持和完善中国特色社会主义制度、推进国家治理体系和治理能力现代化问题，强调要加强系统治理、依法治理、综合治理、源头治理，把我国制度优势更好转化为国家治理效能，为实现"两个一百年"奋斗目标、实现中华民族伟大复兴的中国梦提供有力保证。中国之治的理想是天下大治，在全球政治经济版图正发生深刻变化的今天，与"西方之乱"形成鲜明对照，"中国之治"必将以中国特色、中国风格、中国气派的制度文明谱写21世纪全球治理的新篇章，为人类"诺亚方舟"的和合共生和永续繁荣提供全新样本。

（一）从技术之治到制度之治

治理现代化是继工业现代化、农业现代化、国防现代化、科学技术现代化之后的第"五个现代化"，其本质是制度的现代化。

国家治理现代化包涵了治理主体多元化，治理手段现代化，治理体系制度化、科学化、规范化、程序化等多个方面，意味着国家与社会、政府与公民、权力与权利的关系重构。当前我国面临着全方位数字化、信息化、智能化转型，国家治理、社会治理的对象、内容和国际博弈的主战场都处于变化之中，对社会转型与发展也有持续深远的影响。大数据、人工智能、区块链、云计算、物联网等新兴数字技术不断涌现，以治理科技能力的提升为国家治理体系和治理能力现代化提供新的技术支撑，形成基于新一代数字基础设施所构建的智能化制度体系。

决定中国崛起的根本推动力在于两个"全面"，即全面深化改革和全面扩大开放。全面深化改革是新时代坚持和发展中国特色社会主义的根本动力。在前进道路上，要进一步解放思想、进一步解放和发展社会生产力、进一步解放和增强社会活力，在更高起点、更高层次、更高目标上推进全面深化改革，将改革开放进行到底。全面扩大开放是实现国家繁荣富强的根本出路，以开放促改革、促发展，是我国发展不断取得新成就的重要法宝。在经济全球化深入发展、各国经济加速融合的时代，必须发展更高层次的开放型经济，推动形成全面开放新格局。这是决胜全面建成小康社会、建设社会主义现代化强国的必由之路。

全面深化改革的总目标是完善和发展中国特色社会主义制度，推进国家治理体系和治理能力现代化。1978年，党的十一届三中全会启动的改革开放，开启了中国国家治理探索的新旅程。

2013年，党的十八届三中全会通过了《中共中央关于全面深化改革若干重大问题的决定》，将完善和发展中国特色社会主义制度，推进国家治理体系和治理能力现代化当作全面深化改革的总目标。2019年，党的十九届四中全会作出了《中共中央关于坚持和完善中国特色社会主义制度、推进国家治理体系和治理能力现代化若干重大问题的决定》，再次重申这一目标，并且把推进国家治理现代化纳入了"两个百年目标"的总体战略框架之内。在不久的将来，一场更为声势浩大的深化改革与扩大开放必将展现出崭新的壮丽图景。

国家治理是一个永恒的话题，每个时期都有与之相适应的治理模式。治理现代化即以现代化的治理体系和治理能力实现善治之目标。治理现代化的前提是治理，手段是现代化，目标是善治。国家治理体系和治理能力现代化并非简单的治国理政策略和手段的完善，而是社会主义制度的整体跃迁，更是现代化方式的全新探索。显然，现代化是一个动态的概念，信息时代的现代化就是基于信息化的现代化，就是以信息化的方式和路径实现现代化。习近平总书记指出"没有信息化就没有现代化"。在这个意义上，信息化在我国就是覆盖现代化建设全局的战略举措，实现现代化必须以实现信息化为前提和标准，要成为现代化强国就必须成为网络等信息技术方面的强国，其中也包括大力发展信息化，使之成为国家治理现代化的重要技术手段和保障。

在习近平总书记作《关于〈中共中央关于坚持和完善中国特

色社会主义制度、推进国家治理体系和治理能力现代化若干重大问题的决定〉的说明》时，建议更加重视运用人工智能、互联网、大数据等现代信息技术手段提升治理能力和治理现代化水平。全球正处于新一轮科技革命和产业变革之中，随着大数据、人工智能等新一代信息技术的发展，我国正积极推动数字政府、智慧城市和数字经济等建设，国家治理体系也已经出现"技术+规则"的发展态势。作为新时代国家治理的引擎和抓手——"数字中国"所承载的，不仅是以科学技术为代表的生产力的发展，也不仅是以数字化为手段的治理技术，更深层次的是以数字化驱动国家治理体系和治理能力现代化的新理念。

国家治理体系和治理能力现代化是一种全新的政治理念，在社会政治生活中，治理是一种偏重于工具性的政治行为。国家治理体系包括政府治理、市场治理和社会治理三个重要的次级体系，对应治理主体、治理机制和治理工具三大要素，政府官员的素质、治理的制度和治理的技术，便成为影响国家治理现代化的三个基本变量。随着新技术革命和新产业革命的孕育兴起，以大数据、云计算、人工智能、区块链、5G、物联网、工业互联网、量子通信等为代表的新一代信息技术，对经济社会的发展产生了深刻影响，并为国家治理体系和治理能力现代化提供了有力的科技支撑。总而言之，当前，我们需要重新审视现有理论对于社会形态变革的理解与阐释。信息技术已经不再只作为工具而出现，甚至也不再只作为传统理论视野下的背景或前提而出现，因其而引发的社会形态变迁更多要求突破乃至变革传统理论框架，"治理科技"作为新的理论概念由此被提出。

治理科技是新一代信息技术驱动的治理创新，是在科学规则的治理体系下，治理主体采用科学的方式、方法以及现代科学技术手段，进行有效治理并对治理效果进行追踪评估和反馈，不断提升治理能力。在这里，治理科技应当是一种宽泛的理解。治理科技既意指制度的操作规定、实施细则和具体办法，也涉及与制度安排相互配套的各种技术工具和技术手段。因此，技术能使制度得到贯彻落实，制度也需要更加科学、合理和具体的技术。没有技术的支持，制度会落为空话；但同时，没有制度开创的空间，技术也无用武之地。在国家治理现代化的进程中，需要有更多的技术发展和技术保障。因为官员与公众的共同参与、政府与企业的共同努力、社会各界的共同奉献，需要有现代化的沟通渠道和手段，需要有科学的方法和工具，还需要有合理的方案和措施。

科技驱动治理体系和治理能力现代化是国家治理体系和治理能力现代化的重要内容和基础支撑，是科技强国和现代化强国的重要标志。十九届四中全会实际上明确了大国治理的"四梁八柱"，为坚持和完善"中国之治"提供了基本遵循。在国家治理大逻辑确定之后，如何从中观甚至微观角度研究探讨并在实践层面上加以推进国家治理现代化，成为当前一个较为迫切的问题。我们所处的这个世界，是技术空前辉煌的世界，所发生的重大变革主要是由技术驱动的。事实上，随着数字时代的到来，以新一代信息技术为基石的、与新时代经济社会发展相适应的治理科技体系早已应运而生，只是我国的治理科技还处在起步阶段，实践先于理论的特征较为明显。"治理科技"为治理现代化提供了全新途径，在优化升级治理模式的过程中带来了不可忽视的积极价值。

坚持和完善中国特色社会主义制度、推进国家治理体系和治理能力现代化是一项战略性、系统性工程，从形成更加成熟、更加定型的制度看，我国社会主义实践已经走过了前半程，现在已经进入后半程。经过70年的探索，我国当前制度的建设重心已经不再是强调制度的单个突破和创新，而是更加重视并强调制度间的联系和对接以及功能的整合。习近平总书记强调，"现在要把着力点放到加强系统集成、协同高效上来，巩固和深化这些年来我们在解决体制性障碍、机制性梗阻、政策性创新方面取得的改革成果"。坚决以制度划边界、以治理破藩篱，破除一切妨碍科学发展的思想观念和体制机制弊端，必须突出系统集成、协同高效。

我们应该要有这样的制度自信与制度信仰，坚信凭借强大的自我完善和发展能力以及源源不断的强大生命力，在不断适应新要求、回答新课题、总结新经验、应对新挑战、解决新问题的进程中，在提炼总结自身的优秀因素和吸收世界各国的进步因素后，中国特色社会主义制度和国家治理体系一定能成长为世界上最好的制度，为人类政治文明进步作出重大贡献，为世界政党政治发展提供有益借鉴，为人类探索更好社会制度提供中国智慧、中国方案。

（二）数字孪生城市的治理范式

2002年，美国学者迈克尔·格里弗斯提出"数字孪生"的概念，后来这一概念被美国航空业高度关注。以数字化手段，在虚拟信息空间构造出一个与物理实体相对应的虚拟世界的数字孪生，在制造业有着广泛的应用空间。随着新一代信息技术的兴起，城市感知愈发无处不在，物理世界和数字世界的界限逐渐模糊，数字孪生城市的概念也应运而生。数字孪生城市是支撑新型智慧城市建设的复杂综合技术体系，是城市智能运行持续创新的前沿先进模式，是物理维度上的实体城市和信息维度上的数字城市同生共存、虚实交融的城市未来发展形态。作为首个国家级大数据综合试验区核心区，贵阳自2013年提出大数据发展战略以来，在大数据、人工智能、物联网、云计算等新一代信息技术不断发展、数据作用不断凸显的背景下，依托"数博大道"探索数字孪生城市建设，旨在将数字技术与城市规划、治理、运营相结合，以数据支撑城市决策、运营，创新城市治理方式。

贵阳数字孪生城市建设思路是以建设数字中国、智慧社会为导向，以块数据资源为基本要素，坚持数字城市与现实城市同步规划、同步建设，大规模、全领域集成应用新一代信息技术，适度超前部署数字基础设施，构建全域数字映像空间，建立块数据资源管理与应用体系，着力提升网络安全保障能力，推动全要素数字化转型，推进产城深度融合，形成由数据驱动的自我学习、自我优化、自我成长的数字孪生城市发展新模式，打造以块数据为引领，集数字经济、数字社会、数字文明于一体的未来城市，为城市迈向新时代转型升级探索新路径、提供新经验、创造新形态。

贵阳数字孪生城市建设逻辑是对"数博大道"全域物理空间内的人、物、事（社会活动）进行全要素数字化呈现，以孪生空间单元为信息附着点，发生于"物理—数字空间"的全要素数据通过区块链方式将可信数据通过其赋存的地理空间单元块进行关联，构成了面向地理空间单元的"可信空间块"。孪生空间与物理空间一一对应，这样的一个空间块内可以容纳各种服务，是一种综合服务空间。空间块之间具有耦合关系，通过对其解构、交叉、融合，对空间内的块数据不断地挖掘、分析、灵活组合，使不同来源的数据在数字孪生空间内的汇集交融中产生新的涌现、派生出新的应用，实现对城市事物规律的精准定位，甚至能够发现以往未能发现的新规律，为改善和优化城市系统提供有效的指引。

贵阳数字孪生城市建设理念是以"超越地理边界、超越产业边界、超越网络物理边界、超越数据权属边界、超越应用服务边界、超越现实空间边界"为总体设计思路，打造物联泛在、高度智能的基础能力，形成多元协同、应用创新的发展格局，构建产城融合、安全运营的支撑体系。超越地理边界，通过"多样化"资源整合、"开放式"创新实践、"外引型"人才战略，建设开放包容、共享无界的数字孪生城市；超越产业边界，形成"一核多翼"的无边界产业新群落，打造以服务于产业集聚新节点，协同贵阳、辐射全国、影响世界的立体化产业魔方为统领的数字孪生城市；超越网络物理边界，构建云化、边缘化、智能化的泛数博信息化基础设施体系，提供最高水准的基础网络服务，实现信息安全多层面防御，打造空天地全域交互、极致安全的数字孪生城市；超越数据权属边界，打破跨部门的数据共享壁垒，打通信息化供应链的全过程节点，形成块数据运行规则，在法律框架内正常、健康、有序地进行数据共享和开放，打造块数据应用标杆型数字孪生城市；超越应用服务边界，颠覆或创新城市建设、治理和服务模式，突破各领域、各行业固有的服务界限，纵向迭代深入、横向延伸带动，推动跨界融合，打造服务同质、标准同环、应用创新的数字孪生城市；超越现实空间边界，将虚拟空间与现实空间紧密结合，坚持数字城市与现实城市同步规划、同步建设，适度超前布局智能基础设施，打造全球领先的数字孪生城市。

贵阳数字孪生城市的建设愿景是以全球眼光、国际标准、中国特色、高点定位为总体要求，"数博大道数字孪生城市"建设，将以块数据为核心，创新部署各类新技术、新业务、新模式，超越当前城市发展形态，打造集总部经济集聚、关联产业耦合、未来城市示范、永不落幕的展示于一体的全新城市形态。特别是以数字孪生理念推进"数博大道未来城市"建设，重点打造一个以数据、模型、算法为核心的数字孪生平台，支撑构建与物理城市同步运行、虚实交互的数字孪生城市；加快推进多项前沿技术先行、先试，打造全球规模最大的新技术试商用中心；以"1+N"模式构建城市管理与服务新体系，实现从新技术到新应用的"质变"在"数博大道"率先垂范，打造未来城市标杆示范区。

贵阳数字孪生城市试验载体是在"数博大道"探索一种全新的城市建设路径和实践模式，创新部署各类新技术、新业务、新模式，让数据驱动治理，数字服务产业，数字推动文明。通过几年的努力，将"数博大道"打造成多元交互、深度学习、自我优化的数字孪生城市形态，真正实现数字城市与物理城市孪生平行发展，建设成为人类发展史上的未来城市示范，满足人们对更加美好生活的向往。到2024年，贵阳计划实现"数博大道"感知体系立体化全覆盖、城市空间要素实现全数字化、城市基础设施全面智能化、块数据资源实现全面融合应用、产城融合格局全面拓展、城市治理模式全面创新，与数字孪生城市相适应的法律法规制度体系不断完善，多元共治的数字社会体系日益健全，数字经济特色产业集群迈向繁荣，基于算法信任和共享社会的数字文明不断进化，科技、生态、人文在孪生空间集大成，形成一座数据融合的共享之城、数字经济支撑的绿色之城、数据文化兴盛的文明之城、数据治理推动的安全之城、数据力驱动的孪生之城。

（三）中国之治与世界未来

当今世界正经历百年未有之大变局，全球治理体系面临重重考验，中国正在用一种全新方式去思考自己和世界的关系。推进国家治理体系与治理能力现代化是中国的第五个"现代化"，吹响了"源于中国而属于世界"的当代政治文明话语体系建设的号角。十九届四中全会第一次系统描绘了中国特色社会主义制度的"图谱"，这是中华民族的一次革命性飞跃，这种革新精神正是中华民族绵延不断的秘诀。

"中国之治"承载着一个古老文明的现代化命题，中国之治的本质是文明之治，是探索形成政党与社会、人民与国家、中国与世界、传统与现代等多重关系的新机制，实现包括社会形态、国家制度、核心价值在内的新文明样本。小智治事，大智治制，"中国之制"成就"中国之治理"，经受了实践检验的中国发展道路不仅在约占世界人口五分之一的东方古国开辟出国家治理的新境界，更为推动构建人类命运共同体贡献着中国智慧。中国的治理模式激励着广大发展中国家探索自己的治理模式，也启迪西方社会走出治理困境，为人类文明演进贡献中国智慧。

"应对共同挑战、迈向美好未来，既需要经济科技力量，也需要文化文明力量。"2019年5月，在北京举行的亚洲文明对话大会上，习近平主席深刻阐明文明对世界的推动作用。自2013年以来，中国政府积极推行有中国特色的大国外交，提出了一系列顺应世界发展潮流的理念，如"构建人类命运共同体""利益共同体""推动构建以合作共赢为核心的新型国际关系""坚持正确义利观""共商共建共享"等,体现了中国对人类社会整体利益的关切。中国在国际话语权方面的弱势地位在发生变化,"中国话语"已经在国际社会产生了很大影响,并开始被国际社会所接受。"和而不同""和合共生""美美与共""天下大同"等饱含东方智慧的中国理念和文明观如同一股清流,赢得了国际社会的高度赞赏。

追溯中华文明发展史可以发现,在中华五千多年的文明积淀中,早已形成了天人合一的宇宙观、协和万邦的国际观、和而不同的社会观、人心和善的道德观。在儒家思想的"理想宇宙"里面,没有不同的国家以及国家和文化之间的边界和界限。儒家追求天下的统一,其根本价值具有世界性和共通性,儒家的世界性认为"四海之内皆兄弟",符合多元世界的文明需要。中国之治源于儒家思想,其核心乃为良知之治。良知之治就是将阳明心学与现代治理相结合,在加强以良知为核心的道德理性中实现协调与平衡,以达到共建人类命运共同体的目标。良知之治的本质是建立有序、公平、活力、向上、富强的社会,即王阳明倡导的"万物一体之仁"的社会理想,其文化内涵则是由"心即理""知行合一""致良知"建构而成的文化价值体系。

心即理,是良知之治的理论基础。心即理的命题古已有之,只是到了王阳明这里,才代表着个人主体意识的觉醒。王阳明始终认为,"心",都是个体之心,它以良知的形式,先验地存在于每个人的主体意识中,如孟子所说的"四端"[1]。此外,王阳明认为"吾心便是天理",是说我心与万物一体,万物就在我心中,而"心"的存在也离不开万物。也就是说,每个人的世界,在很大程度上实际是自己的"心"所创造的世界,这个世界的意义,也是由自己的"心"赋予它的,有什么样的"心",就会有什么样的"世界"。因此,阳明心学首先确定了"心即理"的内涵,即"心外无理,心外无物",其重要价值意义在于强调人的道德主体性与人的价值,这也是阳明心学思想的出发点。

知行合一,是良知之治的理论主体。王阳明认为,"知是行之始,行是知之成""知是行的主意,行是知的功夫",说的是"知"和"行"是同一的,因为它们扎根在同一个"本体"上。所以说,"知行合一"的重要意义在于它把从古希腊哲学就开始的、把理论和实践分开的思维方式彻底打破了。从道德认知的角度看,"知行合一"意味着道德认识和道德实践上的合一,"知"就是人的内在的道德认识,而"行"则是人的外在的行为活动,王阳明所强调的便是使内在的道德认识和外在的道德行为相统一。因此,"知行合一"的重要意义在于防止人们的"一念之不善",当人们在道德伦理纲常上刚要萌发"不善之念"的时候,就要将其扼杀于"萌芽"之中,避免让这种"不善之念"潜伏在

---

[1] "四端"是儒家称应有的四种德行,即"恻隐之心,仁之端也;羞恶之心,义之端也;辞让之心,礼之端也;是非之心,智之端也"。"四端"是孟子思想的一个重要内容,也是他对先秦儒学理论的一个重要贡献。

人们的思想当中，慢慢滋长。可见，王阳明的"知行合一"观是一个由知善到行善的过程，它要求人们将自己的伦理道德知识付诸实践，从而完善自己的道德人格，因为"善的动机，只是完成善的开始，并不是善的完成。意念的善不能落实到实践，它就不是真正的善"。无论是什么时候，道德都是一把无形的枷锁，既封锁人的自由，又使人的自由得到保证，那么，"知行合一"便成为儒家道德形象的一根准绳，这也便是阳明心学的核心要义与良知之治的理论主体。

致良知，是良知之治的理论升华。致良知是阳明思想的根本宗旨，它的提出标志着阳明心学的最终确立，并从根本上重塑了儒家思想的结构。以往的理学家认为"致知在于格物"，认为要达到致知的目的，必须要从格物开始。王阳明另辟蹊径，将《大学》中的"致知"，与孟子的"良知"说相结合。他认为，"良知"是人与生俱来的，能使人"知善知恶"，能使人对自己的行为作出正确评价，指导人们的行为选择，促使人们弃恶从善。所以，"良知"是以是非之知的形式表现出来的、具有先验性与普遍性的道德意识。"致良知"就是要通过对人的"良知"的自我认识，使人们能"体察"到"物欲""私利"是使自己"良知"昏蔽的主要原因，从而培养出一种道德上的自觉的能动性，以时时保持或恢复"吾心之良心"的"廓然大公、寂然不动"的本性。也就是说，"致良知"强调克己去私，实现公平正义。此外，致良知的核心思想包含一种推己及人的观念，即把个人的情向外推，由近到远。良知的核心思想是忠恕之道，忠恕之道就是仁。尽己之心为"忠"，推己及人则为"恕"。实行忠恕之道，也就是从个人的主体性逐渐向外推，逐渐从一个"作为个人"的人，一直推向"天地万物为一体"的人。王阳明说，"风雨露雷，日月星辰，禽兽草木，山川土石，与人原是一体"，他认为，人的灵明是人与天地鬼神万物的贯通者，所以，人心与"天地鬼神万物为一体"；人的良知开合与自然界的昼夜相应，所以，人心与天地为一体；"仁心"施之万物，所以，万物因"仁心"为一体。因此，"万物一体"论是以道德心即良知为根基的。由此可见，阳明学的思想具有向外扩大的恻隐之情，也就是从个人到家庭、到社会、到族群、到人类的全体，乃至到天地万物。所以，良知之治正是以"良知"为根基，也就是说，如果"良知"丧失，良知之治便丧失了精神，就不会有"万物一体之治"，这也正是阳明呼唤"万物一体之仁"的原因。

全球治理的中国自信，源于中国的道路自信、理论自信、制度自信和文化自信。2013年3月，习近平总书记在莫斯科国际关系学院发表演讲时首提人类命运共同体这一理念，指出当今人类社会"越来越成为你中有我、我中有你的命运共同体"。2013年到2015年的博鳌亚洲论坛，人类命运共同体理念实现了从"树立命运共同体意识"到"迈向命运共同体"的飞跃。2017年，"构建人类命运共同体"相继被写入联合国决议、安理会决议、人权理事会决议，彰显了中国理念对全球治理的重要贡献。在党的十九大报告中,习近平总书记6次提到人类命运共同体,站在全人类进步的高度,对全世界作出庄严承诺:"中国将继续发挥负责任大国作用,积极参与全球治理体系改革和建设,不断贡献中国智慧和力量。"同时,人类命运共同体思想还被写进了党的十九大修改通过的《中国共产党章程》,上升到前所未有的政治高度。2018年3月,十三届全国人大一次会议表决通过《中华人民共和国宪法修正案》,将"推动构建人类命运共同体"写入宪法序言,使得人类命运共同体理念上升到宪法层面,纳入我国法律制度体系之中,标志着人类命运共同体成为习近平新时代中国特色社会主义思想的重要组成部分。

构建人类命运共同体是推动全球治理的中国方案、中国智慧和中国贡献,其重点在于多元文明的融合与共治。然而,世界文明是多元的,不同的价值取向如何相互并存而不彼此排斥?如何实现《中庸》中所说的"万物并育而不相害""道并行而不相悖"?我们在阳明心学中获得了答案,那就是良知。良知是个体道德自觉、道德选择的重要根据和组织,也是普遍的礼仪和道的内化形式,为人们的行为提供道德指引。不同的文明虽然形态各异,但追求的良知之心则是相通的。王阳明说:"盖其心学纯明,而有以全其万物一体之仁。故其精神流贯,志气通达,而无有乎人己之分,物我之间。""夫圣人之心,以天地万物为一体,其视天下之人,无内外远近,凡有血气,皆其昆弟赤子之亲,莫不欲安全而教养之,以遂其万物一体之念。""是故亲吾之父,以及人之父,以及天下人之父……以至于山川鬼神鸟兽草木也，莫不实有以亲之，以达吾一体之仁，然后吾之明德始无不明，而真能以天地万物为一体矣。"王阳明主张的"致吾心之良知于事事物物也""天地万物一体之仁"，强调要以良知为指引，胸怀世界，要对他人、群体仁民爱物和具有责任意识，并由此建立世界普遍认同的道德秩序，使整个社会趋于和谐形态。这其中的思想就是对文明的差异以及文明多元性的认同和包容，构成了人类命运共同体的内在要求。尤其是"万物一体说"思想中所蕴含的对世界的关切和良知之要义，构成了当今世界认同和理解人类命运共同体的重要方面，为各国、各民族承认、接受、认同人类命运共同体提供了理论前提。

人类命运共同体是全球治理共商共建共享原则的核心，其本质是超越民族国家意识形态的"全球观"，终极目标是构建"持久和平、普遍安全、共同繁荣、开放包容、清洁美丽的世界"。这是一个以经济、政治、生态为纽带，超越地域、民族、国家而相互依存的人类存在新形态，是人类文明得以发展的共同前提。因此，在全球增长动能不足、全球经济治理滞后、全球发展失衡的关键时刻，中国以大国气度与胸怀，提出构建人类命运共同体，是对世界各族人民的深度关切，也是大国责任担当的重要体现。习近平总书记在阐述构建人类命运共同体的基本原则时，提出伙伴关系要"平等相待、互商互谅"，文明交流要"和而不同、兼收并蓄"，生态体系要"尊崇自然、绿色发展"。这其中所蕴含的

"合作""共赢""普惠"思想,与中华文化精髓中的"和平、仁爱、天下一家"等思想不谋而合,涵盖了中华传统文化"以和为贵""有容乃大""和而不同"的大智慧和大格局,体现了中国"天下为公""万邦和谐""万国咸宁"的政治理念。

中国走出了一条符合自身国情的发展道路,探索出了一条既具有中国特色又具有普遍世界意义的工业化、城镇化及市场经济模式,客观上在鼓励越来越多的国家走符合自身国情的发展道路。中国提出实现中华民族伟大复兴的中国梦,正在激励越来越多国家的人们实现他们追求美好生活的梦想和人类文明共同复兴的愿望。我们应该要有这样的制度自信与制度信仰,坚信凭借强大的自我完善和发展能力以及源源不断的强大生命力,在不断适应新要求、回答新课题、总结新经验、应对新挑战、解决新问题的进程中,在提炼总结自身的优秀因素和吸收世界各国的进步因素后,中国特色社会主义制度和国家治理体系一定能成长为世界上最好的制度,为人类政治文明进步作出重大贡献,为世界政党政治发展提供有益借鉴,为人类探索更好社会制度提供中国智慧、中国方案。未来,随着人类经济文化中心重新东移,中国日益走近世界舞台中央,东方文明必将在世界绽放出更加璀璨的良知之光。

后 记

自2014年起,贵州点亮了大数据之光,一路快马加鞭,一路砥砺奋进,撕下了贫困标签,贴上了亮丽名片,展开了一幅贵州转型发展、峥嵘崛起的壮美画卷。回首过去,成绩来之不易,展望未来,任重而道远。在各地竞相发展、你追我赶的逼人态势下,贵州不进则退,慢进亦退,稍有懈怠便有可能丧失先机。唯改革者进、唯创新者强,在新的历史起点上,贵州坚定不移深入实施大数据战略行动,扎实推进"四个强化、四个融合",让"智慧树"茁壮成长、枝繁叶茂,让"钻石矿"流光溢彩、惠泽大众,用治理科技开启中国之治与世界未来新境界。贵州人民干事创业、后发赶超的精气神迸发,不甘落后、奋力爬高的梦想成真,必将在新的奋斗征程上书写出更大奇迹。

2020年的新冠肺炎像一道分水岭，黑天鹅变成了灰犀牛，曾经的小概率危机逐步变成了大概率的现实，每个人都被置身于一个高度不确定性的时代，过往对于世界的认知正在迅速被新的挑战和机遇所冲刷。在这样特殊的日子里，感恩那些抗疫一线人员，感恩团结奋进的力量；亦是在这样特殊的日子里，大数据战略重点实验室汇聚了一批专家学者、政策研究者和实践者，对《中国数谷》（第二版）进行了讨论交流、深度研究和集中撰写。在本书的研究和撰写过程中，连玉明提出总体思路和核心观点，连玉明、宋青、宋希贤对本书的框架体系进行了总体设计，并细化提纲和主题思想，主要由连玉明、宋青、宋希贤、龙荣远、黄倩、陈雅娴、程茹、贺弋晏、熊灵犀、钟新敏、杨桢皓、彭小林、李玉玺、梅杰、季雨涵、姜似海负责撰写，连玉明、宋青、宋希贤负责审稿。

在本书编写过程中，贵州省委常委、贵阳市委书记、贵安新区党工委书记赵德明，贵阳市委副书记、市长、贵安新区党工委副书记、管委会主任陈晏，市委常委、常务副市长徐昊，市委常委、市委秘书长刘本立等对本书编写给予了全程指导并贡献了大量前瞻性的思想和观点。中共贵阳市委办公厅、市人民政府办公厅、市委宣传部、市委政策研究室、市发展和改革委、市科学技术局、市大数据局、北京国际城

后记

市发展研究院等单位和部门领导提出了许多富有建设性的意见和建议,丰富了书稿的系统性、思想性和实践性。此外,机械工业出版社的领导对本书的出版给予了高度肯定和大力支持,组织多名编辑精心编校、精心设计,保证了本书如期出版。在此一并表示衷心的感谢!

在研究和编著本书的过程中,我们尽力搜集最新文献、吸纳最新观点,以丰富本书的思想和内容。尽管如此,由于著作水平有限,研究内容涉及众多行业领域,难免有疏漏之处,特别是对引用的文献资料及其出处如有挂一漏万,恳请读者批评指正。

大数据战略重点实验室

2020年3月28日于贵阳